U0923357

二十一世纪普通高等院校实用规划教材　物流系列

物流信息技术

李　勇　主　编

邹安全　秦仲篪　副主编

清华大学出版社

北　京

内 容 简 介

本书主要阐述物流信息技术的四个方面，即物流信息技术的概念、物流信息技术的主要内容、物流管理信息系统和物流信息技术的应用。本书分为四篇：第一篇是概念篇，介绍物流信息的基本概念、分类、发展趋势等基本知识。第二篇是技术篇，介绍物流信息技术，包括物流信息基础技术、物流信息识别技术、物流信息存储技术、物流信息交换技术和物流信息跟踪技术的概念和应用。第三篇是系统篇，主要介绍物流信息管理系统的概念和开发。第四篇是应用篇，包括集成化物流信息系统、电子商务物流、第三方物流以及公共物流信息平台。

本书可作为高等院校物流类专业学生的教材或教学参考用书，也可供物流管理企业在职管理人员学习和参考。

图书在版编目(CIP)数据

物流信息技术/李勇主编；邹安全，秦仲篪副主编. —北京：清华大学出版社，2012(2016.8 重印)
(二十一世纪普通高等院校实用规划教材 物流系列)
ISBN 978-7-302-29938-7

Ⅰ. ①物… Ⅱ. ①李… ②邹… ③秦… Ⅲ. ①物流—信息技术—高等学校—教材 Ⅳ. ①F253.9

中国版本图书馆 CIP 数据核字(2012)第 203490 号

责任编辑：李玉萍
封面设计：刘孝琼
责任校对：周剑云
责任印制：何 芊
出版发行：清华大学出版社
网 址：http://www.tup.com.cn, http://www.wqbook.com
地 址：北京清华大学学研大厦 A 座　　邮 编：100084
社 总 机：010-62770175　　邮 购：010-62786544
投稿与读者服务：010-62776969, c-service@tup.tsinghua.edu.cn
质量反馈：010-62772015, zhiliang@tup.tsinghua.edu.cn
课件下载：http://www.tup.com.cn, 010-62791865
印 装 者：虎彩印艺股份有限公司
经 销：全国新华书店
开 本：185mm×260mm　　**印 张**：17　　**字 数**：410 千字
版 次：2012 年 9 月第 1 版　　**印 次**：2016 年 8 月第 2 次印刷
印 数：4001～4500
定 价：30.00 元

产品编号：046708-01

前　言

现代物流的运作与发展离不开信息技术的支持，只有充分利用信息技术，才能更好地计划、组织、控制和协调现代物流的各项活动。在信息技术的推动下，现代物流业已经呈现全球化、电子化、网络化、自动化、多功能化、共享化和协同化的趋势。在我国，通过大力推进信息技术在物流领域的应用，并充分借鉴发达国家的经验教训，必将使我国的物流业拥有一个更加广阔的发展前景。

物流领域涉及的信息技术的种类主要包括信息识别技术、信息存储技术、信息交换技术和信息跟踪技术等。这些技术发展和更新的速度很快，在本书编写中，注意向读者介绍这些技术发展的最新状况，并较详细地介绍了这些技术在物流领域的应用情况。

本书在内容安排上，将物流信息的识别技术、存储技术、交换技术和跟踪均放在技术篇单独成章进行介绍。为了让读者更好地理解如何将物流信息技术运用于现代物流之中，并使之发挥作用，本书还介绍了物流管理信息系统和物流信息技术的应用。

全书分四篇 12 章。

第一篇是概念篇，即第 1 章物流信息技术概论，主要介绍物流信息的基本概念、信息技术与物流信息技术之间的关系、物流信息技术的分类和物流信息化现状与发展趋势。

第二篇是技术篇，包括 5 章。第 2 章是物流信息基础技术，分别从计算机基础技术和计算机网络技术具体阐述，为后续章节的物流信息技术做铺垫。第 3 章是物流信息识别技术，主要介绍条形码识别技术、射频识别技术和其他信息识别技术的基本内容及应用。第 4 章是物流信息存储技术，主要介绍数据库技术和数据挖掘技术的基本内容及应用。第 5 章是物流信息交换技术，主要介绍 EDI 的基本概念、EDI 标准及应用。第 6 章是物流信息跟踪技术，主要介绍地理信息系统、全球定位系统和智能交通系统的基本概念及应用。

第三篇是系统篇，分为两章进行讲解。第 7 章是物流管理信息系统概述，主要介绍物流管理信息系统的概念、特点、组成、分类功能、现状和发展趋势等。第 8 章是物流管理信息系统的开发，主要介绍物流管理信息系统的开发目标、开发方法和过程，并通过举例具体地介绍信息系统的开发。

第四篇是应用篇，包括 4 章。第 9 章是集成化物流信息系统，主要介绍采购物流子系统、生产物流子系统、销售管理子系统、运输管理子系统和仓储管理子系统的特点和功能模块等。第 10 章是电子商务物流，主要介绍电子商务物流的定义、特点、发展趋势、与物流的关系和在国内外的发展，除此之外，本章还介绍了电子商务物流的发展模式选择。第 11 章是第三方物流，主要介绍第三方物流的定义、类型、价值创造，第三方物流管理信息系统的定义、类型、特征以及第三方物流管理信息系统的系统目标和功能。第 12 章是公共物流信息平台，主要介绍公共物流信息平台的概念、形态、类型、现状、发展趋势、功能定位及主要框架，此外，还介绍了公共物流信息平台的建设、组织和运营。

为了便于读者进行复习，本书每章后都附有思考题。

本书在编写过程中注重理论联系实际。一方面，尽量将深奥的理论用比较浅显的语言进行表达；另一方面，注重介绍各类技术在实际中的应用情况，以促使读者结合实际，理解和掌握复杂的理论知识。在本书编写过程中，作者参考了许多文献资料，在写作过程中力求层次清楚，语言流畅，内容丰富，方便读者自学。

本书由李勇担任主编，邹安全、秦仲篪担任副主编。其中第 1 章～第 6 章由李勇编写，第 7 章和第 8 章由邹安全编写，第 9 章～第 12 章由秦仲篪编写。另外，在本书编写过程中，屈亚琴、黄格等同学在有关文献资料查阅、图表制作和文字编辑方面做了大量工作，在此一并表示诚挚的感谢。

本书可以作为物流工程、物流管理、交通运输、物流信息管理以及相关专业本科生和高职高专生的教材，或作为物流软件开发人员和物流信息管理人员的培训教材，也可供从事物流信息化研究、开发与教学的人员参考。

物流信息技术涉及的内容很多，而且许多技术属于交叉学科的研究内容，在本书编写过程中，作者参考了国内外大量的出版物和网上的电子资料，在此向各文献的作者表示衷心的感谢。

由于时间仓促，同时由于作者的水平有限，错误与不妥之处在所难免，敬请广大读者批评指正。

编　者

目　　录

第一篇　概　念　篇

第二篇　技　术　篇

第三篇 系 统 篇

第四篇 应 用 篇

第一篇 概 念 篇

第 1 章 物流信息技术概论

随着全球经济一体化的深入，现代物流日益成为一个跨行业、跨部门、跨地区甚至跨国界的系统工程，现代物流的发展以信息技术的广泛应用为主要特征。物流信息技术是现代信息技术在物流各个作业环节中的综合应用，是现代物流区别于传统物流的根本标志，也是物流技术中发展最快的领域，尤其是计算机网络技术的广泛应用使物流信息技术达到了较高的应用水平。

1.1 现 代 物 流

现代物流是涉及社会经济生活各个方面的社会大系统，是一个错综复杂的系统工程，要使这样一个涉及广泛的物流体系产生协同效应，快速、高效和经济地运行，没有物流信息这一“润滑剂”是根本无法做到的。毫不夸张地说，现代物流信息系统在物流活动中起着中枢神经系统的作用。物流信息系统已经成为企业物流成功运作的重要平台之一，物流信息系统的好坏，直接影响着企业物流运作水平的高低，进而影响物流运作的效率和效果。

1.1.1 现代物流概述

1. 现代物流的含义

现代物流(modern times logistics)指的是将信息、运输、仓储、库存、装卸、搬运以及包装等物流活动综合起来的一种新型的集成式管理，其任务是尽可能地降低物流的总成本，为顾客提供最好的服务。我国许多专家学者则认为：“现代物流”是根据客户的需求，以最经济的费用，将物流从供给地向需求地转移的过程。它主要包括运输、储存、加工、包装、装卸、配送和信息处理等活动。物流现代化具体包括物流专业化、管理系统化、运输合理化、包装标准化、仓储自动化、装卸机械化、加工配送一体化和信息网络化等。

对现代物流的正确认识，还要正确理解以下三个要点。

首先，要正确理解什么是“现代物流”。20 世纪 80 年代，经济全球化格局已基本形成，物流费用在产品成本中的比重也随之大大提高。降低物流费用能够提高产品的竞争力，因此，生产者大力谋求降低物流费用，使现代物流成为社会普遍关心的产业。同时，计算机网络和信息技术也发展到足以支持物流全过程的优化和整合的程度。需要与可能相结合，促成了现代物流的高速发展。在一些发达国家，经过了长期不断的整合，已使物流渐渐地形成了独立的产业——现代物流产业。因此，现代物流产业与传统物流产业的根本区别就在于其整个过程是经过全程优化的，各环节之间无缝衔接，这就大大地降低了物流费用，缩短了物流时间。这也就是当代物流产业迅速发展的主要原因。这里还要澄清一个概念，随着信息技术的发展，传统的物流企业都用信息技术装备起来了，这是时代发展的必然，但并不能因此而称之为现代物流企业。例如，传统的仓储企业用上了计算机，并不代表就是现代物流企业，而还需要查看这个仓储企业的运作模式是否与上下游的联合可能成为经过整合后的物流链中的一环。

其次，要理解什么是中心。中心是相对于腹地而言的，是腹地某项活动(如政治、经济、体育等)集中开展的场合。因此，随着腹地大小的不同、腹地该项活动发展水平的不同，中心的层次也是不一样的，表现为中心的大小不同，活动项目多少的不同。因此，物流中心就是物流服务活动集中进行的场所，物流中心的规模取决于腹地的大小及其对物流服务的需求。

最后，还要认识到，物流活动是商品生产与消费派生的活动，是随着商品生产数量的增加而增加的。如果商品生产的数量一定，对物流活动的需求也是一定的。只有在因物流的费用减少，导致商品的价格降低，刺激需求的增长，扩大了商品的生产时，对物流活动的需求才会增加。传统物流是分散进行的，而现代物流则是经过整合后连续进行的。

2. 现代物流的特征

现代物流的特征有如下几点。

1) 物流反应快速化

物流服务提供者对上游、下游的物流、配送需求的反应速度越来越快，前置时间越来越短，配送间隔越来越短，物流配送速度越来越快，商品周转次数越来越多。

2) 物流功能集成化

现代物流着重于将物流与供应链的其他环节进行集成，包括物流渠道与商流渠道的集成、物流渠道之间的集成、物流功能的集成、物流环节与制造环节的集成等。

3) 物流服务系列化

现代物流强调物流服务功能的恰当定位与巨大的现代物流站完善化、系列化。除了传统的储存、运输、包装、流通加工等服务外，现代物流服务在外延上向上扩展至市场调查与预测、采购及订单处理，向下延伸至配送、物流咨询、物流方案的选择与规划、库存控制策略建议、货款回收与结算、教育培训等增值服务；在内涵上则提高了以上服务对决策的支持作用。

4) 物流作业规范化

现代物流强调功能、作业流程、作业、动作的标准化与程式化，使复杂的作业变成简单的易于推广与考核的动作。

5) 物流目标系统化

现代物流从系统的角度统筹规划一个公司整体的各种物流活动，处理好物流活动与商流活动及公司目标之间、物流活动与物流活动之间的关系，不求单个活动的最优化，但求整体活动的最优化。

6) 物流手段现代化

现代物流使用先进的技术、设备与管理方法为客户提供服务，物流的规模越大、范围越广，其技术、设备及管理越现代化。目前，计算机技术、通信技术、机电一体化技术、语音识别技术等在现代物流中得到了广泛的应用，再加上 GPS 技术、射频识别技术、数据挖掘技术等的发展和应用，将使现代物流逐步走向自动化、机械化、无纸化和智能化。

7) 物流组织网络化

为了保证对产品促销提供快速、全方位的物流支持，现代物流需要有完善、健全的物流网络体系，网络上点与点之间的物流活动保持系统性和一致性，这样可以保证整个物流网络有最优的库存总水平及库存分布，运输与配送快速、机动，既能铺开又能收拢。分散的物流单体只有形成网络才能满足现代生产与流通的需要。

8) 物流经营市场化

现代物流的具体经营采用市场机制，无论是企业自己组织物流，还是委托社会化物流企业承担物流任务，都以“服务-成本”的最佳配合为总目标，谁能提供最佳的“服务-成本”组合，就找谁服务。国际上既有大量自办物流相当出色的“大而全”、“小而全”的例子，也有大量利用第三方物流企业提供物流服务的例子。比较而言，物流的社会化、专业化已经占到主流，即使是非社会化、非专业化的物流组织也都实行严格的经济核算。

9) 物流信息电子化

由于计算机信息技术的应用，现代物流过程的可见性(visibility)呈明显增加趋势，物流过程中库存积压、延期交货、送货不及时、库存与运输不可控等风险大大降低，从而可以加强供应商、物流商、批发商、零售商在组织物流过程中的协调和配合，以及对物流过程的控制。

1.1.2　我国现代物流的发展趋势

随着信息技术的普及应用和电子商务的发展，我国现代物流越来越显示出其在社会经济发展中的重要作用和战略地位，其发展趋势主要表现在以下几个方面。

1. 物流运作系统化

大规模的、系统性的生产作业要求物流作为生产销售供应链条上的一个系统环节，将生产、销售、配送、运输和物流信息处理等分散的、跨越各部门的活动有机地结合起来，作为一个系统来管理，使物流活动各作业环节统筹协调、整体规划、有效运行，促使生产、采购与市场保持同步，形成以服务客户为主的综合能力，节约流通费用，提高流通的效率，实现整个系统的最优化。

2. 物流服务网络化

完善的物流网络是现代高效物流系统的基础条件，地区性物流网络、全国性物流网络和全球性物流网络是现代物流系统不可缺少的资源。物流信息已经从“点”发展到“面”，以网络方式将物流企业的各部门、各物流企业、物流企业与生产企业等连在一起，实现了社会性的各部门、各企业之间低成本的数据高速共享。从平面应用发展到立体应用，企业物流不仅以较低的成本提供高质量的物流服务，而且还要求物流服务向多样化、综合化、网络化发展。

3. 物流管理信息化

物流现代管理是应用现代信息技术改变传统企业物流管理，实现物流管理信息化。没有物流的信息化，任何先进的技术都无法应用于物流领域。信息收集采用条形码技术，通过EDI(electronic data interchange)和互联网进行数据交换，在GPS(global positioning system)、GIS(geographic information system)技术基础上实现产品跟踪，利用计算机管理系统来处理和控制物流信息，为客户提供全方位的信息服务，减少物流环节，提高物流服务系统的快速反应性能。

4. 物流活动全球化

互联网技术的出现以及电子商务的发展，加速了全球经济的一体化进程，使企业的发展趋向多国化、全球化，促进了国际物流的发展，物流网络的规模越来越大，运营方式越来越复杂。为了实现资源和商品在国际间的高效流动与交换，各国物流系统需要相互“接轨”，促进区域经济的发展和全球资源的优化配置，物流运作也必须向全球化的方向发展，以最低的费用和最小的风险，最佳的方式与路径为国际贸易和跨国经营提供服务。

1.1.3 物流信息技术对现代物流的影响

现代物流的发展有三大支撑条件：一是信息网络技术的发展；二是交通运输的发展和多式联运的产生；三是专业物流企业的产生和发展。这三个方面的发展都为现代物流的发展带来了强大的动力，其中物流信息技术的发展是关键，只有充分利用信息技术，才能更好地组织、计划、控制和协调各项活动。

我国经济的发展和社会的进步推动着物流业的不断发展，并向现代物流的目标迈进。信息技术的飞速发展是推动现代物流发展的技术基础，现代物流必须要有强有力的信息流作保障。积极推进企业物流管理信息化，促进信息技术广泛应用，就得加快企业物流公共信息平台建设，推动区域物流信息平台建设，加快构建政府有关部门物流管理与服务公共信息平台，扶持一批物流信息服务企业的成长，促进通用性、基础性的规范与标准建设。物流信息化不仅可以节约物流成本，还可以创新物流企业的运作方式，为客户提供更好的专业化服务，信息化水平已经成为反映物流业和物流企业核心竞争力的重要指标。

由多种信息技术集成的物流信息系统，对在运输、仓储、装卸、搬运、包装、流通加

工等各个环节的作业中产生的大量信息进行及时有效的收集、处理和分析，是实现“缩短在途时间、实现零库存、及时供货与保持供应链的连续与稳定”等现代物流管理目标的重要保证。可以说，没有现代信息技术的发展，就没有现代物流的产生和发展。

信息技术对现代物流发展的影响可以体现在以下几个方面。

1. 提供了良好的运作平台

物流管理具有一些其他企业管理所没有的特性，物流管理的大部分内容涉及企业内部各个部门间的衔接与协调。所以，物流管理是企业管理的难点，如果运作不好，将直接导致企业物流效率直至整个企业运作效率的低下。互联网技术为物流管理提供了很好的技术平台，在网络环境下，物流供应链中的各个企业能够很好地实现信息共享，从而提高企业生产力，降低企业中的运营成本，使产品具有更大的利润。

2. 改变了物流的传输方式

互联网是现代物流活动中的最大载体，通过网络人们可以方便地得到有关商品的各种信息。在购物过程中，用户只需通过网络进行订货和付款，剩余的工作可以由物流企业的配送中心来完成。

3. 提高了信息的采集效率

信息对于企业经营的重要性不言而喻，由于网络信息技术的广泛应用，物流信息系统可以收集到大量的市场信息，通过这些信息的处理，可以提取到颇具价值的商业情报，如客户的购买习惯、商品的需求变化特征等，这些信息对物流企业制定运营管理政策、进行产品和商品销售等具有重要的价值。

4. 改革了传统的物流理念

信息化促进了传统物流配送系统、金融系统与现代信息网络的结合。物流信息化的发展使物流更加合理，使物流服务获得了新的内涵。将信息技术应用于物流活动，构建电子商务环境，这样人们在进行物流活动时，物流的各种职能和功能就可以通过网络虚拟化的方式表现出来，在这种虚拟化的过程中可以寻求物流最大限度的合理化，使得商品实体在实际配送过程中达到效率最高、成本最低、时间最少。

5. 改变了物流的运作方式

物流信息化是以物流网络系统和电子设备代替传统的纸介质信息为载体，它不但突破了传统企业以单向物流为主的运作格局，而且还实现了以物流为依托、以信息为核心、以商流为主体的全新运作方式。在这种运作方式下，企业的信息化水平直接影响企业的物流服务水平，从而影响企业的竞争力。在传统的物流活动中，企业对物流的控制，往往是以单一服务的运作方式进行；而在信息化时代，由于计算机和通信网络的介入以及广泛使用，企业可以对物流在全球范围内实施控制，并可以根据客户需要提供个性化服务。

6. 改变了传统的企业文化

企业的文化内涵包括企业的价值观、企业的精神、经营之道、广大职工认同的道德规范和行为准则。它是无形的，但是又具有很强的能动性。企业应用网络信息技术后，由于网络的开放性和交互式功能，使得不同文化背景的企业进行沟通变得十分便利，企业很容易在企业文化方面相互学习、取长补短，形成更具综合性的企业文化内容。

1.1.4 促进现代物流发展的主要措施

信息技术对现代物流业的发展有着巨大的推动作用，只有正确认清我国目前物流信息技术应用的现状，准确把握现代物流发展的趋势，结合我国的实际情况，下决心加大推进信息技术在物流领域的应用，充分利用信息技术的后发优势及借鉴发达国家的经验教训，我国现代物流业才会迎来更广阔的发展前景。

1. 加快物流标准化体系建设

目前，基于信息技术和现代网络技术的现代物流标准化趋势有三个方面：一是业务流程标准化；二是信息流标准化；三是文件格式和数据接口标准化。企业的业务流程要体现在信息系统的软件当中，只有把企业的业务流程标准化后，才有利于信息系统与企业的具体业务相结合；信息流标准化的重点是企业各类信息的编码、管理信息、经营数据和技术数据标准化问题；文件格式和数据接口标准化主要是为了解决数据的互联与互通问题。还有两点很关键：一是标准要统一，二是标准要适当超前。

2. 推进公共物流信息平台建设

基于 Internet 的公共物流信息平台真正实现了物流企业之间、企业与客户之间的物流信息和物流功能的共享。平台通过 Internet 可以将分布在不同地区的若干家物流企业连接在一起，远程进行业内信息发布和业务数据传输；系统通过公网将各地用户的订单汇总起来，由信息平台根据物流资源统一调控，通过规模物流，做到以最低的成本为客户提供最好的服务；为客户提供全面的物流信息以及个性化的物流服务；对于不具备全面开展信息化的中小企业而言，通过会员注册即可加入物流信息平台，低成本地开展网上业务，共享物流业内信息，拓宽业务范围。因此，公共物流信息平台以其跨行业、跨地域、多学科交叉、技术密集、多方参与、系统扩展性强、开放性好的特点对现代物流的发展构成了有力支撑。公共物流信息平台包括五大功能：保证货物运送的准时性；提高交货的可靠性；提高对用户需求的响应性；提高政府行业管理部门工作的协同性；提高资源配置的合理性。可以说，使用公共物流信息平台是企业信息化的捷径。

3. 制定现代物流发展规划政策

物流产业是一个竞争性的产业，政策支持要从市场的角度出发，当前政府对物流产业的政策应当抓这样几条：第一，要抓紧立法，把有关现代物流的一些法律法规明确起来，

使整个物流产业的发展有所遵循；第二，抓全国性的总体规划设计，包括各种交通工具之间、各种交通方式之间、各种物流方式之间、各个城市之间及区域之间的协调，通过合理的规划，使物流中心形成网络，推动各种运输协调发展，形成综合运输网；第三，抓紧市场准入制度的建立，比如哪些行业能办物流，哪些行业不能办物流，当然并不能以内资外资、国有私营来划分，而应看是否具备条件，具有什么样的资格，达到什么样的行业标准，才能成为物流企业。还有，要在物流基础设施建设与物流装备更新的融资政策、物流基地的土地使用政策、物流服务和运输价格政策以及工商登记管理政策等方面，研究制定有利于物流产业发展的支持性措施。

4. 提高物流从业人员的业务素质

随着许多信息技术在物流领域中的广泛应用和物流企业信息密集程度的提高，现代物流业的竞争已从低端的价格竞争转向高端物流和信息流的能力竞争。物流从业人员的知识水平和技能水平也发生了变化，拥有一大批善于运用现代信息技术、精通物流业务、懂得物流运作规律的管理人才是开展国内外综合物流业务的一个重要条件。现代物流人才的匮乏越来越成为制约我国物流业发展的瓶颈，物流教育也严重滞后于物流业发展和国民经济发展的需要。

因此，加速启动现代物流产业的人才教育工程，实施多层次、多样化的物流专业教育，是 21 世纪物流产业大发展中保证物流产业形成合理的人才结构、提高我国物流管理水平和经济效益的决定性因素。各级政府、企业必须在以下四个方面给予足够重视：一是要加强普通高等院校、高等职业技术院校的高层次学历教育，培养高级物流经营管理人才；二是要重视继续教育，开展多层次的物流人才培养与教育；三是要大力发展物流职业技术教育，培养一大批拥有第一线物流技术操作的实用型人才；四是推行从业人员职业或岗位资格管理制度。

1.2 物 流 信 息

在物流信息系统中，人们更多地关注技术、设备层面。虽然技术在现代企业物流信息系统中的地位非同小可，但人们却忽略了一点，即物流信息才是物流信息系统中最重要的组成部分，正所谓“物流管理，信息先行”。那么，什么是物流信息？物流信息与其他信息相比具有什么特性呢？

1.2.1　物流信息的定义与作用

1. 物流信息的定义

21 世纪是高度信息化的时代，现代信息技术的迅猛发展及互联网的广泛应用推动着传统物流向现代物流的转变。要发展现代物流业，必须实现物流业的信息化。运用信息系统整合物流资源，已成为企业在激烈的市场竞争中取胜的战略手段。

在信息社会中，信息是能反映事物内在本质的外在表现，如图像、声音、文件、语言等，是事物内容、形式和发展变化的反映。物流信息(logistics information)是反映物流各种活动内容的知识、资料、图像、数据、文件的总称。物流信息包含的内容和对应的功能可以从狭义和广义两方面来考察。

从狭义上来看，物流信息是指与物流活动(如运输、仓储、包装、装卸、搬运、流通加工和配送等)有关的信息。在物流活动的管理与决策中，如运输工具的选择、运输路线的确定、每次运送批量的确定、在途货物的跟踪、库容的有效利用、最佳库存数量的确定、订单管理、如何提高顾客服务水平等，都需要详细和准确的物流信息。因此物流信息对运输管理、库存管理、订单管理、仓库作业管理、供应链管理等物流活动具有支持保证的功能。

从广义上来看，物流信息不仅指与物流活动有关的信息，还包括与其他流通活动有关的信息，如商品交易信息和市场信息等。商品交易信息是指与买卖双方的交易过程有关的信息，如销售和购买信息、订货和接收订货信息、发出货款和收到货款信息等。市场信息是指与市场活动有关的信息，如消费者的需求信息、竞争者或竞争性商品信息、与销售促进活动有关的信息等。在现代经营管理活动中，物流信息与商品交易信息、市场信息相互交叉、融合。广义上的物流信息不仅能起到连接整合生产厂家，经过批发商和零售商最后到消费者的整个供应链的作用，而且在应用现代信息技术的基础上能实现整个供应链活动的效率化。具体来说，就是利用物流信息对供应链各个企业的计划、协调、顾客服务和控制活动进行有效的管理。

2. 物流信息的作用

物流系统是由多个子系统组成的复杂系统，其中每一个子系统都不应被看成独立的部分，它们通过物资实体的运动联系在一起，物流信息成为各个子系统之间沟通的关键，在物流活动中起着中枢神经系统的作用。合理组织物流活动，就是使各个环节相互协调，适时、适量地调度系统内的基本资源。物流系统中的相互衔接是通过信息予以沟通的，而且基本资源的调度也是通过信息来控制的，如员工信息、货源信息、设备信息等。因此物流信息除了反映物品流动的各种状态外，更重要的是控制物流的时间、方向、大小和发展进程。无论是协调信息，还是作业信息，物流信息的总体目标都是要把物流涉及企业的各种具体活动综合起来，加强整体的综合能力。及时而又准确的信息对有效的物流信息系统的构建有着不可估量的重要作用。从顾客服务角度看，有关订货状况、产品可得性、交货计划表以及发票等信息是整个顾客服务的一个必要因素；从提高企业内部效率来看，物流信息能够有效地减少存货和对人力资源的需要。利用最新的信息制订的需求计划，能够通过减少需求的不确定性来减少库存。

物流信息的作用主要有以下几个方面。

(1) 交易功能。交易活动主要记录接货内容，安排储存任务，选择作业程序、制定价格及相关人员查询等。物流信息的交易作用就是记录物流活动的基本内容。其主要特征是：程序化、规范化、交互式，强调整个信息系统的效率性和集成性。

(2) 控制功能。物流服务的水平和质量以及现有管理个体和资源的管理，要由信息系

统来做相关的控制，应该建立完善的考核指标体系来对作业计划和绩效进行评价和鉴别。这里强调了信息系统作为控制工作和加强控制力度的作用。

(3) 协调功能。在物流运作中，加强信息的集成与流通，有利于工作的时效性，提高工作的质量与效率，减小劳动强度系数。这里，物流信息系统也要发挥重要作用。

(4) 决策和战略功能。物流信息管理协调工作人员和管理层进行活动的评估和成本-收益分析，从而更好地进行决策。这里强调的是物流信息管理系统支持决策和战略定位的作用。正因为物流信息是物流信息系统最重要的组成部分，对物流信息的管理就显得格外重要。物流信息从企业内部看，能为企业决策提供强大的决策支持，能使企业内部各环节工作更加协调；从企业外部看，良好的物流信息管理能使企业与供应商、客户之间实现信息共享与互动，从而提高整个价值链的效率，能提高服务，改善客户关系。物流信息管理的重要性对信息管理手段提出了新的要求，建立物流信息系统，提供迅速、准确、及时、全面的物流信息是现代企业获得竞争优势的必要条件。

1.2.2　物流信息的特点

物流信息除了具备一般信息的特点，如信息的准确性、完整性、实用性、共享性和增值性等之外，还有其特殊性，主要表现在以下四个方面。

1. 信息量大，分布广

信息的产生、加工和应用在时间、地点上不一致，在方式上也不相同，这就需要有性能较高的信息处理机构，以及功能强大的信息收集、传输和存储能力。

2. 时效强

信息都是在一定的时间内才具有价值的，即信息具有生命周期，当信息的生命周期结束，就意味着信息失去了价值，这样的信息就不可能再加以利用。绝大多数物流信息动态性强，信息的价值衰减速度快，这对信息管理的及时性要求就比较高。

3. 种类多

不仅物流系统内部各个环节有不同种类的信息，而且由于物流系统与其他系统，如生产系统、销售系统、消费系统等密切相关，因而还必须收集这些相关系统的信息，这就使物流信息的分类、研究、筛选等的难度加大。

4. 更新速度快

在现代物流活动中，信息价值的衰减速度正在逐渐加快，大量的信息转瞬即逝。例如，现代物流的一个特点是物流服务供应商千方百计地满足客户个性化的服务需求，多品种小批量生产、多额度小数量配送。由此产生大量的新信息来不断地更新原有的数据库，而且更新的速度越来越快。现代物流信息系统必须具有能够即时更新数据、分析数据的强大录入更新系统，以适应现代物流信息的特点。

1.2.3 物流信息的分类

对于物流信息，可以从以下几个方面进行分类。

1. 按信息产生和作用的领域分类

按信息产生和作用领域的不同，物流信息分为物流活动所产生的信息和提供物流使用的其他信息源所产生的信息两类。一般而言，在物流信息工作中，前一类是发布物流信息的主要信息源，不但可以知道下一个物流循环，也可以提供给社会，成为经济领域的信息；后一类信息则是信息工作收集的对象，是其他经济领域、工业领域产生的对物流活动有作用的信息，主要用于指导物流。

2. 按信息的作用分类

按信息的作用分类，物流信息可分为以下四类。

1) 计划信息

计划信息是指尚未实现的但已当作目标确认的一类信息，如物流计划、仓库吞吐量计划、车皮计划、与物流活动有关的国民经济计划、工农业产品产量计划、许多具体工作的计划安排等，甚至是带有作业性质的，如协议、合同、投资等信息。只要是尚未进入具体业务操作的信息，都可以归入计划信息之中。这种信息特点带有相对稳定性，信息更新速度较慢。计划信息对物流活动有非常重要的战略性指导意义，其原因在于，掌握了这个信息之后，物流活动便可进行本身的战略思考，例如如何在这种计划前提下规划自己战略性的、长远的发展目标。计划信息往往是战略决策或大的业务决策不可缺少的依据。

2) 控制及作业信息

控制及作业信息是指物流活动中发生的信息，带有很强的动态性，是掌握物流现实活动状态不可缺少的信息，如库存种类、库存量、运输工具状况、运价、运费、投资、投资在建情况、港口发运情况等。这种信息的特点是动态性非常强，更新速度很快，信息的时效性很强，往往是此前非常有价值的信息，转瞬间就变得一文不值。在物流活动过程中，在不断作业中产生的信息都是上一阶段作业的结果信息，但并不是此物流活动最终结束的信息。这种信息的主要作用是用以控制和调整正在发生的物流活动和指导下一次即将发生的物流活动，以实现对过程的控制和对业务活动的微调，是管理工作不可缺少的信息。

3) 统计信息

统计信息是指物流活动结束后，对整个物流活动的一种终结性、归纳性的信息。这种信息是一种恒定不变的信息，有很强的资料性，虽然新的统计结果不断出现，从总体上来看具有动态性，但已产生的统计信息都是一个历史性的结论，是恒定不变的。如上一年度发生的物流量、物流种类、运输工具使用量和装卸量，以及与物流有关的工农业产品产量和内、外贸数量等都属于这类信息。统计信息具有很强的战略价值，它的作用是正确掌握过去的物流活动规律，以指导物流战略和制订计划。物流统计信息也是经济活动中非常重要的一类信息。

4) 支持信息

支持信息是指对物流计划、业务、操作产生影响或有关的文化、科技、产品、法律、教育、民俗等方面的信息，如物流技术的革新、物流人才的需求等。这些信息不仅对物流战略发展有价值，而且也对控制、操作起到指导和启发的作用，是可以从整体上提高物流水平的一类信息。

3. 按信息的加工程度分类

物流跨越的空间广泛，时间长，决定了信息发生源多，且信息量大，以致使人无法容纳，无法收集，无法从中洞察和区分有用信息，无法有效利用信息。为此需要对信息进行加工，按加工程度不同可以把信息分成以下两类。

1) 原始信息

原始信息是指未加工的信息，是最有权威的凭证性信息。一旦有需要，可以从原始信息中找到真正的依据。原始信息是加工信息可靠性的保证。有时人们只重视加工信息而放弃原始信息，而一旦有争议、有疑问，无法用原始信息核实时，加工信息便毫无意义，所以忽视原始信息是不对的。

2) 加工信息

加工信息是指对原始信息进行各种形式、各个层次处理之后的信息，是原始信息的提炼、简化和综合，可大大缩小信息量，并将信息梳理成规律性的东西，便于使用。加工信息需要利用各种手段，如分类、汇编、汇总、精选、制档、制表，以及制成音像资料、文献资料、数据库等各种用于指导使用的资料。

4. 按信息的活动领域分类

物流各个分系统、各个不同的功能要素领域，由于活动性质有区分，信息流亦有所不同。按这些领域分类，可分为运输信息、存储信息、装卸信息等，甚至可更细分成集装箱信息、托盘交换信息、库存量信息、火车运输信息、汽车运输信息等。按物流的不同领域分类的信息具体指导着物流各个领域的活动，是物流管理细化所必不可少的信息。

1.3　物流信息技术

1.3.1　信息技术与物流信息技术

1. 信息技术

信息社会是以现代信息技术的产生和发展为主要标志的。现代信息技术(information technology, IT)是指获取、传递、处理和利用信息的技术，是能延长或扩展人的信息器官(感觉器官、传导神经网络、思维器官以及效应器官或执行器官)功能的一类技术。信息技术是在计算机、通信和控制技术的基础上发展起来的，其内容可以用“3A”、“3C”、“3D”来表示。“3A”即工厂自动化(factory automation)、办公自动化(office automation)、家庭自动化(house automation)；“3C”即通信(communication)、计算机(computer)、控制(control)的结合；“3D”即数字传输(digital transmission)、数字交换(digital switching)、数字处理(digital processing)结合的数字通信。自动化、数字化是信息技术最显著的特点。

信息技术给物流业带来了重大的影响和变化，在生产物流中，物流信息经历了口头信息、文字单据信息、条形码信息等发展阶段，现在发展到物料、商品的多元信息技术。物料、商品在流动、生产过程中不断改变形态，不断增值，不断产生新的信息。物料、商品在流动、加工、重组的动态过程中产生了品种、规格、数量、重量、成分、批次、日期、等级、质量、厂商代码、商品代码等信息。信息技术的发展促进了物流一体化、第三方物流等现代物流观念的形成，加速了物流企业经营方式和管理方式的变革，增强了物流企业的竞争力。

2. 物流信息技术

物流信息技术是指运用于物流各个环节中的信息技术。它是建立在计算机、网络通信技术平台上的各种技术应用，包括计算机网络技术、通信技术、数据库技术以及自动化技术等。

物流信息技术是物流现代化的重要标志，也是物流技术中发展最快的领域，从专门进行数据采集的条形码系统到办公自动化系统中的微机、互联网，各种终端设备等硬件以及计算机软件都在日新月异地发展。同时，随着物流信息技术的不断发展，产生了一系列新的物流理念和新的物流经营方式，推进了物流的变革。

物流信息在现代企业的经营战略中占有越来越重要的地位。建立物流信息系统，充分利用各种现代信息技术，提供迅速、及时、准确、全面的物流信息是现代企业获得竞争优势的必要条件。物流信息技术通过切入物流企业的业务流程来实现对物流企业各生产要素的合理组合与高效利用，能降低物流成本，直接产生明显的经济效益。

1.3.2 物流信息技术的分类

物流信息技术有如下分类。

1. 按照其对信息的作用

按照对信息的作用不同，物流信息技术可分为物流信息标识与采集技术、物流信息传输技术、物流信息存储技术及物流信息处理技术。

2. 按照其基本技术成分

按照其基本技术成分不同，物流信息技术可分为计算机技术、微电子技术、光子技术、通信技术及辐射成像技术等。

3. 按照其采用的技术和功能

按照其采用的主要技术和功能不同，物流信息技术可分为移动通信技术、全球卫星定

位(GPS)技术、地理信息(GIS)技术、互联网技术、自动化仓库管理技术、货物追踪技术、智能标签技术、射频技术与电子数据交换技术(EDI)等。

按照现代物流信息技术的基本技术成分来分类，便于我们了解信息技术不同基础理论的发展，把握新兴技术的应用。对于按照采用的主要技术和功能的不同来分类，可以使我们了解当前现代物流信息技术的应用状况和方式。而按照对信息作用的分类，可以使我们从现代物流信息的产出、存储、传输和利用的过程中，把握各种不同信息技术的特征。

1.4　物流信息化现状与发展趋势

1.4.1　国内外物流信息化的现状

1. 国外物流信息化的现状

综观国外物流产业的发展现状，可以总结为：物流管理系统化、信息化；物流技术高速发展；专业物流形成规模，共同配送成为主导；物流企业向集约化、协同化方向发展；电子物流发展迅猛；物流专业人才需求增长，教育培训体系日趋完善。

随着经济全球化和信息化进程的不断加快，国外物流企业已经形成了以系统技术为核心，以信息技术、运输技术、配送技术、装卸搬运技术、自动化仓储技术、库存控制技术、包装技术等专业技术为支撑的现代化物流装备技术格局。电子物流进一步向信息化、自动化、智能化、集成化方向发展，其中，信息化无疑是重中之重。随着物流产业的进一步发展，以及跨地域，甚至跨国际的物流业务的需求，信息化成为物流企业抢占行业先机的制高点。

2. 我国物流信息化的现状

现代物流在我国经过 20 世纪 70 年代末 80 年代初的准备和起步，于 90 年代开始进入发展成长期。进入 21 世纪后，我国现代物流的发展取得了长足的进步。其主要表现为：物流业快速发展，促进经济作用日益凸显；物流企业快速成长，企业实力进一步壮大；物流市场竞争日趋激烈，日益走向国际化；物流社会化趋势显现，增值服务受到重视；区域合作进一步加强，区域物流迅速发展。

近年来，伴随着物流市场的发展，我国物流信息化取得了显著的成效，并逐步成为我国信息化最受关注的领域之一。信息技术和物流信息系统主要应用在我国以下几个领域：商业领域，如以连锁商店和大卖场为标志的商业模式的广泛应用；运输仓储领域，如车辆调度系统、MCA 无线技术、RF 射频技术、GPS 卫星定位技术、GIS 地理信息系统、货物跟踪系统、仓库和配送中心管理系统、货运交易系统等；生产制造领域，如 MRP、ERP 等系统在一些企业中的运用。与发达国家相比，目前我国物流业整体发展水平还较低，物流行业信息化应用的整体水平并不高，信息系统的业务功能还不完善，远程通信能力低，缺乏必要的决策功能。

与发达国家物流业相比，目前我国物流产业有如下问题。

1) 信息化程度差，物流系统效率低，成本高，周转慢

我国物流系统各环节的衔接较差，运转效率不高，致使成本高。据世界银行的推测，我国的物流费用占 GDP 的比重约 20%，比发达国家高出 1 倍左右。因此，货物在途时间、储存时间、基础设施劳动生产率等方面均有较大的改善和提高的余地。

2) 物流信息平台尚未建立

当前物流实现信息化的核心与关键是建立商业流通和仓储运输企业的统一信息平台，实现信息资源的充分共享和交换。物流信息平台的建立，可以推动现代化物流配送中心的建立，进一步完善物流产业的管理模式。物流信息平台建设的关键性问题是采用何种技术或标准，以进行不同系统数据信息的交流与整合，具体涉及交易软件与物流软件、买卖合同与运输保管合同、决策系统的对接等系统集成问题。信息系统的一体化需要在买方和物流第三方的许多实体间传递数据和指令，传统的 EDI(电子数据交换)是大型企业惯用的极为有力的数据交换工具，但其存在的诸多问题限制了它的发展，物流信息平台的建设问题亟待解决。

3) 物流信息系统的标准混乱，缺少具有自主知识产权的主流物流信息系统

由于多方面的原因，国内开发商的理论基础和开发能力无法与国际同行相提并论，产品的成熟度、功能性、系统性等方面难免存在缺陷，而这些归根结底是自主知识产权的问题，目前我们还处于模仿、学习的阶段。与此同时，物流信息系统的标准混乱，彼此难以互通互联、实现信息共享，影响了物流市场的整合。网络的设计、优化方面缺乏基础理论的指导，这也是关键技术缺少自主知识产权所导致的结果。

4) 物流信息服务业的法规、制度、标准建设滞后

物流信息服务已经逐渐专业化，形成一种新的产业，将在物流信息化建设中发挥重要的作用。因此需要制定相应的规则和标准，对市场准入的条件和企业资质、服务的标准及各方法律责任，政务性、公益性与商业性信息平台的收费管理与监督，平台的信息安全与操作授权管理等问题给予明确规定，为物流信息服务业提供一个规范有序和谐的发展环境。从以上几点不难看出，物流信息化建设存在的问题已成为制约现代物流的重要“瓶颈”。那么，如何实现物流信息化的跨越式发展就成为一项至关重要的工作。

5) 国内物流监管的信息化水平不高

物流流程中涉及政府监管，例如对物流中的交通安全、环保、节能等的监管，对通关、动植物检验、检疫的监管，对医药、食品和危险化学品物流的监管等，监管手段还比较低。目前口岸物流由于相关管理部门的推动，信息化的发展水平明显比其他国内物流领域要高，已经收到很好的效果。

1.4.2 物流信息化的发展过程及趋势

1. 物流信息化的发展过程

物流的信息化过程是一个由低级向高级的发展过程。20 世纪 50 年代前，物流并不被

人们所重视。20 世纪 50 年代后，随着第二次世界大战的爆发，人们越来越认识到物流的重要性，发达国家的企业开始注重和强化对物流活动的科学管理，用计算机技术来改善物流活动，并开始注重对物流过程中信息传递的改变，以寻求物流合理化的办法。这个时候的物流、运输与仓储被看作是两个独立的环节，缺少有效的物流信息技术支持，物流与信息之间的共享与交流较为困难，管理不便。

随着高速存取和容量较大的外存储器的出现，物流信息化进入了部门内信息共享阶段，信息技术在物流管理中的应用改变了以往手工处理低效率、高差错的物流作业状况，提高了物流管理的水平。条形码技术、电子扫描和传输技术的产生与应用，为改善物流的信息收集和存储提供了技术支持，提高了物流信息的及时性和可得性，物流信息化进入了企业内部信息共享阶段。信息技术应用于整个企业的物流管理，在企业内部运行的管理信息系统，可以辅佐企业进行计划、生产、经营和销售等。

20 世纪 90 年代，信息技术有了更好更快的发展，性价比大大提高，物流信息化进入了企业间的信息共享阶段，物流活动各环节被看成是相互联系和相互作用的有机整体，在管理上实现物流过程的整体优化。物流信息不再局限于某一物流环节，在整个物流活动中，所有管理部门和管理者都能得到所需要的信息，根据这些信息进行有关的组织、计划、协调和控制工作。

随着供应链管理的实践及信息技术的迅猛发展，物流信息化进入了供应链信息共享阶段，为现代物流的发展带来了巨大的机遇。信息处理能力和信息管理能力决定了整个供应链对市场的反应能力，决定了对顾客提供高效率、高水平服务的能力。

随着网络技术与其应用的不断发展，网络与现代物流的关系越来越紧密。一方面，网络的不断发展给物流的发展提供了一个非常光明的发展前景和技术支持，可以说，没有网络就没有现代物流；另一方面，网络又给现代物流提供了新的发展方向和新的客户需求。现代物流已经成为网络不可分割的一部分，并支撑着现代网络的商业应用。

2. 物流信息化的最新趋势

我国的物流信息化尚处在起步阶段，具有巨大的挖掘潜力和长期的发展前景。在不到十年的时间里，我国企业在物流信息化建设方面从“大干快上”的“大跃进”式热潮中理性地回归，依靠成熟的通用性信息技术，进行“与时俱进、循序渐进”式的信息化建设。现代物流发展的趋势呈现出三个显著特征：顾客需求的时间窗口越来越狭窄；多品种、少批量、多频次的敏捷化响应；充分依靠供应链进行资源外部管理。企业物流信息化建设必须充分理解，并及时地响应这种不断变化的趋势。

首先，物流信息化与标准化的结合将更加紧密。因为要实现通过信息的整合来带动资源、市场的整合，信息的标准化是一个基础，因此，在未来的信息化项目中将会越来越多地涉及标准问题。标准化将进入信息系统的基本结构、基本功能模块以及相关的物流术语等，此外，还会涉及信息技术和设备的标准，特别是射频识别技术的应用作为重点开发应用的关键技术，集中了信息化和标准化的许多基本问题，这些问题的解决将大大加快物流信息化和标准化建设的进程。

其次，公共物流信息平台建设也将得到更大的发展。与物流和物流信息标准相适应，针对不同的物流需求，建立符合物流企业发展要求的公共物流信息平台。在国家和各级政府的推动下，在各物流企业发展的要求下，物流信息化必然会得到快速的发展。

本章小结

本章主要介绍了现代物流与物流信息技术密切相关的一些概念，信息技术在物流活动中的应用和物流信息技术的发展趋势；重点阐述了物流信息技术在物流活动中的应用和重要地位，及其对现代物流的发展起到的推动作用。

思考题

1．现代物流的特征包括哪些？
2．为什么说物流信息技术是现代物流发展的推动力量？
3．物流信息技术推动现代物流发展的主要措施有哪些内容？
4．简述物流信息的定义及分类。
5．物流信息技术包括哪些内容？
6．简述几种主要的现代物流信息技术。
7．现代物流发展的趋势有哪几种？
8．结合实例，了解某一物流信息技术的具体应用情况。
9．简述现代信息技术在我国物流行业应用的现状、特点，并提出建议。
10．收集和分析我国物流行业的信息化发展、现状以及存在的问题。

第二篇 技 术 篇

第 2 章 物流信息基础技术

在当前科学技术突飞猛进的时代里，最引人注目的是高科技的兴起，以及由它引起的一系列高科技产业的形成和相应各个产业的信息化、现代化。而对于现代物流产业来说，应用高科技技术促进其自身的繁荣是其发展的必然途径。本章从计算机技术和电子信息技术两部分来介绍物流信息基础技术，为本篇之后的章节奠定基础。

2.1 计算机技术

2.1.1 计算机基础概述

1. 计算机的产生与发展

计算机是一种能按照事先存储的程序，自动、高速地进行大量数值计算和各种信息处理的现代化智能电子装置。

1946 年 2 月，世界上第一台电子数字计算机 ENIAC(electronic numerical integrator and calculator 电子数字积分计算机，简称“埃尼亚克”）在美国宾西法尼亚大学诞生了，它的出现标志着计算机时代的到来。

在第一台计算机诞生以来的 60 多年里，计算机的发展日新月异，令人目不暇接，特别是电子器件的发展，更有力地推动了计算机的发展，所以人们习惯以计算机的主要元器件作为计算机发展年代划分的依据。人们根据计算机的性能和使用的主要元器件的不同，将计算机的发展划分成四个阶段(也称为四代)，每一个阶段在技术上都是一次新的突破，在性能上都是一次质的飞跃。

1) 第一代：电子管时代(1946—1956 年)

采用电子管作为主要元器件，电子管计算机的体积大、耗电量高、寿命短、可靠性差、成本高、容量很小，主要应用于科学计算。

2) 第二代：晶体管时代(1958—1964 年)

采用晶体管作为主要元器件，计算机的体积减小，重量减轻，成本下降，能耗降低，可靠性和运算速度得到了提高，主要应用于科学计算、数据处理和过程控制。

3) 第三代：中小规模集成电路时代(1964—1972 年)

中小规模集成电路是指在几平方毫米的单晶体硅片上集成相当于数十至数百个晶体管的电路。

第三代计算机采用中小规模集成电路作为主要元器件，使计算机体积更小，重量更轻，耗电更省，寿命更长，成本更低，运算速度有了更大的提高，主要应用于科学计算、系统设计等科技工程领域。

4) 第四代：大规模和超大规模集成电路时代(1972 年至今)

大规模集成电路是指在几平方毫米的单晶体硅片上集成相当于数千个晶体管的电路。第四代计算机采用大规模和超大规模集成电路作为主要元器件，使计算机体积、重量和成本大幅度降低，运算速度和可靠性大幅度提高。它已经广泛应用于工业、农业、国防、科研、文教、交通运输、商业、通信以及日常生活等各个领域。电子计算机的发展，像任何新生事物一样，经历了一个不断完善的过程。总的来说，就是速度在加快，容量在加大，体积在变小，价格在下降，性价比在提高。

随着技术的更新和应用的推动，计算机有了飞速的发展。今天，集处理文字、图形、图像、声音为一体的多媒体计算机方兴未艾，计算机也进入了以计算机网络为特征的时代。电子计算机的发展趋势，可以大致概括为巨型化、微型化、网络化和智能化。

1) 巨型化

“巨”，指速度快、容量大、计算处理功能强的巨型计算机系统。其运算能力一般在每秒百亿次以上、内存容量在几百兆字节以上。巨型计算机主要用于像宇宙飞行、卫星图像及军事项目等有特殊需要的领域。巨型计算机的发展集中体现了计算机科学技术的发展水平，推动了计算机系统结构、硬件和软件的理论与技术、计算数学以及计算机应用等多个科学分支的发展。

2) 微型化

“微”，指价格低、体积小、可靠性高、使用灵活方便、用途广泛的微型计算机系统。计算机的微型化是当前研究计算机最明显、最广泛的发展趋向，目前便携式计算机、笔记本计算机都已逐步普及。

3) 网络化

“网”，指利用通信技术和计算机技术，把分布在不同地点的计算机互联起来，按照网络协议相互通信，以达到所有用户都可共享软件、硬件和数据资源的目的。现在，计算机网络在交通、金融、企业管理、教育、邮电、商业等各行各业中得到广泛的应用。目前各国都在开发三网合一的系统工程，即将计算机网、电信网、有线电视网合为一体。将来通过网络能更好地传送数据、文本资料、声音、图形和图像，用户可随时随地在全世界范围拨打可视电话或收看任意国家的电视和电影。

4) 智能化

“智”，指具有“听觉”、“视觉”、“嗅觉”和“触觉”，甚至具有“情感”等感知能力和推理、联想、学习等思维功能的计算机系统。

智能化要求计算机能模拟人的感觉和思维能力，是未来第五代计算机要实现的目标。

智能化的研究领域很多，其中最有代表性的领域是机器人智能化。例如，目前已研制出的机器人可以代替人从事危险环境下的劳动，运算速度约为每秒十亿次的“深蓝”计算机在1997 年战胜了国际象棋世界冠军卡斯帕罗夫。

展望未来，计算机的发展必然要经历很多新的突破。从目前的发展趋势来看，未来的计算机将是微电子技术、光学技术、超导技术和电子仿生技术相互结合的产物。第一台超高速全光数字计算机，已由欧盟的英国、法国、德国、意大利和比利时等国的 70 多名科学家和工程师合作研制成功，其运算速度比电子计算机快 1000 倍。在不久的将来，超导计算机、神经网络计算机等全新的计算机也会诞生。届时，计算机将发展到一个更高、更先进的水平。

2. 计算机的特点

电子计算机是一种能存储程序，能自动连续地对各种数字化信息进行算术、逻辑运算的电子设备。基于数字化的信息表示方式与存储程序工作方式，这样的计算机具有许多突出的特点。概括起来，电子计算机主要有以下几个显著特点。

1) 自动化程度高

由于采用存储程序的工作方法，一旦输入编制好的程序，只要给定运行程序的条件，计算机从开始工作直到得到计算处理结果，整个工作过程都可以在程序控制下自动进行，在运算处理过程中一般不需要人的直接干预。对工作过程中出现的故障，计算机还可以自动进行“诊断”、“隔离”等处理。这是电子计算机的一个基本特点，也是它和其他计算工具最本质的区别所在。

2) 运算速度快

计算机的运算速度通常是指每秒钟所执行的指令条数。一般而言，计算机的运算速度可以达到上百万次，目前最快的已达到十万亿次以上。计算机的高速运算能力，为完成那些计算量大、时间性要求强的工作提供了保证。例如天气预报、大地测量的高阶线性代数方程的求解，导弹或其他发射装置运行参数的计算，情报、人口普查等超大量数据的检索处理等。

3) 数据存储容量大

计算机能够储存大量的数据和资料，而且可以长期保留，还能根据需要随时存取、删除和修改其中的数据。计算机的大容量存储使得情报检索、事务处理、卫星图像处理等需要进行大量数据处理的工作可以通过计算机来实现。现在，一块存储芯片可以存储几百页英文书籍的内容。

4) 通用性强

由于计算机采用数字化信息来表示数值与其他各种类型的信息(如文字、图形、声音等)，采用逻辑代数作为硬件设计的基本数学工具，因此，计算机不仅可以用于数值计算，而且被广泛应用于数据处理、自动控制、辅助设计、逻辑关系加工与人工智能等非数值计算性质的处理。一般来说，凡是能将信息用数字化形式表示，能归结为算术运算或逻辑运算的计算，并能够严格规则化的工作，都可由计算机来处理。因此，计算机具有极强的通用性，能应用于科学技术的各个领域，并渗透到社会生活的各个方面。

正是由于以上特点，使计算机能够模仿人的运算、判断、记忆等某些思维能力，代替人的一部分脑力劳动，按照人们的意愿自动地工作，因此计算机也被称为“电脑”。但计算机本身又是人类智慧所创造的，计算机的一切活动又要受到人的控制，它只是人脑的补充和延伸，利用计算机可以辅助和提高人的思维能力。

3. 计算机的分类

计算机种类有很多，可以从不同的角度对计算机进行分类。常用的对计算机分类的方法有三种，即按用途分类、按综合性能指标分类和按外形分类。

1) 按用途分

(1) 专用计算机。专用计算机是为解决一个或一类特定问题而设计的计算机，其功能单一，配有解决特定问题的固定程序，能高速、可靠地解决特定问题，如军事系统、银行系统等都属于专用计算机。

(2) 通用计算机。通用计算机是为能解决各种问题且具有较强的通用性而设计的计算机。它具有一定的运算速度，又有一定的存储容量，带有通用的外部设备，配备各种系统软件、应用软件。通用计算机功能齐全，适应性强，目前人们所使用的大都是通用计算机，如家庭和学校机房的计算机。

2) 按综合性能指标分

(1) 巨型机(supercomputer)。巨型机运算速度快，存储容量大，结构复杂，价格昂贵，主要用于国防和尖端科学研究领域。目前，巨型机主要用于战略武器(如核武器和反弹道武器)的设计、空间技术、石油勘探、天气预报以及社会模拟等领域。世界上只有少数几个国家能生产巨型机，著名的巨型机如：美国的克雷系列，我国自行研制的银河-Ⅰ(每秒运算1亿次以上)、银河-Ⅱ(每秒运算10亿次以上)和银河-Ⅲ(每秒运算100亿次以上)也都是巨型机。现在世界上运行速度最快的巨型机已达到每秒万亿次浮点运算。

(2) 大/中型机(mainframe)。大/中型计算机是指通用性能好、外部设备负载能力强、处理速度快的一类机器。它有完善的指令系统、丰富的外部设备和功能齐全的软件系统，并允许多个用户同时使用。这类机器主要用于科学计算、数据处理或做网络服务器。IBM公司一直在大型主机市场上处于霸主地位，此外，EDC、富士通、日立、NEC也生产大型主机。

(3) 小型机(minicomputer)。小型计算机是在20世纪60年代中期发展起来的一类计算机，具有规模较小、结构简单、成本较低、操作简单、易于维护、与外部设备连接容易等特点。DEC公司的PDP11/20～PDP11/70是这类机器的典型代表。当时微型计算机还未出现，小型机因而得以广泛推广和应用，许多工业生产自动化控制和事务处理都采用小型机，也常用在一些中小型企事业单位或某一部门，例如，高等院校的计算机中心都是以一台小型机为主机，配以几十台甚至上百台终端机，以满足大量学生学习程序设计课程的需要。

(4) 微型机(personal computer)。微型计算机(简称微机)，以运算器和控制器为核心，加上由大规模集成电路制作的存储器、输入/输出接口和系统总线构成，体积小、结构紧凑、价格低。如果在一块芯片中包含运算器、控制器、存储器和输入/输出接口，就称为单片机。

以微机为核心，再配以相应的外部设备(如键盘、显示器、鼠标、打印机)、电源、辅助电路和控制微机工作的软件，就构成了一个完整的微型计算机系统。人们所说的 PC 机就指这类计算机，随着芯片性能的提高，PC 机的功能越来越强大。今天，PC 机的应用已遍及各个领域，从工厂的生产控制到政府的办公自动化，从商店的数据处理到个人的学习娱乐，几乎无处不在，无所不用。

(5) 工作站(workstation)。工作站是介于 PC 机和小型计算机之间的一种高档微型机，是为了某种特殊用途而将高性能的计算机系统、输入/输出设备与专用软件结合在一起的系统，它的独到之处是有大容量主存、大屏幕显示器，特别适合于计算机辅助工程。例如，图形工作站一般包括主机、数字化仪、扫描仪、鼠标器、图形显示器、绘图仪和图形处理软件等。它可以完成对各种图形与图像的输入、存储、处理和输出等操作。

(6) 服务器(server)。服务器是在网络环境下为多用户提供服务的共享设备，一般分为文件服务器、打印服务器、计算服务器和通信服务器等。该设备连接在网络上，网络用户在通信软件的支持下远程登录，共享各种服务。

目前，微型计算机与工作站、小型计算机乃至中、大型机之间的界限已经越来越模糊。无论按哪一种方法分类，各类计算机之间的主要区别是运算速度、存储容量及机器体积等指标。

3) 按外形分

按外形，计算机可分为座式机、台式机(包括立式计算机和卧式计算机)、便携式机(包括笔记本电脑、口袋式、掌上型、膝上型和 PDA 等)。

4. 计算机的应用领域

随着计算机技术的不断发展，计算机的应用领域越来越广泛，应用水平也越来越高，已经渗透到各行各业，改变着人们传统的工作、学习和生活方式，推动着人类社会的不断发展。下面看一下计算机的主要应用领域。

1) 科学计算

科学计算也称为数值计算，是指利用计算机来完成科学研究和工程技术中提出的数学问题的计算。在现代科学技术工作中，科学计算问题是大量的和复杂的。利用计算机的高速计算、大存储容量和连续运算的能力，可以实现人工无法解决的各种科学计算问题。50 多年来，一些现代尖端科学技术的发展，都是建立在计算机的基础上的，如卫星轨迹计算、气象预报等。

2) 数据处理

数据处理也称为非数值处理或事务处理，是指对各种数据进行收集、存储、整理、分类、统计、加工、利用和传播等一系列活动的统称。科学计算的数据量不大，但计算过程比较复杂；而数据处理的数据量很大，但计算方法较简单。据统计，80%以上的计算机主要用于数据处理，这类工作量大且涉及面宽，决定了计算机应用的主导方向。目前，数据处理已广泛应用于办公自动化、企事业计算机辅助管理与决策、情报检索、图书管理、电影电视动画设计、会计电算化等各行各业。

3) 电子商务

电子商务是指通过计算机和网络进行商务活动，如银行业务结算、网上购物、网上交易等，是在 Internet 的广阔联系与传统信息技术的丰富资源相结合的背景下应运而生的一种网上相互关联的动态商务活动。电子商务是在 1996 年开始的，起步时间虽然不长，但因其高效率、低支付、高收益和全球性等特点，很快受到各国政府和企业的广泛重视，是发展最快的应用领域之一，有着广阔的发展前景。目前，世界各地的许多公司已经开始通过 Internet 进行商业交易，他们通过网络方式与顾客、批发商和供货商等联系，在网上进行业务往来。

4) 过程控制

过程控制也称为实时控制，是指利用计算机及时采集、检测数据，按最佳值迅速地对控制对象进行自动控制或自动调节。随着生产自动化程度的提高，对信息传递速度和准确度的要求也越来越高，这一任务靠人工操作已无法完成，只有计算机才能胜任。以计算机为中心的控制系统可以及时地采集数据、分析数据、制订方案，进行自动控制。计算机不仅可以减轻劳动强度，而且可以大大提高自动控制的水平，提高产品的质量和合格率。因此，过程控制在冶金、电力、石油、机械、化工以及各种自动化部门得到广泛的应用，同时还应用于导弹发射、雷达系统、航空航天等各个领域。

5) 计算机辅助工程

计算机辅助工程的应用，可以提高产品设计、生产和测试过程的自动化水平，降低成本，缩短生产的周期，改善工作环境，提高产品质量，获得更高的经济效益。计算机辅助技术包括 CAD、CAM 和 CAI 等。

(1) 计算机辅助设计(computer aided design, CAD)。计算机辅助设计是综合地利用计算机的工程计算、逻辑判断、数据处理功能和人的经验与判断能力结合，形成一个专门的系统，用来进行各种图形设计和图形绘制，对所设计的部件、构件或系统进行综合分析与模拟仿真实验。它是近十几年来形成的一个重要的计算机应用领域。目前在汽车、飞机、船舶、集成电路、大型自动控制系统的设计中，CAD 技术占据越来越重要的地位。

(2) 计算机辅助制造(computer aided manufacturing, CAM)。计算机辅助制造是利用计算机系统进行生产设备的管理、控制和操作的过程。例如，在产品的制造过程中，用计算机控制机器的运行，处理生产过程中所需的数据，控制和处理材料的流动以及对产品进行检测等。使用 CAM 技术可以提高产品质量，降低成本，缩短生产周期，提高生产率和改善劳动条件。将 CAD 和 CAM 技术集成实现设计生产自动化，这种技术被称为计算机集成制造系统。它的实现将真正做到无人化工厂(或车间)。

(3) 计算机辅助教学(computer aided instruction, CAI)。计算机辅助教学是指利用计算机进行辅助教学、交互学习。如利用计算机辅助教学制作的多媒体课件可以使教学内容生动、形象、逼真，取得良好的教学效果。通过交互方式的学习，可以使学员自己掌握学习的进度、进行自测，方便灵活，满足不同层次学员的需求。CAI 的主要特色是交互教育、个别指导和因人施教。

6) 虚拟现实

虚拟现实(virtual reality, VR)，是一种基于可计算信息的沉浸式交互环境，具体地说，就是采用计算机技术为核心的现代高科技生成的逼真的视、听、触觉一体化的特定范围的虚拟环境，用户借助必要的设备，以自然的方式与虚拟环境中的对象进行交互作用，相互影响，从而产生“沉浸”于等同真实环境的感受和体验。虚拟现实的最终目的是建立和谐的人机环境。虚拟现实主要构筑在计算机图形学上，具体应用包括一些高端的图形工作站软件和低端的网络三维方案(如 VRML、X3D、Cult3D、Shockwave3D 等)。

7) 人工智能

人工智能(artificial intelligence)是用计算机模拟人类的智能活动，如模拟人脑学习、推理、判断、理解、问题求解等过程，辅助人类进行决策，如专家系统。人工智能是计算机科学研究领域最前沿的学科，现在人工智能的研究已取得不少成果，有些已开始走向实用阶段。例如，能模拟高水平医学专家进行疾病诊疗的专家系统，具有一定思维能力的智能机器人等。

8) 网络应用

计算机技术与现代通信技术的结合构成了计算机网络。计算机网络的建立，不仅解决了一个单位、一个地区、一个国家中计算机与计算机之间的通信，各种软、硬件资源的共享，也大大地促进了国际间的文字、图像、视频和声音等各类数据的传输与处理。

2.1.2　计算机网络技术

随着信息技术的发展，人们已经对 Internet 越来越熟悉，它遍布世界各个角落，在某些发达国家和地区甚至已经成为人们生活不可缺少的一部分。Internet 的发展速度之快，波及范围之广，几乎令所有人都惊叹不已，即便是其最初的设计建造者恐怕也始料未及。

最初的 Internet 要小得多，与现在的差别很大，它是在 DARPA(美国国防部高级研究计划局网络)的基础上发展起来的。DARPA 建立于 20 世纪 60 年代末期，在刚开始的十几年中它主要服务于科研教育部门，到 20 世纪 90 年代初期，随着 WWW 的发展，Internet 逐渐走向民用，由于 WWW 通过良好的界面大大简化了 Internet 操作的难度，使得用户的数量急剧增加，许多政府机构、商业公司意识到 Internet 具有巨大的潜力，于是纷纷加入 Internet 的使用行列。这样，Internet 上的站点数量大大增加，网络上的信息也是五花八门、十分丰富，如今，Internet 已经深入到人们生活的各个部分，通过 WWW 浏览、电子邮件等方式，人们可以及时地获得自己所需的信息。Internet 极大地方便了信息的传播，给人们带来一个全新的通信方式，可以说 Internet 是继电报、电话发明以来人类通信方式的又一次革命。

1. 计算机网络的产生与发展

1) 计算机网络的四大发展阶段

计算机网络的产生与发展经历了以下四个阶段。

(1) 早期的计算机网络。

1946 年世界上第一台电子数字计算机 ENIAC 诞生时，计算机技术与通信技术并没有直接的联系。随着计算机应用的发展，出现了多台计算机互联的需求，用户希望通过网络实现计算机资源共享的目的。1951年，美国麻省理工学院林肯实验室为美国空军设计的半自动地面防空系统SAGE。该系统于1963年建成，实现了多台独立计算机的成功连接；被认为是计算机和通信技术结合的先驱。人们把这种以单个计算机为中心的联机系统称作面向终端的远程联机系统。该系统是计算机技术与通信技术相结合而形成的计算机网络雏形，因此也称为面向终端的计算机通信网。

第一代计算机网络在民用方面，也有了快速发展和应用。美国航空公司与IBM公司早在20世纪60年代投入使用的飞机订票系统SABRE-Ⅰ就是由一台中心计算机和分布在全美范围内的2000多个终端组成，各终端通过电话线连接到中心计算机。美国通用电气公司的信息服务系统则是世界上最大的商用数据处理网络，从美国延伸到欧洲、澳大利亚、日本等国家和地区。该系统在1968年投入使用，具有交互处理和批处理能力。

第一代计算机网络系统如图2-1所示。

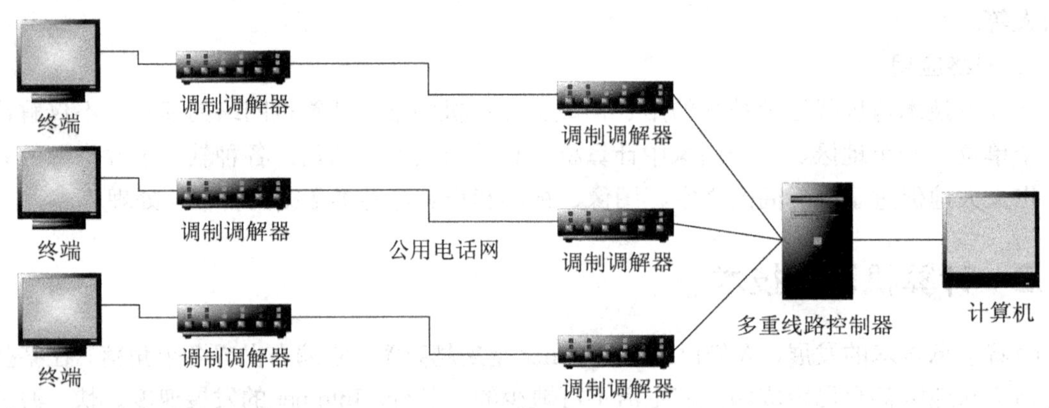

图2-1　第一代计算机网络系统

(2) 第二代面向通信的计算机网络。

为了提高网络的可靠性和可用性，人们开始研究将多台计算机相互连接的方法。从20世纪60年代中期到70年代中期，随着计算机技术和通信技术的进步，在单主机联机网络的基础上，完成了计算机网络体系结构与网络协议的研究，形成了将多个单主机互联系统相互连接起来，以多处理机为中心的网络，并利用通信线路将多台主机连接起来，为终端用户提供服务，如图2-2所示。这一代计算机网络划分为两大部分：一部分是以交换机为中心的通信子网，另一部分是由若干个主机和终端构成的用户资源子网。这一代网络以通信子网为中心，并且以分组交换技术为基础理论，如图2-3所示。

通信子网一般由通信设备、网络介质等物理设备所构成，完成全网的数据传输和数据转发等，为资源子网提供信息传输服务。而资源子网的主体为网络资源设备，承担着全网的数据处理业务，并向网络用户提供各种网络资源和网络服务，如服务器、用户计算机(主机或工作站)、网络存储系统、网络打印机、数据存储设备等。在现代的计算机网络中，如果没有通信子网，网络就不能工作，如果没有资源子网，通信子网的传输也就失去了意义，只有两者有机结合才能组成统一的资源共享网络。

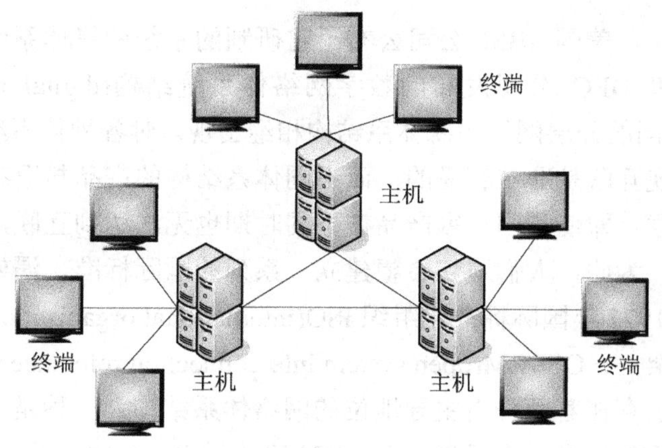

图 2-2　多机互联网系统

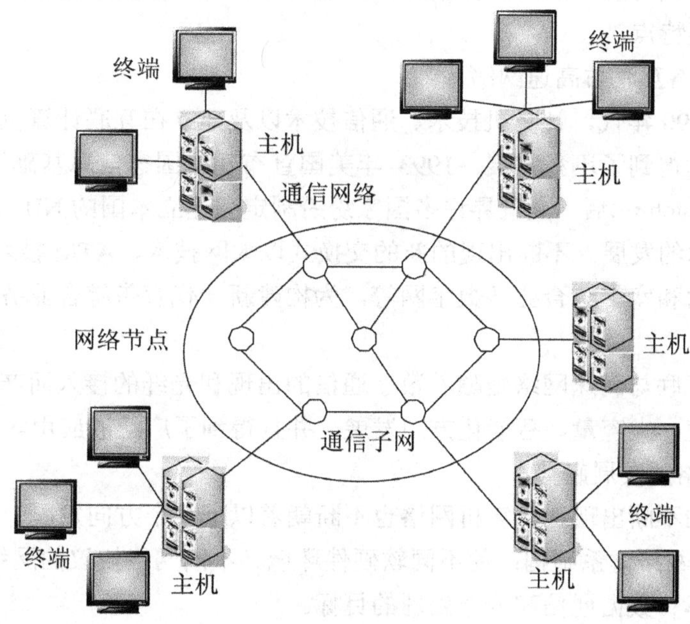

图 2-3　通信子网和资源子网

第二代网络应用的是网络分组交换技术进行对数据的远距离传输。分组交换是主机利用分组技术将数据分成多个报文，每个数据报文自身携带足够多的地址信息，当报文通过节点时暂时存储并查看报文目标地址信息，运用路由器选择最佳目标传送路径将数据传送给远端的主机，从而完成数据转发。

网络用户对网络的访问可分为以下两类。

本地访问：对本地主机访问，不经过通信子网，只在资源子网内部进行。

网络访问：通过通信子网访问远地主机上的资源。

(3) 第三代标准化计算机网络。

从 20 世纪 70 年代开始，各类计算机企业为了霸占市场，采用自己独特的技术，开发了自己的网络体系结构研制的计算机网络，并投入运行。计算机网络出现了“百家争鸣”

的现象，如 1974 年，美国 IBM 公司公布了它研制的系统网络体系结构(system network architecture, SNA)和 DEC 公司发布的数字网络体系结构(digital network architecture, DNA)。随之各种不同的分层网络系统体系结构相继出现。对各种体系结构来说，同一体系结构的网络产品实现互联是非常容易的，而不同体系结构的产品却很难实现互联。不同厂家的设备也无法互联，即使是同一家产品在不同时期也无法达到互联，这样就大大阻碍了计算机网络的发展。为此，人们迫切希望建立一系列的国际标准，渴望得到一个“开放”的系统。开放是指 1977 年国际标准化组织 ISO(international organization for standardization)提出的一个标准框架——OSI/RM(open system interconnection reference model)，即开放系统互联参考模型。目前存在着两种占主导地位的网络体系结构：一种是 OSI/RM；另一种是 Internet 所使用的事实上的工业标准 TCP/IPRM(transmit control protocol/internet protocol reference model)。具有统一的网络体系结构，遵守开放式和标准化的国际标准，是第三代计算机网络的主要特点。

(4) 第四代网络互联与高速网络。

进入 20 世纪 90 年代，计算机技术、通信技术以及建立在互联计算机网络技术基础上的计算机网络技术得到了迅猛发展。1993 年美国宣布建立国家信息基础设施 NII(national information infrastructure)后，全世界许多国家纷纷制定和建立本国的 NII，从而极大地推动了计算机网络技术的发展。不断出现的新的交换式以太网技术、ATM 技术、帧中继技术、光纤数字传输技术和宽带综合业务数字网等，为构建新一代宽带综合业务数字网奠定了良好的技术基础。

第四代网络互联与高速网络是随着数字通信的出现和光纤的接入而产生的，网络也快速向综合性、高速、大容量、智能化方向发展，并且得到了广泛的应用。

2) 计算机网络的发展趋势

随着新技术的不断出现，计算机网络也不断朝着以下几个方向发展。

(1) 开放式的网络体系结构：使不同软硬件环境、不同网络协议的网络可以互相联结，真正达到资源共享、数据通信和分布处理的目标。

(2) 高性能：追求高速、高可靠和高安全性，采用多媒体技术，提供文本、图像、声音、视频等综合性服务。

(3) 智能化：提高网络性能和提供综合的网络多功能服务，并且更加合理地进行网络各种业务的管理，真正以分布和开放的形式向用户提供服务。

2. 计算机网络的定义

关于计算机网络的最简单定义是：一些相互连接的、以共享资源为目的的、自治的计算机的集合。

另外，从广义上看，计算机网络是以传输信息为基础目的，用通信线路将多个计算机连接起来的计算机系统的集合。一个计算机网络组成包括传输介质和通信设备。

从用户角度看，计算机网络是这样定义的：存在着一个能为用户自动管理的网络操作系统。整个网络就像一个大的计算机系统一样，对用户是透明的。

还有一个比较通用的定义是：利用通信线路将地理上分散的、具有独立功能的计算机系统和通信设备按不同的形式连接起来，以功能完善的网络软件及协议实现资源共享和信息传递的系统。

从整体上来说，计算机网络是利用通信设备和线路将地理位置上不同的、功能独立的多个计算机系统互联起来，以功能完善的网络软件实现网络资源共享和信息传递的计算机系统的集合。计算机网络的主要目的是实现资源共享。资源共享是指所有网络用户能够分享各个计算机系统的全部或部分资源，这类资源被称为共享资源，包括硬件资源、软件资源和数据资源等。

3. 计算机网络的拓扑结构

计算机网络的组成元素可以分为两大类，即网络节点和通信链路。网络节点通过通信链路的连接模式被称为网络的拓扑结构。“拓扑”一词是数学领域的一个术语，是指对于几何结构属性的研究，这些几何结构不受拉伸或扭曲的影响。在网络世界，节点的连接模式不会因通信链路的拉伸和绕转而改变。

拓扑结构定义了网络中资源的连接方式，局域网中基本的拓扑结构有三种：总线形拓扑结构、星形拓扑结构和环形拓扑结构。

1) 总线形拓扑结构

总线形拓扑结构是目前小型办公室局域网成熟、经济、最常见的解决方案。总线形拓扑结构采用单根传输线作为传输介质，所有节点(服务器、客户机、打印机等)都通过相应的硬件接口直接连接到传输介质或总线上。总线将所有的计算机连接成链状，供其共享。任何计算机发送的信号都可以沿着总线传播，而且能被其他所有计算机接收。图 2-4 所示是总线形拓扑结构的例子。

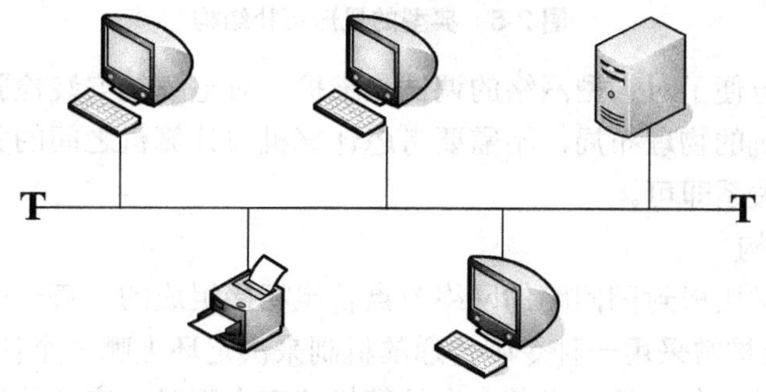

图 2-4 典型的总线形拓扑结构

某一台计算机发出信号后，信号沿着总线传播，另一台计算机接收信号后并不阻碍信号继续传播，当信号传播到总线的一个端点时，如果没有专用设备消逝该信号，信号会反弹(bounce)过来向回传播，到另一个端点时再次反弹。这样一来，该信号始终占据总线，令其他信号无法传播，这当然是不能容忍的。当总线中某处有断点时也会产生类似现象。所以，在总线的两个端点应安装终结器(terminator)用来消逝信号，并且要严格保证总线中不能有断点。

当总线过长时，信号会衰减，导致远处计算机不易识别。可以通过在总线中加中继器(repeater)来解决这个问题，它能把信号无失真地放大。

总线形拓扑结构的优点是：结构简单可靠，传输介质利用率高，成本低廉，用户接入方式灵活。

总线形拓扑结构的缺点是：总线中的某点故障有可能影响整个网络，非集中控制，故障检测困难，承受重载荷。

2) 星形拓扑结构

星形拓扑结构是由点到点链路连接到中央节点的各个站点组成的，中央节点即集线器(hub)。网络中，每一台计算机都通过单独的信道连接到中央节点，每一条连接线路都与其他线路彼此独立。一条连接线路发生故障，不会影响其他线路的正常工作，故障检测和维护也相对容易。但是，如果中央节点出现问题，将会导致整个网络发生故障。另外，每个节点都与中央节点直接连接，需要大量电缆，致使成本增加。图 2-5 所示是星形拓扑结构的例子。

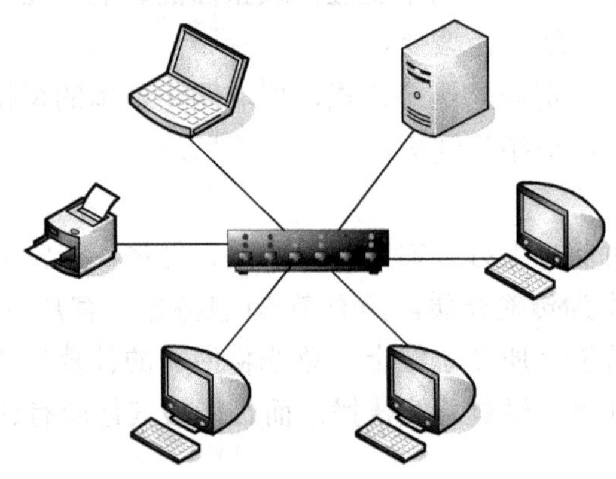

图 2-5　典型的星形拓扑结构

星形拓扑结构方便了对大型网络的调试与维护，对电缆的安装检验也比较容易。如果需要改变某些计算机的物理布局，不需要考虑计算机与计算机之间的关系，只要调节好计算机与中央节点的关系即可。

3) 环形拓扑结构

环形拓扑结构是由成封闭回路的网络节点首尾相接组成的，每一个节点与它左右相邻的节点连接。环形结构常采用一种令牌传递的机制来决定环上哪一个计算机可以发送信息。令牌是一个特殊的信息包，只有当某一台计算机持有令牌时，它才能发送信息。发出的信息沿着环的一定方向传递，经过的计算机根据信息中的目标地址判断该信息是否是传给自己的。如果是，则留下一份拷贝并打上标记；如果不是，则忽略，使信息继续沿环传递。信息回到发出处时被收回。可以看出，在某一特定时刻，只有一台计算机发送信息，不会造成信道拥挤，因此，环形拓扑结构可以避免冲突，可高速运行。图 2-6 所示是环形拓扑结构的例子。

环形拓扑结构网络中的各节点形成一个封闭的环，环中任何一点出现故障都会造成整个网络的瘫痪，因此，在某些重要的环形结构中使用双环，当一环出现故障时，仍有一环

备用。

环形拓扑结构的建设和管理较其他两种拓扑结构复杂，使用的网卡等通信部件也比较昂贵，在小型的局域网中不常见。但在一些大的工程中，由于其速度快和抗干扰能力强等特点，所以应用较多，尤其是应用于大型的光缆通路建设。

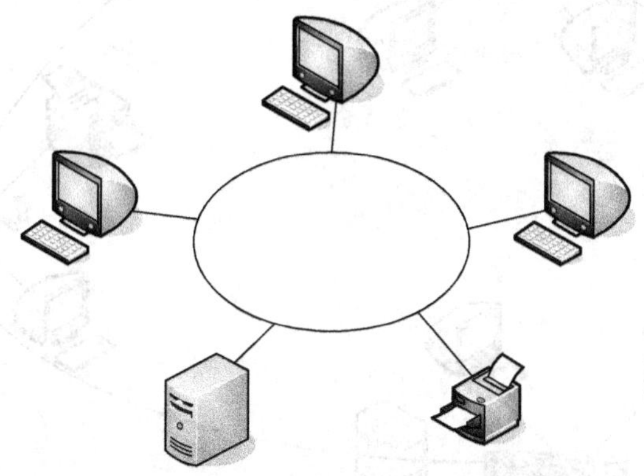

图 2-6　典型的环形拓扑结构

除上述三种基本拓扑结构外，还有一些复合式结构，它们一般是由基本结构组合而成，比较常见的有总线星和环形星两种结构，如图 2-7 和图 2-8 所示。

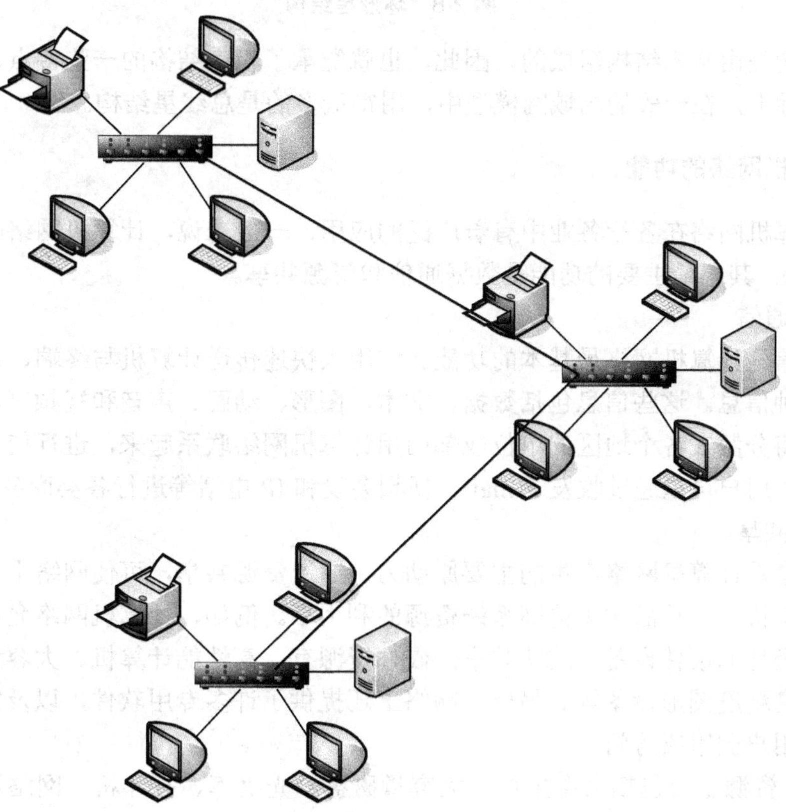

图 2-7　总线星结构

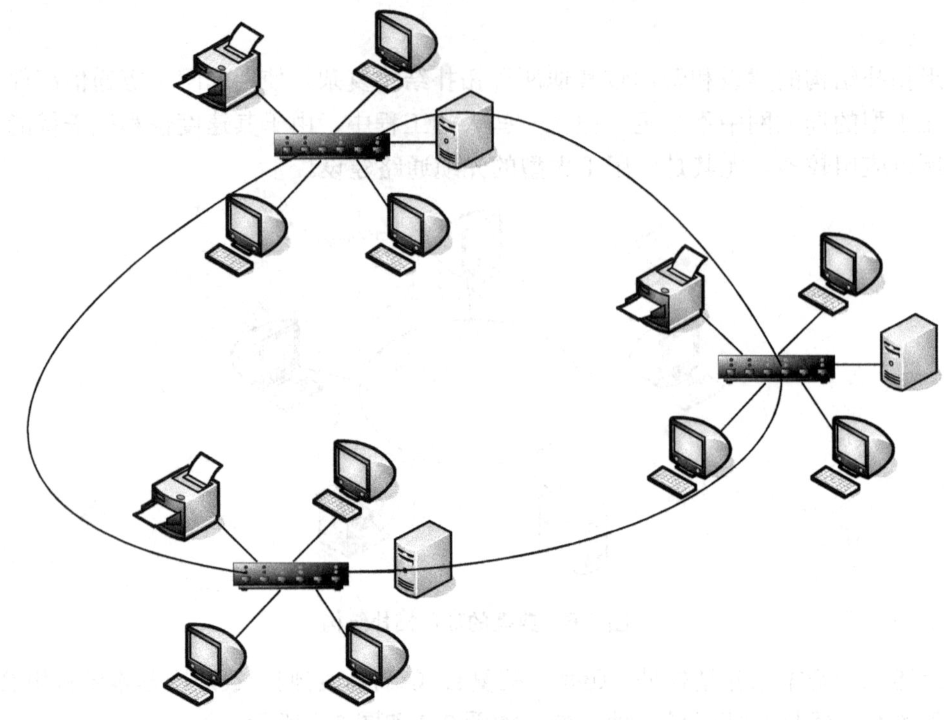

图 2-8　环形星结构

复合结构是由基本结构组成的，因此，也就继承了相应结构的一些特点，读者不妨自己总结。实际上，在一般的局域网模型中，用得最多的是总线星结构。

4. 计算机网络的功能

目前计算机网络在各行各业中有着广泛的应用，一般来说，计算机网络具有以下功能(又称为服务)，其中最主要的功能是数据通信和资源共享。

1) 数据通信

数据通信是计算机网络最基本的功能。它用来快速传送计算机与终端、计算机与计算机之间的各种信息。这些信息包括数据、文本、图形、动画、声音和视频等。利用这一特点，可实现将分散在各个地区的单位或部门用计算机网络联系起来，进行统一的调配、控制和管理。如用户可以通过收发 E-mail、视频会议和 IP 电话等进行各类商务活动。

2) 资源共享

资源共享是计算机网络产生的主要原动力。通过资源共享，可使网络中各处的资源互通有无、分工协作，从而大大提高系统资源的利用率。例如，计算机网络允许用户使用网上各种不同类型的硬件设备，这些共享的硬件资源有：高性能计算机、大容量磁盘、高性能打印机和高精度图形设备等。另外，网络上还提供了许多专用软件，以及发布了大量信息，供网络用户调用或访问。

(1) 硬件资源主要包括大型主机、大容量磁盘、光盘库、打印机、网络通信设备、通信线路和服务器硬件等。

(2) 软件资源主要包括网络操作系统、数据库管理系统、网络管理系统、应用软件、

开发工具和服务器软件等。

(3) 数据资源主要包括数据文件、数据库和光磁盘所保存的各种数据。数据包括文字、图表、图像和视频等。数据是网络中最重要的资源。

3) 分布处理与负载均衡

计算机网络中，各用户可根据需要合理地选择网内资源，以便就近处理，例如：用户在异地通过远程登录可直接进入自己办公室的网络，当需要处理综合性的大型作业时，通过一定的算法将负载性比较大的作业分解，并交给多台计算机进行分布式处理，起到负载均衡的作用，这样就能提高处理速度，并充分发挥设备的利用率，提高设备的效率。协同式计算方式就是利用网络环境的多台计算机来共同完成一个处理任务。

4) 集中管理

计算机网络技术的发展和应用，已使得现代办公、经营管理等发生了很大的变化。目前，已有 ERP(企业资源计划)、SCM(供应链管理)、CRM(客户关系管理)、OA 系统等多种管理信息系统，通过这些系统可以实现日常工作的集中管理，提高工作效率，增加经济效益。

5) 提高可靠性

提高可靠性表现在计算机网络中的多台计算机可以通过网络彼此间相互备用，一旦某台计算机出现故障，其任务可由其他计算机代其处理，避免了单机损坏无后备机的情况出现，如某台计算机由于故障原因而导致系统瘫痪，这时还可以由其他计算机作为后备，从而提高了整个网络系统的可靠性。

5. 计算机网络应用系统

基于计算机网络的基本功能，人们开发出了各种不同用途的应用软件系统。

1) 信息检索系统(information retrieve system, IRS)

随着全球性网络的不断发展，人们可以将自己的计算机联入网络，并使用 IRS 检索和查询向公众开放的信息资源。因此，IRS 是一类具有广泛应用的系统。

2) 办公自动化系统(office automation, OA)

办公自动化系统的核心是通信和信息共享，是以先进的科学技术，将一个单位或部分办公用的计算机和相关办公设备连接起来构成网络，可以为办公人员和企事业单位的管理人员充分有效地利用信息资源，以提高生产效率、工作效率和工作质量，更好地辅助决策。如图 2-9 所示。

3) 分布式控制系统(distributed control system, DCS)

DCS 广泛应用于工业生产过程控制和自动控制领域。使用 DCS 可以提高生产效率和质量，节省人力和物力，实现安全监控等目标。常见的 DCS 系统有：电力系统的监控调度系统，冶金、化工等行业的生产过程自动控制系统，交通调度和监控系统等。

4) 管理信息系统(management information system, MIS)

MIS 被广泛应用于企事业单位的人事、财务等管理。例如，使用 MIS，企业可以实现市场经营管理、生产制造管理、物资仓储管理、财务管理和人事管理等相关的管理业务。

建设计算机网络，并且在网络上使用 MIS，以实现各类管理活动，并能实现各部门之间的动态信息管理、查询和信息传递等业务，大幅度改进并提高企事业单位的生产管理水平，同时，又能为企事业单位的决策和规划部门提供决策依据。

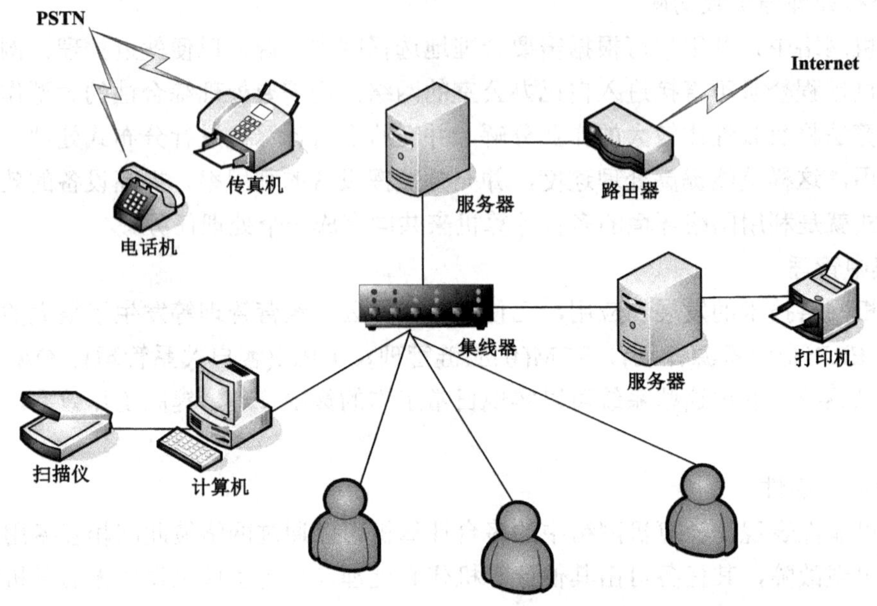

图 2-9　办公自动化系统示意图

5) 电子数据交换和电子商务

电子数据交换和电子商务是计算机网络在商业领域中的一种重要的应用形式。它以共同认可的数据格式，在贸易伙伴的计算机之间传输数据，代替了传统的贸易单据，从而节省了大量的人力和财力，提高了效率。

6) 远程教育(distance education)

远程教育是一种利用在线服务系统，开展学历或非学历教育的全新的教学模式。远程教育的基础设施是网络，其主要作用是向学员提供课程软件及主机系统的使用，支持学员完成在线课程，并负责行政管理、协同合作等。

7) 电子银行(E-bank)

电子银行也是一种在线服务，是一种由银行提供的基于计算机和计算机网络的新型金融服务系统。其主要功能有：金融交易卡服务、自动存取款服务、销售点自动转账服务、电子汇款与清算等服务。

2.1.3　计算机办公自动化技术

办公自动化是近年来随着计算机科学的发展而提出来的新概念。办公自动化英文原称 office automation，缩写为 OA。办公自动化系统一般指实现办公室内事务性业务的自动化，而办公自动化技术则包括更广泛的意义，即包括网络化的大规模信息处理系统。

一般认为，凡是在传统的办公室中采用各种新技术、新机器、新设备从事办公业务，都属于办公自动化的领域。通常办公室的业务主要是进行大量文件的处理，起草文件、通知、各种业务文本，接收外来文件存档，查询本部门文件和外来文件，复印文件复件等。所以，采用计算机文字处理技术复印，存储各种文档，采用其他先进设备，如复印机、传真机等复制、传递文档，或者采用计算机网络技术传递文档，是办公室自动化的基本特征。

1. 办公自动化的形成和发展

办公自动化(OA)的含义很容易因与工厂自动化(FA)的概念等同而造成误解。工厂生产的自动化使产量增加，质量得到保证，但是工人的劳动却变得更为简单。办公室中的信息搜集、资料处理尽量采用自动化，但仍然有许多工作要有人参与才能确定信息的价值。因此，办公自动化可以认为是人们产生价值更高的信息的一种辅助手段。

自从 1950 年发明计算机以来，专家们认为只有少数计算机能满足社会需要，而且只能用于行政机关和重要部门，主要是在复杂数学分析中发挥作用，但不久人们就认识到，许多大型单位既可在各个业务部门之间，也可在与用户和供应商之间利用计算机的优势提高其时效性、精确性和信息量。

办公自动化的形成和发展，最根本的原因是社会生产的发展要求生产关系和上层建筑随之发展。具体地说，就是由于社会生产自动化水平提高，生产活动所需信息量加大，企业管理人员增加，如何迅速准确地选择信息、保存信息、检查信息和传输信息变得十分重要。在办公室事务管理的信息中，有数据、文字、图像和声音等信息，而且处理不同信息形式的各种办公设备还要单独使用。建立办公自动化系统，可以有效地提高办公效率，同时，将促进办公体制的改革和发展，使管理系统更加科学、合理，可以实现精简机构和改进工作方法，有利于办公人员的学习和培训，提高业务能力。由于微电子技术的发展和进步，特别是与办公室有关的个人计算机和工作站系统的发展，使办公自动化系统的实现有了可靠的物质基础和技术基础。可以认为，办公自动化是一门新兴的综合学科，是当代信息技术发展的产物。

我国专家在第一次全国办公自动化规划讨论会上提出办公自动化的定义为：利用先进的科学技术，使部分办公业务活动物化于人以外的各种现代化办公设备中，由人与技术设备构成服务于某种办公业务目的的人-机信息处理系统。

2. 办公自动化技术的层次

事务型 OA 系统、信息管理型 OA 系统和决策支持型 OA 系统是广义的或完整的 OA 系统构成中的三个功能层次。三个功能层次间的相互联系可以由程序模块的调用和计算机数据网络通信手段做出。一体化的 OA 系统的含义是利用现代化的计算机网络通信系统把三个层次的 OA 系统集成一个完整的 OA 系统，使办公信息的流通更为合理，减少许多不必要的重复输入信息的环节，以期提高整个办公系统的效率。一体化、网络化的 OA 系统的优点是，不仅在本单位内可以使办公信息的运转更为紧凑有效，而且也有利于和外界的信息沟通，使信息通信的范围更广，能更方便、快捷地建立远距离的办公机构间的信息通信，并且有可能融入世界范围内的信息资源共享。

1) 第一层次——事务型OA系统

第一层次只限于单机或简单的小型局域网上的文字处理、电子表格、数据库等辅助工具的应用，一般称之为事务型OA系统。

事务型OA系统中，主要进行诸如文字处理、电子排版、电子表格处理、文件收发登录、电子文档管理、办公日程管理、人事管理、财务统计、报表处理和个人数据库等方面的应用。这些常用的办公事务处理可作成应用软件包，包内的不同应用程序之间可以互相调用或共享数据，以便提高办公事务处理的效率。这种办公事务处理软件包应具有通用性，以便扩大应用范围，提高其利用价值。

此外，在办公事务处理级上可以使用多种OA子系统，例如电子出版系统、电子文档管理系统、智能化的中文检索系统(如全文检索系统)、光学汉字识别系统、汉语语音识别系统等。事务型或业务型的OA系统其功能都是处理日常的办公操作，是直接面向办公人员的。

2) 第二层次——信息管理型OA系统

信息管理型OA系统是第二层次。随着信息利用重要性的不断增加，在办公系统中对和本单位的运营目标关系密切的综合信息的需求日益增加。信息管理型的办公系统，是把事务型(或业务型)办公系统和综合信息(数据库)紧密结合的一种一体化的办公信息处理系统。综合数据库存放该有关单位的日常工作所必需的信息。例如，在政府机关，这些综合信息包括政策、法令、法规，有关上级政府和下属机构的公文、信函等的政务信息；一些公用服务事业单位的综合数据库包括和服务项目有关的所有综合信息；公司、企业、单位的综合数据库包括工商法规、经营计划、市场动态、供销业务、库存统计、用户信息等。作为一个现代化的政府机关或企事业单位，为了优化日常工作，提高办公效率和质量，必须具备供本单位的各个部门共享的综合数据库。这个数据库建立在事务型OA系统基础之上，构成信息管理型的OA系统。

3) 第三层次——决策支持型OA系统

决策支持型OA系统是第三层次。它建立在信息管理型OA系统的基础上。它使用综合数据库系统提供的信息，针对需要作出决策的课题，构造或选用决策数字模型，结合有关内部和外部的条件，由计算机执行决策程序，作出相应的决策。

事务型OA系统称之为普通办公自动化系统，而信息管理型OA系统和决策支持型OA系统称之为高级办公自动化系统。

随着三大核心支柱技术(网络通信技术、计算机技术和数据库技术)的成熟，国际上的OA已进入到新的层次，在新的层次中系统有以下四个新的特点。

(1) 集成化。软硬件及网络产品的集成，人与系统的集成，单一办公系统与社会公众信息系统的集成，组成了“无缝集成”的开放式系统。

(2) 智能化。面向日常事务处理，辅助人们完成智能性劳动，如汉字识别，对公文内容的理解和深层处理，辅助决策及处理意外等。

(3) 多媒体化。通常包括对数字、文字、图像、声音和动画的综合处理。

(4) 运用电子数据交换(EDI)。通过数据通信网在计算机之间进行交换和自动化处理。

3. 办公自动化的功能

办公自动化的功能如下。

1) 建立内部的通信平台

建立组织内部的邮件系统，使组织内部的通信和信息交流快捷通畅。

2) 建立信息发布的平台

在内部建立一个有效的信息发布和交流的场所，例如电子公告、电子论坛、电子刊物，使内部的规章制度、新闻简报、技术交流、公告事项等能够在企业或机关内部员工之间得到广泛的传播，使员工能够了解单位的发展动态。

3) 实现工作流程的自动化

由于每个企业部门都存在着大量流程化的工作，例如公文的处理、收发文、各种审批、请示、汇报等，通过实现工作流程的自动化，就可以规范各项工作，提高部门之间协同工作的效率。

4) 实现文档管理的自动化

文档管理自动化使各类文档(包括各种文件、知识、信息)能够按权限进行保存、共享和使用，并有一个方便的查找手段。每个部门都会有大量的文档，在手工办公的情况下，这些文档都保存在每个人的文件柜里，因此，文档的保存、共享、使用和再利用是十分困难的。另外，在手工办公的情况下，文档的检索存在非常大的难度。办公自动化使各种文档实现电子化，通过电子文件柜的形式实现文档的保管，按权限进行使用和共享。

5) 辅助办公

实现了会议管理、车辆管理、物品管理、图书管理等与日常事务性的办公工作相结合的各种辅助办公的自动化。

6) 信息集成

每个部门可能存在大量的业务系统，如购销存、ERP 等系统，企业的信息源往往都在这些业务系统里，通过办公自动化系统与这些业务系统的集成，使相关人员能够有效地获得信息，从而提高整体的反应速度和决策能力。

7) 实现分布式办公

办公自动化可以支持多分支机构、跨地域的办公模式以及移动办公。

4. 办公自动化的四大支柱

办公自动化技术作为一门综合性、跨学科的技术，涉及计算机科学、通信科学、系统工程学、人机工程学、控制论、经济学、社会心理学、人工智能等，人们通常把计算机技术、通信技术、管理科学与工程以及信息科学称作 OA 的四大支柱。以信息科学为主导、管理科学与工程为理论，结合运用通信技术和计算机技术来帮助人们完成办公室的工作，实现办公自动化。

1) 信息科学

信息科学是指以信息为主要研究对象，以信息的运动规律和应用方法为主要研究内容，以计算机等技术为主要研究工具，以扩展人类的信息功能为主要目标的一门新兴的综合性学科。信息科学是由信息论、控制论、计算机科学、仿生学、系统工程与人工智能等学科互相渗透、互相结合而形成的。

近年来，随着信息化的逐渐推进，一些企业内部往往应用了很多的管理信息系统，然而由于只是狭隘地根据当时的情况部署系统，没有系统的考虑和全面的规划，使得各个系统“各自为政”，没有形成统一的平台，从而让信息成为“孤岛”。正是由于各系统之间的数据无法在统一的平台上展现，信息无法共享成为当前企业信息化的重要问题之一。

而办公自动化系统的应用，运用信息科学的方法，能够很好地解决企业“信息孤岛”的问题。

2) 管理科学与工程

管理科学与工程是综合运用系统科学、管理科学、数学、经济和行为科学及工程方法，结合信息技术研究解决社会、经济、工程等方面的管理问题的一门学科。这一学科是我国管理学门类中唯一按一级学科招生的学科，覆盖面广，包含了资源优化管理、公共工程组织与管理、不确定性决策研究和项目管理等众多研究领域，是国内外研究的热点。

传统的办公室工作完全是由人来实现的。为了能有效地替代人处理办公事务，首先必须研究使用机器进行办公室管理的体制，对办公体系划分层次和模拟人的办公方式。在以人为主要替代对象的办公自动化技术中，只有在充分研究人类办公活动行为的前提下，才能使办公自动化系统切实有效地替代人们的办公行为。

在办公自动化系统中，大量的办公事务都由机器完成，但操作、指挥它的还是人，要使人和机器设备之间有友好的界面关系，使人们方便、习惯于操作机器，就要研究 OA 系统中的人机界面(包括各种设备的操作性能、外形、操作面板、结构特点和使用维护)，并寻找改进人机界面关系的方法。运用好管理科学与工程的系统化思想就能很好地解决这一问题。

3) 通信技术

通信技术和通信产业是 20 世纪 80 年代以来发展最快的领域之一，不论是在国际还是在国内都是如此。这是人类进入信息社会的重要标志之一。对于办公室自动化系统来说，局域网络(LAN)通信是一种很重要的通信手段，可实现资源共享及电子邮件、电子广告、电子会议等一系列新技术和新的办公体制，实现办公室自动化。

对于大型机构，可设立多个局域网及数字式专用程控电话交换机(PABX 系统)。LAN 和 PABX 系统之间可以用网间通信处理机连接起来，LAN 和 PABX 系统还可以分别和远程通信网络相连接，从而构成范围更广泛的通信体系。

目前，OA 系统通信技术正朝着分布处理方式发展，利用分布处理的计算机网络把分散的办公用计算机系统、局域网络系统、分散的终端设备、终端工作站以及大型主机等相互连接成一个通信体系。

4) 计算机技术

电子计算机具有高速处理大量信息的能力，它是否用于办公事务已成为实现办公室自

动化的重要标志。近年来由于计算机系统的价格与性能迅速降低，小型机及微型机日益普及，电子计算机尤其是微型机大量用于办公自动化，如各种智能化终端设备、微机工作站、个人计算机等。就计算机科学技术而言，除了要提供必要的硬件设备外，更重要的是开发 OA 软件，它是使系统能有效运行的重要保证。

5. 办公自动化系统平台的构建

当前办公自动化系统平台的构建需要做好系统硬件设备、软件设备以及多种系统平台的选择三大方面的准备。

1) 硬件设备

初期办公自动化主要是单项设备的应用，如传统的电话、各种打字机、复印机、传真机、收录机和文字缩微装置等。近年来，由于电子数据处理技术的发展，智能化的数据终端、文字图形处理终端、个人计算机、多用户工作站等各类设备相继出现，同时又发展了局域网络，可以把上述各类设备连接到一起。

当前办公自动化使用的机器大体分为事务处理类、数据处理类和通信传输类等，各类所包括的机器及其用途如表 2-1 所示。

表 2-1　办公自动化使用的机器及其用途

分　类	OA 处理	主要作用
事物处理系统	文字处理	自动编制文书作业
	图像文件信息装置	节约从大量文件中寻找所需文件资料的时间
	多功能复印机	节约文件复制的手续和时间
数据处理系统	个人计算机	近在身旁的简单方便地重复进行计算或统计制表处理的机器
	办公计算机	在办公室内进行票据、报表处理并使管理资料等业务机械化
	终端	和中央计算机联机，可使数据输入、收发信息处理业务机械化
通信传输系统	传真机	可以远程发送文件，节约收发手续和时间
	多功能电话机	简化打电话手续和时间，预约电话
	内部交换机	内部电话预定，交换业务自动化

2) 软件设备

计算机的软件系统是给计算机配备的一系列程序的总称，它是计算机应用技术的具体体现。对软件的要求是：功能齐全，使计算机操作方便，能充分发挥硬件的效用。

OA 系统是设备、技术、功能均具综合性特点的系统，这就决定了 OA 软件的综合性和复杂性。OA 系统软件结构是层次式的。机器与人之间共有三层软件：基本软件层、办公室环境软件层和应用软件层。各层软件都支持办公室网络环境。

(1) 基本软件。

OA 系统基本软件与通常概念下的基本软件相同，这层软件主要包括操作系统(单机及网络环境下)和各种语言处理程序。就操作系统提供给用户的工作环境而言，操作系统可分为三类：多道成批、分时系统和实时系统。

成批处理采用了多道程序技术后，使成批处理的效率得到提高，称为多道成批系统。采用成批处理方式可以节省时间，提高效率，不足之处就是一旦用户作业进入计算机后，就不能干涉作业了。对于那些可能还有错误的作业，用户必须亲自在机器上对它们进行调试，针对这种需要，人们引入了分时系统。

在分时系统里，主机和若干个控制台或终端设备相连，许多用户可以同时坐在自己的控制台或终端之前，自由地进行操作。系统把主机的时间轮流地分配给各个用户，而每次运行时间都极其短暂。

实时系统用于实时控制和处理，其主要特征是迅速及时，所以实时系统对时间的要求比分时系统高，一旦向实时系统提出服务请求，系统就应当立即处理。另外，实时系统的可靠性和安全性要求很高，因而常常是根据其特殊的要求做成专用的系统，并配有专用的设备。

在 OA 系统中主要使用高级语言，这种语言几乎可以不依赖机器或少依赖机器，更接近于人们习惯的语言。常配备的高级语言有：C/C++语言、BASIC 语言、PASCAL 语言、COBOLE 语言和 FORTRAN 语言等。这些高级语言编写的源程序要利用编译程序进行翻译，把它转变成对应的机器语言的目标程序。当然用高级语言来编制程序最为方便，而且可以用在不同的机器中。

(2) 办公室环境软件。

办公室环境软件(或称为办公室基本软件)指为办公室提供基本支持的环境软件，主要有以下几种。

- 办公室管理软件：管理办公室系统的配置、作业、安全、保密等。
- 办公室文件管理：管理办公室环境下个人用文件及共用文件。
- 办公室邮件管理：个人工作站之间资料和信息的传递管理，又可分为“电子邮件管理”和“声音邮件管理”两部分。
- 办公室数据库管理：办公室共享信息的管理。办公室环境数据管理系统应具有在系统网络上运行的可能，并要有良好的人机界面工作环境。

(3) 办公室应用软件。

应用软件是办公室系统中最大的软件层，包括各种办公事务处理的应用程序和实用程序。这层软件又可分为具有一定通用性的应用软件及完全专用的应用软件。

通用的应用软件：较为通用的应用软件是一些办公人员用的工具型软件，用这些软件可以处理各种的办公业务。其主要有：文字处理软件，声音处理软件，表格处理软件，图像处理软件，图形处理软件，文字、数据、图表的集成软件等，统计分析元件，预测元件，情报资料检索软件，日程计划软件，词典检索服务软件等。

完全专用的应用软件：完全专用的应用软件为具体办公业务和其他业务使用的软件，数量较多，使用广泛，一般由用户研制，但近年来也有软件产品出售，如各种专家系统软件，会议室管理软件，印刷排版系统软件，电话记账软件，办公用品管理软件，出退勤管理软件，现金出纳软件，会计业务软件，图书馆软件，备忘录软件等，以及各种行业管理专用软件，旅馆管理系统，医院管理系统，商店管理系统，车辆调度系统，工厂管理信息

系统。

Microsoft Office 是微软公司开发的办公自动化软件，Office 2010 是目前最新的版本。其中 Word 主要用来进行文本的输入、编辑、排版和打印等工作，可进行书信、公文、报告、论文、商业合同和写作排版等一些文字汇总的工作；Excel 主要用来进行繁重的预算、财务数据汇总等工作；PowerPoint 主要用来制作演示文稿和幻灯及投影片等，甚至可以制作贺卡、流程图和组织结构图等；Access 是一个桌面数据库系统及数据库应用程序；Outlook 是一个桌面信息管理的应用程序，可以用于联系人列表、日程安排等；FrontPage 主要用来制作和发布 Internet 的 Web 页面。这几个软件之间的内容可以互相调用，互相连接，或利用复制粘贴功能共享数据资源。

WPS 是由我国珠海金山软件股份有限公司推出的类似于 Microsoft Office 的办公自动化软件，其主要功能与 Microsoft Office 软件相似。

Open Office 是一个非常接近 Microsoft Office 而又可以跨平台的产品。Sun 公司在与甲骨文合并，并收购了 Star 软件公司(Open Office 的原创者)后继续开发。2000 年 10 月 13 日，Sun 开放了 Star Office 的绝大部分源代码，并且成立了 Open Office。现在基于 Open Office 开发的软件遵循两种协议，要开放源代码的 GPL 协议或不开放源代码的 SISSL 商业版权协议，RedOffice 就是遵循后者的。

3) 系统平台的选择

对于办公自动化系统的选型而言，确定系统平台的方向是第一项应该做的工作。否则就可能使后续工作走很大的弯路。比如，如果企业要求的是可以在 Linux 或 UNIX 系统下运行的系统，花很多精力去了解评估一个基于.NET 平台的产品，则完全是无用功。

办公自动化软件(协同办公软件)的系统平台目前主要有两类五种。

第一类是以群件为基础，主要是基于 IBM 的 Domino(即 LotusNotes)和基于微软的 Exchange 两种。Domino 是一个从邮件系统发展起来的类似于文档数据库的产品，早期曾是 OA 系统的主流。随着 OA 应用的不断发展，出现了不少基于 Notes 和 Domino 的 OA 产品，功能也从原来最简单的收发文件、信息共享发展到包括工作流程等较全面的功能。Exchange 则是完全基于微软平台的一个产品，其本质是一个邮件服务器，但有一些增强功能，也有少数公司基于它开发了一些 OA 产品。

第二类是以开放平台为基础，主要是基于 J2EE(Java)的、基于微软的.Net 平台(严格地讲，其中部分产品是基于 ASP 而非.Net)以及基于其他一些程序开发语言的。它们都是基于程序开发语言来实现的，后台采用标准的数据库，如 Oracle、SQLServer 等，采用标准的 B/S 三层架构。

Domino：优点是有较多的基于它的成熟产品。从历史的角度来看，由于它本身就是一个面向基本的协同工作及信息共享的产品，所以早期的 OA 应用大都选择以它为基础，曾经是这一领域主流的选择。缺点在近期逐渐显现得较多，主要是它不是一个开放的系统，无论从数据的利用，还是从与其他应用系统的协同而言，都有较大的困难，系统的灵活性受到一定的局限，也给新功能的二次开发带来一定的困难。另外，购买正版的 Domino 软件本身也是一笔较大的投资。当然，如果功能很明确，有适用的成熟产品，目前应该说

Domino 仍然是一个可选择的平台。

Exchange：它有一些 Domino 具有的优点，同样也有 Domino 的缺点，但它不像 Domino 及 Notes 那样曾经是主流产品，现在市场上基于它的 OA 产品极少，并且它局限于只能基于 Windows 平台，可以说除非恰好有一种产品非常适用，否则没什么理由需要使用这种平台的产品。

J2EE：J2EE 是当今软件开发的两大主流方向之一(另一个是.Net，但 J2EE 的影响力要比.Net 大很多)。用 J2EE 做应用软件，包括 OA 系统已经是现在的主流方向。它的优点很明显：标准的数据库、开放的接口可以很好地与其他系统进行交互，也很容易在上面增加各种功能，具有很强的灵活性，并且有一点是.Net 不具备的，就是 J2EE 可以跨平台运行(要注意相关的数据库)。

.Net：除了它只能局限于微软平台这一条缺点外，从应用角度看与 J2EE 的优缺点相差并不太多。

根据这五种平台的特点，选择 OA 系统平台的基本原则如下：如果是企业级大系统，即功能多、用户量大的系统，一定要尽可能地选择 J2EE 平台。如果功能有限，与其他应用没有关联的小型 OA 应用，则可以在 J2EE、.Net 以及 Domino 平台的产品中以功能为核心进行选择。

2.2 电子信息技术

电子信息技术主要是指信息获取、信息传递、信息存储、信息处理和信息显示等技术。获取信息有多种途径，最普通的就是通过眼睛和耳朵。自从前人发明了望远镜、显微镜后，人们可以借助这些工具获得更多的信息。随着现代科技、军事和经济发展的需要，信息获取技术有了很大的发展。各种雷达、激光和红外探测仪的出现，使人类能通过更多的途径来获得更多、更复杂、更精确的信息。

电子信息技术是随着计算机的发展而发展起来，而电子信息技术本身是一门由计算机技术、通信技术、微电子技术和光电子技术等技术支持的综合技术。计算机技术是核心，在整个电子信息技术中处于主导地位。通常讲的信息化也就是计算机化。计算机技术在前一节已经进行了详尽的说明，本节就不再做具体阐述。

2.2.1 现代通信技术

通信技术是信息技术的一个重要组成部分，人们常把信息技术产业看成电子计算机加上通信而形成的产业。计算机技术对通信技术有很大的促进作用，而通信技术也使得计算机技术有了很大的发展。当今广泛使用的计算机网络就是计算机技术和通信技术相结合的产物。

1. 通信概述

现代通信技术一般是指电信，国际上称为远程通信。随着电信业务从以语音为主向以

数据为主转移，交换技术也相应地从传统的电路交换技术逐步转向分组交换的数据交换和宽带交换，以及适应下一代网络基于 IP 的业务综合特点的软交换方向发展。信息传输技术主要包括光纤通信、数字微波通信、卫星通信、移动通信以及图像通信。

所谓通信，最简单的理解，也是最基本的理解，就是人与人之间进行沟通的方法。无论是现在的电话，还是网络，解决的最基本的问题，实际还是人与人的沟通。现代通信技术，就是随着科技的不断发展，如何采用最新的技术来不断地优化通信的各种方式，让人与人之间的沟通变得更为便捷、有效。这是一门系统的学科，目前炙手可热的 3G 就是其中的重要课题。

2. 通信系统

通信系统是指通信中所需要的一切技术设备和传输媒质构成的总体。以模拟信号来传送信息的通信方式称为模拟通信，以数字信号传送信息的通信方式称为数字通信。

模拟通信中，信源输出的模拟信号经调制器进行频谱搬移，使其适合传输媒体的特性，再送入传输信道传输。在接收端，解调器对收到的信号进行解调，使其恢复成调制前的信号形式，再传送给信宿。

点对点通信模型如图 2-10 所示。

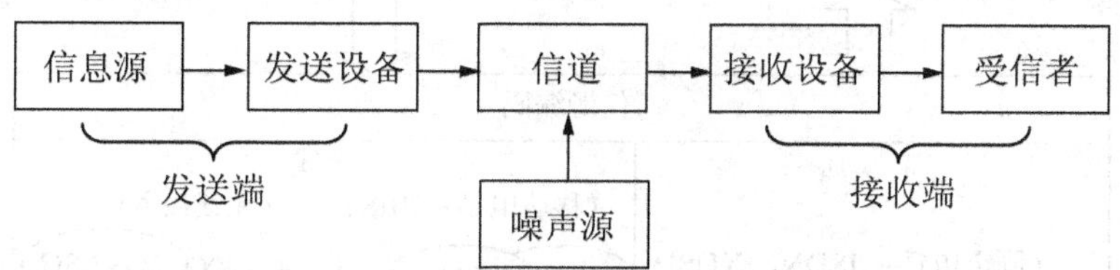

图 2-10　通信系统的基本模型(点对点通信)

现代通信系统的功能模型如图 2-11 所示。

3. 通信网

通信网是由一定数量的节点(node)和连接节点的传输链路(link)组成，以实现两个或多个规定点之间信息传输的通信体系。现代通信网的一般组成如图 2-12 所示。

通信网有三种主要设备：一是末端设备(又称用户设备)，它是用户与通信网之间的接口设备，可将用户的信息转换成电或光信号，或者进行相反的转换。二是传输系统，它是传输电或光信号的信道，包括有线电、无线电、光缆等线路。三是交换设备，它是在终端和局域网之间进行路由选择、接续控制的设备。

在通信网中起核心作用的是交换设备。通信网和一个最简单的通信系统的区别，就是有了一些交换设备。这些交换设备使得许多用户能够相互通信，虽然在这些用户之间并不存在直接连通的通信线路，但在有些情况下，也可以不把末端设备划入通信网中，而把通信网看成是仅由传输系统和交换设备所组成的。

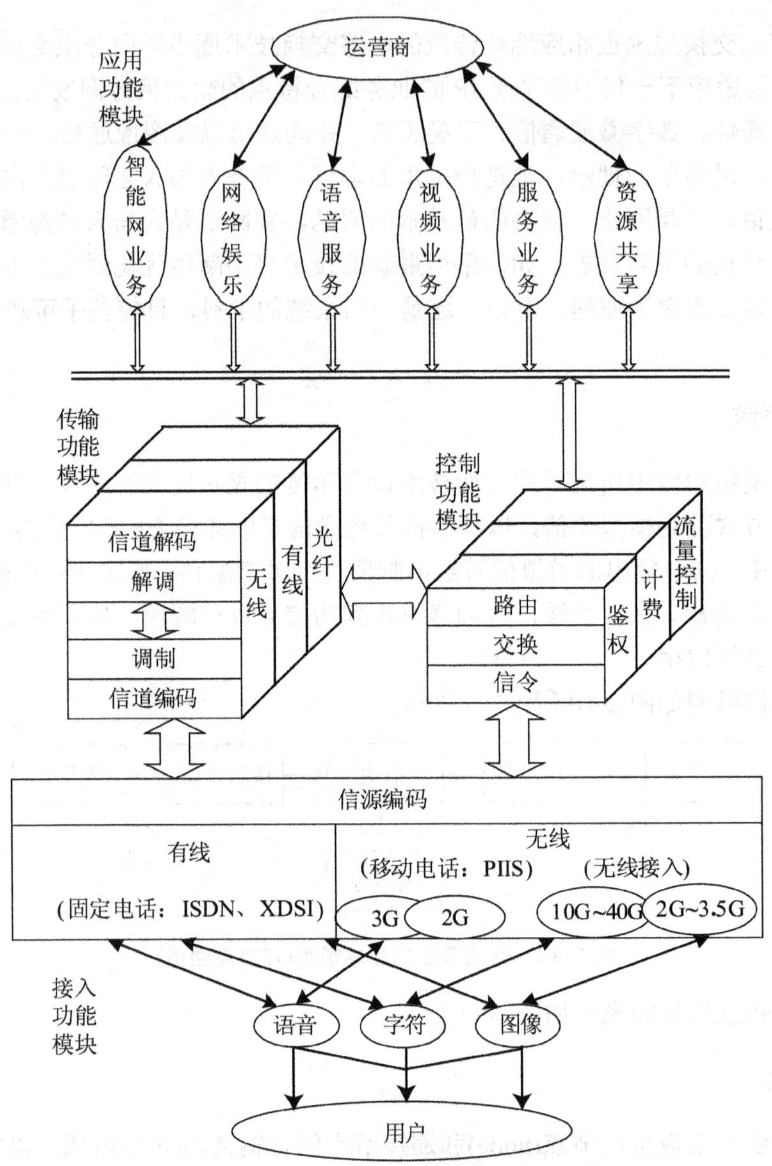

图 2-11　现代通信系统的功能模型

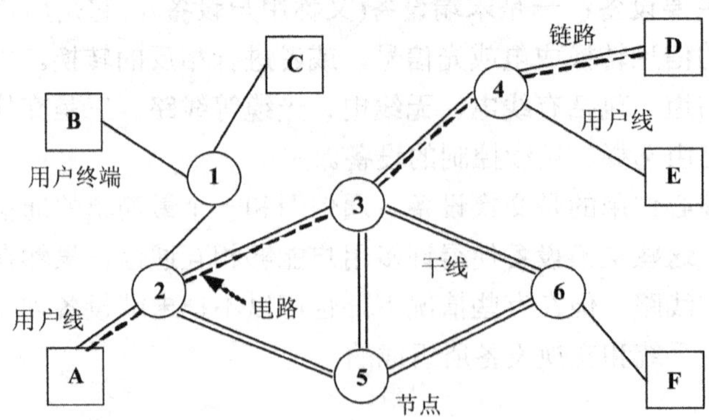

图 2-12　现代通信网的一般组成

4. 通信信道

通信信道(communication channel)是数据传输的通路，在计算机网络中，信道分为物理信道和逻辑信道。物理信道是指用于传输数据信号的物理通路，它由传输介质与有关通信设备组成；逻辑信道是指在物理信道的基础上，发送与接收数据信号的双方通过中间节点所实现的逻辑通路。逻辑信道可以是有连接的，也可以是无连接的。物理信道还可根据传输介质的不同而分为有线信道和无线信道，也可按传输数据类型的不同分为数字信道和模拟信道。

信道是指信号发送设备与接收设备之间传送信号的通道。信道作为链路，可连接网络节点的交换设备，构成多个用户连接的网络。传输介质为可传输电信号(或光信号)的物质，分为有线介质和无线介质两种。狭义信道是指各种物理传输介质。广义信道是指传输介质(狭义信道)和信号必须经过的各种通信设备。

在无线信道中，信号的传输是利用电磁波在空间的传播来实现的。无线介质是指可以传播电磁波(包括光波)的空间或大气，主要由无线电波和光波作为传输载体。无线传输信道分为长波信道、中波信道、短波信道、超短波信道和微波信道。

在有线传输信道中，电磁波沿有线介质传播并构成直接信息流通的通路。有线介质包括平衡电缆(双绞线)、同轴电缆、多芯电缆和光缆等。在构成有线信道完成长距离的信息传输时，除需具有各种导引线外，还应包括再增音和均衡处理。

2.2.2　微电子技术

微电子和光电子技术是信息技术的基础。现代计算机技术和现代通信技术都是建立在微电子和光电子技术基础上的。微电子技术中集成电路技术最为重要。当前，集成电路应用面很广，可谓“无孔不入，无所不用”，不仅计算机、通信设备离不开集成电路，一些简单的电子设备也要使用集成电路。

1. 微电子技术概述

微电子技术是建立在以集成电路为核心的各种半导体器件基础上的高新电子技术，特点是体积小、重量轻、可靠性高、工作速度快。微电子技术对信息时代具有巨大的影响。

微电子技术是现代电子信息技术开发的直接基础。美国贝尔研究所的三位科学家因研制成功第一个结晶体三极管，获得 1956 年诺贝尔物理学奖。晶体管成为集成电路技术发展的基础，现代微电子技术就是建立在以集成电路为核心的各种半导体器件基础上的高新电子技术。

衡量微电子技术进步的标志有三个方面：一是缩小芯片中器件结构的尺寸，即缩小加工线条的宽度；二是增加芯片中所包含的元器件的数量，即扩大集成规模；三是开拓有针对性的设计应用。

随着科技的迅猛发展，信息技术、电子技术、自动化技术及计算机技术日渐融合，成为当今社会科技领域的重要支柱技术，任何领域的研发工作都与这些技术紧密联系，而它们的相互交叉、相互渗透，也越来越密切。

2. 集成电路技术

集成电路(integrated circuit)是一种微型电子器件或部件，采用一定的工艺，把一个电路中所需的晶体管、二极管、电阻、电容和电感等元件及布线进行互连，制作在一小块或几小块半导体晶片或介质基片上，然后封装在一个管壳内，成为具有所需电路功能的微型结构。其中所有元件在结构上已组成一个整体，使电子元件向着微小型化、低功耗和高可靠性方面迈进了一大步。它在电路中用字母“IC”表示。当今半导体工业大多数应用的是基于硅的集成电路。

集成电路具有体积小、重量轻、引出线和焊接点少、寿命长、可靠性高、性能好等优点，同时成本低，便于大规模生产。它不仅在工、民用电子设备如收录机、电视机、计算机等方面得到广泛的应用，同时在军事、通信、遥控等方面也有很大发展。用集成电路来装配电子设备，其装配密度可比晶体管提高几十倍甚至几千倍，设备的稳定工作时间也可大大提高。

集成电路产品一般是以内含晶体管等电子组件的数量即集成度来分类，可以分成以下几类。

(1) 小型集成电路(SSI)，晶体管数 10～100。

(2) 中型集成电路(MSI)，晶体管数 100～1000。

(3) 大规模集成电路(LSI)，晶体管数 1000～100 000。

(4) 超大规模集成电路(VLSI)，晶体管数 1 000 000。

3. 纳米电子学技术

近几十年来，电子计算机已历经了几代的更迭，而代代更迭都是以存储或处理信息的基本电子学单元的尺度变化为标志的。从 20 世纪 80 年代开始，科学家开始探索特征尺寸为纳米量级的电子学，纳米电子学主要研究以扫描隧道显微镜为工具的单原子或单分子操纵技术。这些技术都有可能在纳米量级进行加工，目前已形成纳米量级的信息存储器，存储状态可维持一个月以上，希图用此技术去制作 16GB 的存储器。德国的福克斯(Bicente J. Fox)博士等制出了原子开关，达到了比现今的芯片高 100 万倍的存储容量，获得了莫里斯奖。

量子力学告诉我们，电子与光同时都具有粒子波的特性，今天的微电子学和光电子器件将缩小到 0.1 线宽，电子的波动性质再也不能忽视，把电子视为一种纯粹粒子的半导体理论基础已经动摇。因为，这时电子所表现出来的波动特征和拥有的量子功能已经是纳米电子学的任务了。

2.2.3 光电子技术

光电子技术是由光子技术和电子技术结合而成的新技术，涉及光显示、光存储、激光等领域，是未来信息产业的核心技术。

1. 激光技术

激光具有单色性好、方向性强、亮度高等特点。现已发现的激光工作物质有几千种，波长范围从软 X 射线到远红外。激光技术的核心是激光器，激光器的种类很多，可按工作物质、激励方式、运转方式、工作波长等不同方法分类。根据不同的使用要求，可以采取一些专门的技术提高输出激光的光束质量和单项技术指标，应用比较广泛的单元技术有共振腔设计与选模、倍频、调谐、Q 开关、锁模、稳频和放大技术等。

为了满足军事应用的需要，主要发展了以下 5 项激光技术。

(1) 激光测距技术。它是在军事上最先得到实际应用的激光技术。20 世纪 60 年代末，激光测距仪开始装备部队，现已研制生产出多种类型，大都采用钇铝石榴石激光器，测距精度为±5m。由于它能迅速准确地测出目标距离，因此广泛用于侦察测量和武器火控系统。

(2) 激光制导技术。激光制导武器精度高、结构比较简单、不易受电磁干扰，在精确制导武器中占有重要地位。20 世纪 70 年代初，美国研制的激光制导航空炸弹在越南战场上首次使用。80 年代以来，激光制导导弹和激光制导炮弹的生产和装备数量也日渐增多。

(3) 激光通信技术。激光通信容量大、保密性好、抗电磁干扰能力强。光纤通信已成为通信系统的发展重点。机载、星载的激光通信系统和对潜艇的激光通信系统也正在研究发展中。

(4) 强激光技术。用高功率激光器制成的战术激光武器，可使人眼致盲和使光电探测器失效。利用高能激光束可摧毁飞机、导弹、卫星等军事目标。用于致盲、防空等的战术激光武器已接近实用阶段，而用于反卫星、反洲际弹道导弹的战略激光武器尚处于探索阶段。

(5) 激光模拟训练技术。用激光模拟器材进行军事训练和作战演习，不消耗弹药，训练安全，效果逼真。现已研制生产了多种激光模拟训练系统，在各种武器的射击训练和作战演习中广泛应用。此外，激光核聚变研究取得了重要进展，激光分离同位素进入试生产阶段，激光引信、激光陀螺也已得到实际应用。

2. 红外技术

红外技术是研究红外光辐射的产生、传播、转化、测量及应用的技术。自从 1800 年英国天文学家赫谢耳(W. Herschel)发现红外线，至今已有 200 多年的历史。中间有很长一段时期该技术基本没有得到实际应用，直到第二次世界大战后才引起各国的重视，红外技术才得到迅猛的发展。

我国红外技术的发展起步于 20 世纪 50 年代，发展速度很快，应用范围不断扩展。从军事应用逐步扩大到工农业各个部门和科学技术研究等领域。我国红外技术的发展成绩虽然很大，但和国际先进水平相比还有较大的差距。

红外技术的发展关键在于红外材料的研制、红外设备的制冷、红外设备向更长波段发展、红外焦平面阵列器件的研制和红外设备与数据处理设备的结合等。

3. 光纤通信技术

光导纤维通信就是利用光导纤维传输信号，以实现信息传递的一种通信方式。光导纤维通信简称光纤通信。我们可以把光纤通信看成是以光导纤维为传输媒介的“有线”光通信。实际上光纤通信系统使用的不是单根的光纤，而是许多光纤聚集在一起组成的光缆。

光纤通信是利用光波作载波，以光纤作为传输媒质，将信息从一处传至另一处的通信方式。1966 年英籍华人高锟博士发表了一篇划时代的论文，他提出可以利用带有包层材料的石英玻璃光学纤维作为通信媒质，从此，开创了光纤通信领域的研究工作。1977 年，美国在芝加哥相距 7000m 的两电话局之间，首次用多模光纤成功地进行了光纤通信试验。此后，85μm 波段的多模光纤成为第一代光纤通信系统。1981 年又实现了两电话局间使用 1.3μm 波段的多模光纤的通信系统，成为第二代光纤通信系统。1984 年实现了 1.3μm 波段的单模光纤的通信系统，即第三代光纤通信系统。20 世代 80 年代中后期又实现了 1.55μm 波段的单模光纤通信系统，即第四代光纤通信系统。用光波高速率以及增长传输距离的系统，为第五代光纤通信系统。新系统中，相干光纤通信系统已达现场实验水平，并将得到应用。光孤子通信系统可以获得极高的速率，在该系统中加上光纤放大器有可能实现极高速率和极长距离的光纤通信。

4. 光存储技术

光存储技术是采用激光照射介质，激光与介质相互作用，导致介质的性质发生变化而将信息存储下来的。读出信息是用激光扫描介质，识别出存储单元性质的变化。在实际操作中，通常都是以二进制数据形式存储信息的，所以首先要将信息转化为二进制数据。写入时，将主机送来的数据编码，然后送入光调制器，这样激光源就可输出强度不同的光束。

伴随信息资源的数字化和信息量的迅猛增长，对存储器的存储密度、存取速率及存储寿命的要求不断提高。在这种情况下，光存储技术应运而生。光存储技术具有存储密度高、存储寿命长、非接触式读写和擦除、信息的信噪比高、信息位的价格低等优点。

此激光束经光路系统、物镜聚焦后照射到介质上(焦点处记录斑直径正比于波长λ，反比于聚焦系统的数值孔径 NA)，其中一种存储方法是介质被激光烧蚀出小凹坑。介质上被烧蚀和未烧蚀的两种状态对应着两种不同的二进制数据。识别存储单元这些性质的变化，即读出被存储的数据。

2.2.4 新一代电子信息技术

新一代电子信息技术分为六个方面，分别是下一代通信网络、物联网、三网融合、新型平板显示、高性能集成电路和以云计算为代表的高端软件。《国务院关于加快培育和发展战略性新兴产业的决定》列出了国家七大战略性新兴产业体系：“加快建设宽带、泛在、融合、安全的信息网络基础设施，推动新一代移动通信、下一代互联网核心设备和智能终端的研发及产业化，加快推进三网融合，促进物联网、云计算的研发和示范应用。着力发展集成电路、新型显示、高端软件、高端服务器等核心基础产业。提升软件服务、网络增

值服务等信息服务能力，加快重要基础设施智能化改造。大力发展数字虚拟等技术，促进文化创意产业发展。”国家“十二五”规划中明确了战略新兴产业是国家未来重点扶持的对象，其中信息技术产业被确立为七大战略性新兴产业之一，将被重点推进。

1. 下一代通信网络(NGN)

下一代通信网络(NGN)是一个建立在 IP 技术基础上的新型公共电信网络，它能够容纳各种形式的信息，在统一的管理平台下，实现音频、视频、数据信号的传输和管理，提供各种宽带应用和传统电信业务，是一个真正实现宽带窄带一体化、有线无线一体化、有源无源一体化、传输接入一体化的综合业务网络。下一代通信网络中光网络的建设、软交换以及 3G 的建设尤为关键。

第三代移动通信技术(3rd-generation, 3G)，是指支持高速数据传输的蜂窝移动通信技术。3G 服务能够同时传送声音及数据信息，速率一般在几百 kb/s 以上。目前 3G 存在四种标准：CDMA2000，WCDMA，TD-SCDMA 和 WiMAX。

第四代移动通信技术(4rd-generation, 4G)，是集 3G 与 WLAN 于一体并能够传输高质量视频图像，以及图像传输质量与高清晰度电视不相上下的技术产品。4G 系统能够以 100Mb/s 的速度下载，比拨号上网快 2000 倍，上传的速度也能达到 20Mb/s，并能够满足几乎所有用户对无线服务的要求。而在用户最为关注的价格方面，4G 与固定宽带网络价格不相上下，而且计费方式更加灵活机动，用户完全可以根据自身的需求确定所需的服务。4G 可以在 DSL 和有线电视调制解调器没有覆盖的地方部署，然后再扩展到整个地区。

新一代移动通信网络是融合多种技术的新型宽带移动通信网络。它将通过解决网络系统应用中的便易性、多媒体业务、个性化、综合服务等问题，使用户能够在任何地点、任何时间根据需求在不同无线网络系统间实现个人通信，并具有远高于第三代移动通信系统的高速数据传输能力。根据 4G 标准的设计目标，未来 4G 网络将为用户提供更高速率、更高质量和更加丰富的信息服务，进一步提升通信资源利用率，降低能耗水平。

2. 物联网

物联网的英文名字叫“The Internet of things”。顾名思义，物联网就是“物物相连的互联网”，是通过射频识别(RFID)、红外感应器、全球定位系统、激光扫描器等信息传感设备，按约定的协议，把任何物体与互联网相连接，进行信息交换和通信，以实现对物体的智能化识别、定位、跟踪、监控和管理的一种网络。这里有两层意思：第一，物联网的核心和基础仍然是互联网，是在互联网基础上的延伸和扩展的网络；第二，其用户端延伸和扩展到了任何物体与物体之间进行信息交换和通信。

从 2009 年无锡物联网产业基地的设立到 2010 年温总理提出感知中国，物联网已经成为科技界最关心的话题之一，而“十二五”规划中，物联网的战略地位将越来越重要。

RFID 在物联网建设初期将会迎来爆发式增长。RFID 从技术上主要分为低频、高频、超高频和微波，而从应用上看，低频和超高频以上将会迎来巨量增长。低频主要应用在接触式或近距离识别上，而超高频以上主要用于远距离，是未来应用的主要部分。目前国内低频技术相对成熟，而超高频等仍处于研究发展阶段。

3. 三网融合

三网融合是指电信网、广播电视网、互联网在向宽带通信网、数字电视网、下一代互联网的演进过程中，其技术功能趋于一致，业务范围趋于相同，网络互联互通、资源共享，能为用户提供语音、数据和广播电视等多种服务的一种融合。此融合并非三网的物理融合，而是应用上的有机融合。

4. 新型平板显示

新型平板显示主要有以下几种。

(1) 液晶显示器 LCD(liquid crystal display)：液晶具有液体的流动性，同时也具有晶体的各向异性、双折射等特性，液晶显示器件是被动发光型显示器件。

(2) 等离子显示器 PDP(plasma display panel)：PDP 的基本工作原理是利用气体放电产生的紫外线轰击荧光粉发光实现彩色图像显示的。其特点是快速响应，易于实现大屏幕显示。

(3) 有机电发光显示器 OLED(organic light emitting display)，全称是有机发光半导体，被公认为是替代 TFT 的下一代显示技术。OLED 无须背光灯，采用非常薄的有机材料涂层和玻璃基板，当有电流通过时，这些有机材料就会发光。

新型平板显示产业链包括：上游的材料和设备，中游的面板和模组，下游的电视、笔记本、手机、显示屏等应用。上游的材料和设备包括：玻璃基板、彩色滤光片、偏光片、液晶和其他材料。上游材料毛利率高达 40%以上，国内企业纷纷介入上游材料行业，已经在玻璃基板、液晶、偏光片等环节取得了技术突破，未来将有巨大的发展空间。

目前，在平板显示领域 TFT-LCD 仍以其绝对大的产业规模、市场份额(85%以上)和最大的应用领域范围占绝对主导地位。但随着人们对显示效果、便利性和经济性提出了更高的要求，新型平板显示技术已经浮出水面，在不远的将来将逐渐取代 TFT-LCD。行业机构 Display Research 的资料显示，2010 年全球 TFT-LCD 面板总市场规模达 640 亿美元左右，且基本由韩国、日本、中国台湾的公司占据，可喜的是目前中国大陆相关企业的技术和世界一流水平的差距正在缩小，同时具有非常明显的成本优势，产品未来的替代空间巨大。

5. 高性能集成电路

一条完整的集成电路产业链除了包括设计、芯片制造和封装测试三个分支产业外，还包括集成电路设备制造、关键材料生产等相关支撑产业。如果按照集成电路产业链上下游产业划分，则可简单地划分为集成电路设计业和制造业，其中制造业又衍生出新一代工业。

目前中国 IC 产品普遍较为低端，高端集成电路产业仍然处于成长期，未来对专用高集成度 IC 的需求越来越大，大功率型 IC 在节能减排中的应用也越来越广泛，高性能集成电路产业将具有很好的发展前景。

6. 云计算

云计算是指将计算任务分布在由大规模的数据中心或大量的计算机集群构成的资源池

上，使各种应用系统能够根据需要获取计算能力、存储空间和各种软件服务，并通过互联网将计算资源免费或按需租用的方式提供给使用者。由于云计算的“云”中的资源在使用者看来是可以无限扩展的，并且可以随时获取，按需使用，随时扩展，按使用付费，这种特性经常被称为像水电一样使用 IT 基础设施。

本章小结

本章第一节主要介绍了计算机技术的基本概念以及计算机网络技术和计算机办公自动化技术等相关的计算机基础知识，在第二节介绍了现代通信技术、微电子技术、光电子技术和新一代电子信息技术等相关知识。

思考题

1．计算机的发展阶段分为哪些？
2．简述计算机的分类。
3．常见网络的拓扑结构有哪些？各有什么特点？
4．简述办公自动化技术的层次。
5．如何构建办公自动化系统平台？
6．电子信息技术需要哪些技术支持？其特点分别是什么？
7．现代通信技术的基本功能是什么？
8．集成电路产品如何分类？
9．光电子技术包括哪些技术？
10．新一代电子信息技术包括哪些新技术？

第3章　物流信息识别技术

现代物流信息技术的快速发展使得物流信息的作用更加突出，而现代物流企业在处理物流信息的过程中，物流信息量大、信息处理过程复杂、时间和空间跨度大等问题非常明显，因此物流信息识别技术的发展十分必要。本章重点讲述物流信息识别技术，包括条形码技术、射频识别技术以及物流信息识别技术在物流中的应用等。

3.1　条形码识别技术

条形码识别技术作为物流信息系统中的数据自动识别技术，是实现物流信息自动识别与输入的重要技术。

3.1.1　条形码识别技术概述

1. 条形码的形成与发展

条形码的研究始于美国。20 世纪 20 年代，一位名叫约翰•科芒德(John Kermode)的发明家为了实现邮政单据的自动分拣，就开始在信封上做标识，用一个“条”表示数字“1”，两个条表示数字“2”，以此类推来表示收信人的地址信息，这种标识就是世界上最早的条形码标识。20 世纪 40 年代，美国乔•伍德兰德(Joe Woodland)和贝尼•西尔沃(Beny Silver)两位工程师就开始研究用代码表示食品项目和相应的自动识别设备，并于 1949 年获得了美国专利。这种代码图案很像微型射箭靶，因此被称为“公牛眼”代码。

1970 年，美国超级市场 Ad Hoc 委员会制定出了通用产品代码 UPC 码(universal product code)，并首先在杂货零售业中试用。1973 年，美国统一代码委员会(uniform code council，UCC)成立，并从若干种条形码候选方案中选定了 IBM 公司的条形码作为美国通用产品代码，以此为基础建立了 UPC 条形码系统，并全面实现了该码制的标准化。同年，食品杂货业把 UPC 码作为该行业的通用标准码制，为条形码技术在商业流通销售领域里的广泛应用奠定了基础。

1974 年，Intermec 公司的戴维 • 阿利尔(David Allair)博士研制出 39 码，后来，被美国国防部所采纳，作为军用条形码码制。也被广泛用于工业领域。1976 年，UPC 商品条形码系统在美国和加拿大超级市场上得到成功应用，欧洲市场也开始对此产生了兴趣。由欧洲 12 国(英国、原联邦德国、法国、丹麦、挪威、比利时、芬兰、意大利、奥地利、瑞士、荷兰和瑞典)在 UPC 条形码的基础上，开发出与 UPC 码兼容的欧洲物品编码系统(european article numbering system，EAN 码)，并签署了“欧洲物品编码协议备忘录”，1977 年，正式成立了欧洲物品编码协会(european article numbering association, EAN)。

20 世纪 80 年代以来，人们围绕着提高条形码符号的信息密度，开展了多项研究，128 码和 93 码就是其中的研究成果。128 码于 1981 年被推荐使用，而 93 码于 1982 年被使用。这两种条形码的优点是符号信息密度比 39 码高出近 30%。

国际经济向一体化迈进进一步促进了信息开发和信息服务产业的发展。条形码技术在近 30 年间取得了巨大的发展。条形码标识基本上覆盖了所有产品。商业 POS(条形码自动扫描商店)、物流中心、配送中心、商业城、连锁店，甚至家庭商店都基本实现了条形码化。目前，世界各国把条形码技术的发展重点向着生产自动化、交通运输现代化、金融贸易国际化、票证单据数字化、安全防盗防伪保密化等方面推进，除大力推行 EAN-13 商品条形码外，同时重点推广应用 UCC/EAN-128 码、EAN.UCC 位置码、EAN.UCC 系统应用标识符、二维条形码等。在条形码种类上，除大多印刷在纸质介质外，还研究开发了金属条形码、纤维织物条形码、隐形条形码等，扩大了应用领域，并保证条形码标识在各个领域、各种工作环境中的应用。国际物品编码协会和一些经济发达国家正在将 EAN. UCC 系统的应用，从单独的物品标识推向整个供应链管理和服务领域。

在我国，条形码技术始于 20 世纪 70 年代末期，20 世纪 80 年代中期开始研究和推广应用，主要应用于图书、邮电、物资管理部门和外贸部门等行业。我国于 1988 年 12 月 28 日成立了“中国物品编码中心”，并于 1991 年 4 月 19 日正式加入国际物品编码协会，该协会给中国的前缀码为 690～695。到 20 世纪 90 年代，我国也相应制定了《通用商品条形码》和《商品条形码》等条形码标准。

科学技术的不断进步和发展，条形码技术也不断地得到改进，二维条形码和多维条形码的相继出现，也使得条形码技术朝着更高精度、更多应用的方向发展，如表 3-1 所示。

表 3-1　条形码发展历史

年　份	条形码发展过程中的重大事件
1949	“公牛眼”代码，并申请了环形条形码专利
1960	提出铁路货车上用的条形码识别标记方案
1963	在 1963 年 10 月，《控制工程》杂志上发表了描述各种条形码技术的文章
1967	美国辛辛那提的一家超市首先使用条形码扫描器
1969	比利时邮政业采用荧光条形码表示信函投递点的邮政编码
1970	美国制定出通用产品代码 UPC 码
1971	欧洲的一些图书馆采用 Plessey 码
1972	美国提出库德巴码(coda bar)
1973	美国成立统一代码委员会(UCC)
1974	美国研制出 39 码
1977	欧洲采用 EAN 码
1980	美国军事部门采纳 39 码作为其物品编码
1981	国际物品编码协会成立，实现自动识别的条形码译码技术，128 码被推荐使用
1982	手持式激光条形码扫描器实用化，美国军用标准 military 标准 1189 被采纳，93 码开始被使用

续表

年　份	条形码发展过程中的重大事件
1983	美国制定了 ANSI 标准 MH10.8M，包括交叉 25 码，39 码和 code bar 码
1984	美国制定医疗保健业用的条形码标准
1987	美国的大卫·阿利贝(David Allair)博士提出 49 码
1988	可见激光二极管研制成功，美国的泰德·威廉姆斯(Ted Williams)提出适合激光系统识读的新码制 16K 码
1986	我国邮政确定采用条形码信函分拣体制
1988	我国成立“中国物品编码中心”
1991	“中国物品编码中心”代表中国加入“国际物品编码协会”

2. 条形码的概念

条形码(bar code)是由一组规则排列的条、空以及对应的字符组成的标记，“条”是指对光线反射率较低的部分，“空”是指对光线反射率较高的部分，这些条和空组成的数据表达一定的信息，并能够用特定的设备识读，转换成与计算机兼容的二进制和十进制信息。这些条和空可以有不同的组合方法，从而构成不同的图形符号，即码制，以适应不同的场合。常见的条形码是由反射率相差很大的黑条(简称条)和白条(简称空)排成的平行线图案。

条形码由条形码符号和人工识读代码两大部分构成。

(1) 条形码符号是一组黑白(或深浅色)相间、长短相同、宽窄不一的规则排列的平行线条，是供扫描器识读的图形符号。

(2) 人工识读的字符代码是一组字串的符号，一般包括 0～9 个阿拉伯数字、A～Z 26 个英文字母，以及一些特殊的自动识别符号。

一条完整的条形码由静区、起始符、数据符、终止符、静区构成，如图 3-1 所示。

图 3-1　条形码构成图

静区：指条形码左右两端外侧与空的反射率相同的限定区域，它能使扫描器进入准备阅读的状态，静区的宽度通常应不小于 6mm。

起始符：指条形码符号的第一位字符，用来标识一个条形码符号的开始，扫描器确认此字码存在后开始处理扫描脉冲。

数据符：位于起始符后面的字符，用来标识一个条形码符号的具体数值。

终止符：条形码符号的最后一位字符，标志着一个条形码符号的结束，扫描器确认此字符后停止处理。

3. 条形码的特点

条形码有如下特点。

1) 可靠性强

条形码的读取准确率远远超过人工记录，平均每 15 000 个字符才会出现一个错误。

2) 数据输入速度快

条形码的读取速度很快，是键盘输入的 5～8 倍。

3) 易于制作

条形码的制作和编写都是十分简单的，制作也仅仅需要印刷，被称为“可印刷的计算机语言”。

4) 易于操作

条形码识别设备的构造简单，使用方便。

5) 灵活实用

条形码符号可以手工从键盘输入，也可以和有关设备组成识别系统实现自动化识别，还可和其他控制设备联系起来实现整个系统的自动化管理。

6) 成本低

与其他自动化识别技术相比较，条形码技术仅仅需要一小张贴纸和相对构造简单的光学扫描仪，成本相当低廉。

7) 采集信息量大

利用传统的一维条形码一次可采集几十位字符的信息，二维条形码则可以携带数千个字符的信息，并有一定的自动纠错能力。

3.1.2　条形码的分类及基本术语

1. 条形码的分类

1) 按照码制分类

(1) UPC 码。

UPC 码是美国在 1973 年制定的，它是一种长度固定的连续性数字式码制，其字符集为数字 0～9，UPC 码常用的有两种类型，即 UPCA 码和 UPCE 码，如图 3-2 所示。

图 3-2　UPC 码

(2) EAN 码。

EAN 码是国际物品编码协会制定的一种商品用条形码，1977 年始于欧洲，现在通用于全世界范围内。EAN 码的字符编号结构与 UPC 码相同，也是长度固定的、连续性的数字式码制。EAN 码有两种类型，即 EAN13 码和 EAN8 码，如图 3-3 所示。

图 3-3　EAN 码

(3) 39 码。

39 码是 1974 年美国的 Intermec 公司推出的第一个数字字母式码制。它可表示数字、英文字母以及 7 个特殊字符(+、-、*、/、%、space、$)，共 43 个字符。我国也制定了相应的国家标准(GB 1912908—1991)，39 码在国内很常见的原因有两个，一是因为 39 码的限制很少，另一个则是它可以适用在非正式场合中。

(4) Code128 码。

Code128 码出现于 1981 年，是一种长度可变的连续性自校验数字式码制。它可表示从 ASCII 0 到 ASCII 127 共 128 个字符，故称 128 码。其中包含了数字、字母和符号字符，如图 3-4 所示。Code128 码是广泛应用在企业内部管理、生产流程和物流控制系统方面的条形码码制。

图 3-4　Code128 码

(5) 交叉 25 码。

交叉 25 码是一种长度可变的连续性自校验数字式码制，其字符集为数字 0～9。采用两种元素宽度，每个条和空是宽或窄的元素。编码字符个数为偶数，所有奇数位置上的数据以条编码，偶数位置上的数据以空编码，如表 3-2 所示。

表 3-2　交叉 25 码的字符集表

字　符	二进制表示	字　符	二进制表示
0	00110	5	10100
1	10001	6	01100
2	01001	7	00011
3	11000	8	10010
4	00101	9	01010

(6) 库德巴码。

库德巴码(code bar)出现于 1972 年，是一种长度可变的连续性自校验数字式码制。其字

符集为数字 0～9 和 6 个特殊字符(-、:、/、。、+、￥)，共 16 个字符。常用于仓库、图书情报、血库和航空快递包裹中。

(7) 93 码。

93 码是一种长度可变的连续性字母数字式码制，类似于 39 码的条形码，其密度较高，每个字符由 3 个条和 3 个空，共 9 个元素宽度。

(8) 49 码。

49 码是一种多行的连续性、长度可变的字母数字式码制，出现于 1987 年，主要用于小物品标签上的符号，采用多种元素宽度。其字符集为数字 0～9，26 个大写字母和 8 个特殊字符(-、。、Space、%、/、+、%、￥)、3 个功能键和 3 个变换字符，共 49 个字符。

(9) 其他码制。

除了以上的码制之外，还有其他的码制。例如 20 世纪 60 年代出现的 25 码，主要用于航空系统的机票顺序编号；11 码出现于 1977 年，主要用于电子元器件标签；矩阵 25 码是 11 码的变形；Plessey 码出现于 1971 年 5 月，主要用于图书馆等。

2) 按照维数分类

(1) 一维条形码。

一维条形码是由一个接一个的“条”和“空”排列组成的，条形码信息靠条和空的不同宽度和位置来传递。这种条形码技术只能在一个方向通过“条”和“空”的排列组合来存储信息，所以叫“一维条形码”，如图 3-5 所示。

ISBN978-75011-7885-8

9 787501 178858 >

图 3-5　常见的一维条形码

人们日常见到的印刷在商品包装上的条形码就是普通的一维条形码。一般较常用的一维条形码有 39 码、EAN 码、UPC 码、128 码，以及专门用于书刊管理的条形码前缀 ISBN、ISSN 等。

作为一项自动识别技术，一维条形码自 20 世纪 70 年代初期问世以来，由于其具有识读快速、准确、可靠、制作成本低等优点，很快受到了人们的青睐，被广泛应用在商业、图书管理、仓储、邮电、交通和工业控制等领域。

但是由于一维条形码自身的结构特点，其信息容量十分有限，如商品上的条形码仅能容纳 13 位数字，更多的信息只能依赖数据库的支持，离开了预先设立的数据库，一维条形码的应用范围就受到了很大的限制。

(2) 二维条形码。

二维条形码(2-dimensional bar code)最早发明于日本。它是用某种特定的几何图形按一定规律在平面(二维方向)上分布的黑白相间的图形记录数据符号信息的，如图 3-6 所示。它在代码编制上巧妙地利用了构成计算机内部逻辑基础的“0”、“1”比特流的概念，使用若干个与二进制相对应的几何形体来表示文字数值信息，通过图像输入设备或光电扫描设备自动识读以实现信息自动处理。它具有条形码技术的一些共性：每种码制有其特定的字符集；每个字符占有一定的宽度；具有一定的校验功能等。同时还具有对不同行的信息自动识别、处理图形旋转变化等功能。

图 3-6　常见的二维码

二维条形码密度高，信息量大，保密、防伪性能好，可以将照片、指纹、掌纹、视网膜、声音、签名和文字等可数字化的信息进行编码，能有效地解决证件的可机读性和防伪问题。因此，二维条形码是实现证件、卡片、档案、照片、票据等大容量、高可靠性信息自动存储、携带并自动识读的最理想的方法，可广泛应用于护照、身份证、行车证、军人证、健康证和保险卡等。另外，在海关报关单、长途货运单、税务报表和保险登记表上也都有使用二维条形码技术来解决数据输入及防止伪造、删改表格的例子。

二维条形码的研究在技术路线上从两个方面展开，一是在一维码基础上向二维码方向扩展；二是利用图像识别原理，采用新的几何形体和结构设计出二维码制。

堆叠式二维条形码有 Code49 码，PDF417 码，Codel6K 码和 UPSCodeSM 码等。堆叠式二维条形码中包含附加的格式信息，信息容量可以达到 1KB，例如：PDF417 码可用来作为运输/收货标签的信息编码，它作为 ANSI MHI0.8 标准的一部分属于“纸上 ED”的送货标签内容编码，这种编码方法被许多工业组织和机构采用，如图 3-7 所示。

矩阵式二维条形码是在一个矩形空间通过黑、白像素在矩阵中的不同分布进行编码，其数据是以二维空间的形态进行编码，并用几何形状为实圆点、以矩阵的形式组成的。典型的码制如 Aztec、Maxi Code、QR Code、Data Matrix、Maxi-code、Code One 和 Dot Code A 等。

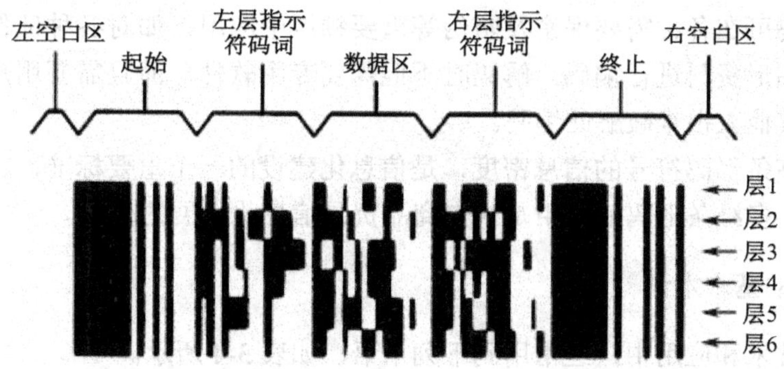

图 3-7　PDF417 码

邮政编码通过不同长度的条进行编码，主要用于邮件编码，如 Postnet、BP04-State。

一维条形码和二维条形码的差异可以从表 3-3 所示的几个方面进行比较分析。

表 3-3　一维条形码与二维条形码的比较

比较项目	一维条形码	二维条形码
资料密度与容量	密度低，容量小	密度高，容量大
错误侦测及自我纠正能力	可以对条形码进行错误侦测，但没有纠正能力	有错误检验及自我纠正能力，并可根据实际应用设置不同的安全等级
垂直方向的资料	不储存资料，垂直方向的高度是为了识读方便，并弥补印刷缺陷或局部损坏	携带资料，可对印刷缺陷或局部损坏等采用错误纠正机制恢复资料
主要用途	主要用于对物品的标识	用于对物品的描述
资料库与网络依赖性	多数场合须依赖资料库及通信网络的存在	可不依赖资料库及通信网络的存在而单独应用
识读设备	可用线型扫描器识读，如光笔、线型 CCD 等	对于堆叠式二维条形码可用线型扫描器多次扫描，或用图像扫描仪识读。矩形式二维条形码则仅能用图像扫描仪识读

(3) 三维条形码。

三维条形码(3-dimensional bar code)，又叫多维条形码、万维条形码，或者叫做数字信息全息图。它能表示计算机中的所有信息，包括音频、图像、视频、全世界各国文字，不再有二维条形码的种种局限。

无论是一维条形码还是二维条形码都是印制在平面上的，是二维空间的编码，这些编码使用一定长度和一定宽度的条和空表示数据，四个条和四个空表示 1 个字节。二维条形码相对于一维条形码具有信息量大的优势，是因为它多一维数据。而三维条形码在二维条形码的基础上又增加了一个维度，其能够表示的数据也就更多，具有更多的信息容量。即空间中的任何一点均可分别由 X 轴、Y 轴与 Z 轴的参数来描述，在由 X 轴与 Y 轴所决定的二维平面码的基础上引入 Z 轴层高的概念，从而使编码容量有了大幅提高。

三维条形码可在各种需要保密及防伪等重要领域中应用，如对各种证件、文字资料、图标及照片等图形资料进行编码。解码时不但需要专用软件，而且需要用户自己设定的数据进制，因此其他人很难破解此编码。

进一步提高条形码符号的信息密度，是信息化建设的一个重要标准，也是研究单位的重要科研方向，多维条形码的应用是未来商品贸易信息化发展的趋势。

2. 条形码的基本术语

在条形码技术和应用中，经常用到下列术语，如表 3-4 所示。

表 3-4　条形码的基本术语

术语名称	英文表示	定　义
条形码	bar code	由一组规则排列的条、空及其对应字符组成的标记，用以表示一定的信息
条形码系统	bar code system	由条形码符号的设计、制作及扫描阅读器组成的自动识别系统
条	bar	条形码中反射率较低的部分
空	space	条形码中反射率较高的部分
空白区	clear area	条形码左右两端外侧与空的反射率相同的限定区域
保护框	bearer bar	围绕条形码且与条反射率相同的边或框
起始符	start character	位于条形码起始位置的若干条与空
终止符	stop character	位于条形码终止位置的若干条与空
中间分隔符	central separating character	位于条形码中间位置的若干条与空
条形码字符	bar code character	表示一个字符的若干条与空
条形码数据符	bar code data character	表示特定信息的条形码字符
条形码校验符	bar code check character	表示校验码的条形码字符
条形码填充符	filler character	不表示特定信息的条形码字符
条高	bar height	构成条形码字符的条的二维尺寸的纵向尺寸
条宽	bar width	构成条形码字符的条的二维尺寸的横向尺寸
空宽	space width	构成条形码字符的空的二维尺寸的横向尺寸
条宽比	bar width ratio	条形码中最宽条与最窄条的宽度比
空宽比	space width ratio	条形码中最宽空与最窄空的宽度比
条形码长度	bar code length	从条形码起始符前缘到终止符后缘的长度
长高比	length to height ratio	条形码长度与条高的比
条形码密度	bar code density	单位长度的条形码所表示的字符个数
模块	module	组成条形码的基本单位
条形码字符间隔	bar code character gap	相邻条形码字符间不表示特定信息且与空的反射率相同的区域

续表

术语名称	英文表示	定　义
单元	element	构成条形码字符的条、空
连续性条形码	continuous bar code	没有条形码字符间隔的条形码
非连续性条形码	discrete bar code	有条形码字符间隔的条形码
双向条形码	bidirectional bar code	左右两端均可作为扫描起点的条形码
附加条形码	add-on	表示附加信息的条形码
自校验条形码	self-checking bar code	条形码字符本身具有校验功能的条形码
定长条形码	fixed length of bar code	条形码字符个数固定的条形码
非定长条形码	unfixed length of bar code	条形码字符个数不固定的条形码
条形码字符集	bar code character set	某类型条形码所能表示的字符集合

3.1.3　条形码的识别

1. 条形码的识别原理

条形码扫描器的结构通常包括以下几部分：光源、接收装置、光电转换部件、译码电路和计算机接口。

它的基本工作原理为：由光源发出的光经过光学系统照射到条形码符号上，被反射回来的光经过光学系统成像在光电转换器上，使之产生电信号，信号经过电路放大后产生一模拟电压(它与照射到条形码符号上被反射回来的光成正比)，再经过滤波、整形，形成与模拟信号对应的方波信号，经译码器解释为计算机能直接接收的数字信号。

条形码符号的识读由条形码阅读器完成。条形码阅读器是一个十分重要的条形码阅读硬件设备，商品上印刷的条形码符号通过条形码阅读器的扫描读入，经过译码处理还原为数字码输入收款机，然后从机内的商品数据资料库中找到该商品的有关资料，再进行相应的销售操作并获取有关的销售情报。

2. 条形码扫描器

条形码扫描器包括以下几种。

1) 光笔式扫描器

光笔式扫描器是最经济的一种条形码阅读器，如图 3-8 所示。在光笔内部有扫描光束发生器及反射光接收器。使用时，光笔的镜头发出一个很小的光点，操作者需将光笔接触到条形码表面，从左到右以一定的速度移动光笔进行读取，数据的读取是由一次扫描决定的，条形码上有斑点、缺损，或者商品表面弯曲时无法读取。

目前，市场上出售的这类扫描器有很多种，它们主要在发光的波长、光学系统结构、电子电路结构、分辨率、操作方式等方面存在着不同。光笔式扫描器不论采用何种工作方式，其使用上都存在一个共同点，即阅读条形码信息时，要求扫描器与待识读的条形码接触或离开一个极短的距离(一般仅为 0.2～1mm)。

其优点是成本低、耗电低、耐用、可读较长的条形码符号。其缺点是光笔对条形码有破坏性，读取容易失败。

2) 激光自动扫描器

激光自动扫描器的基本工作原理为：激光扫描器通过一个激光二极管发出一束光线，照射到一个旋转的棱镜或来回摆动的镜子上，反射后的光线穿过阅读窗照射到条形码表面，光线经过“条”或“空”的反射后返回阅读器，由一个镜子进行采集、聚焦，通过光电转换器转换成电信号，该信号通过扫描器或终端上的译码软件进行译码，如图 3-9 所示。激光自动扫描器具有扫描光照强，阅读密度范围广，非接触阅读不会损坏条形码标签，识别速度快，误码率极低，防震防摔性能好，扫描速度快等优点，其唯一的缺点是价格相对较高。

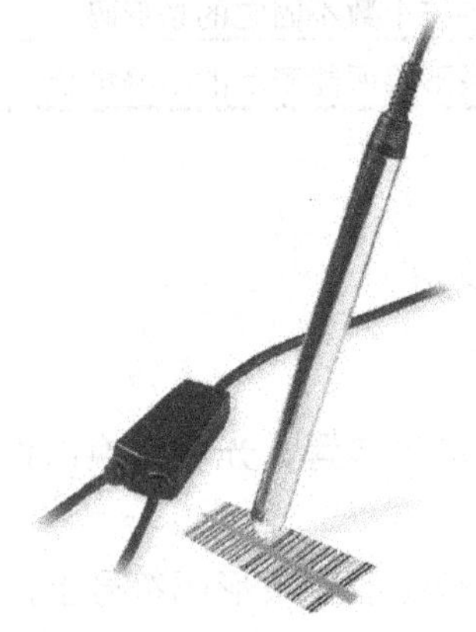

图 3-8　光笔式扫描器

图 3-9　激光自动扫描器

3) CCD 扫描器

CCD 扫描器为电子耦合器件(charge couple device)，比较适合近距离接触阅读，而且内部没有移动部件，如图 3-10 所示。CCD 扫描器使用一个或多个 LED，发出的光线能够覆盖整个条形码，条形码的图像被传到一排光探测器上，并被每个单独的光电二极管采样，由邻近探测器的探测结果为“黑”或“白”来区分每一个条或空，从而确定条形码的字符。换而言之，CCD 扫描器不是逐一地阅读每一个“条”或“空”，而是阅读条形码的整个部分，并转换成可以译码的电信号。其优点是价格比较便宜，阅读条形码的使用场合广泛，容易操作，它的重量比激光自动扫描器轻，而且不像光笔式扫描器一样只能接触阅读。缺点是阅读景深和阅读宽度存在局限性。

4) 台式扫描器

台式扫描器适合于不便使用手持式扫描方式阅读条形码信息的场合。如果工作环境不允许操作者一只手处理标附有条形码信息的物体，另一只手操纵手持条形码扫描器进行操作，就可以选用台式扫描器自动扫描。这种扫描器也可以安装在生产流水线传送带旁的某一固定位置，等待标附有条形码标签的待测物体以平稳、缓慢的速度进入扫描范围时，对其进行自动扫描。该设备也可对自动化生产流水线进行控制。

台式扫描器在超市的 POS 系统中应用非常普遍，如图 3-11 所示。台式扫描器的优点

是稳定、扫描速度快，能够进行全方位扫描。

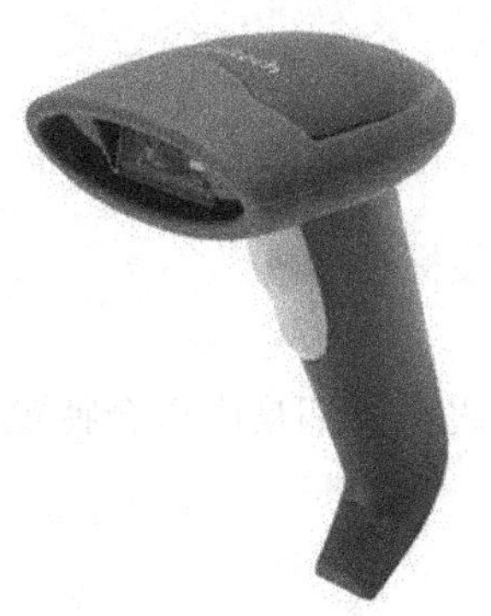

图 3-10　CCD 扫描器

图 3-11　台式扫描器

5) 卡槽式扫描器

卡槽式扫描器可以用于医院病案管理、身份验证、考勤和生产管理等领域。这种阅读器内部的机械结构能保证标有条形代码的卡式证件或文件在插入滑槽后自动沿轨道做直线运动，在卡片前进过程中，扫描光点将条形码信息读入。卡式条形码阅读器一般都具有与计算机传送数据的能力，同时具有声光提示以证明识别正确与否，如图 3-12 所示。

6) 便携式数据采集器

便携式数据采集器含有内部存储器，广泛应用于仓库管理、商品盘点等作业中，如图 3-13 所示。

便携式数据采集器一般配接光笔式或轻便的枪形条形码扫描器，有的也配接激光自动扫描器。便携式数据采集器本身就是一台专用计算机，有的甚至就是一台通用微型计算机。这种便携式数据采集器本身具有对条形码信号的译解能力。条形码被译解后，信息可直接存入机器内存或机器内磁带存储器的磁带中。便携式数据采集器具有与计算机主机通信的能力。通常，它本身带有显示屏、键盘、条形码识别结果声响指示及用户编程功能。使用时，这种便携式数据采集器可以与计算机主机分别安装在两个地点，通过线路连成网络，也可以脱机使用，利用电池供电。这种设备特别适用于流动性数据采集环境，收集到的数据可以定时送到主机内存储。如有些场合，标有条形码信息或代号的载体体积较大，比较笨重，不适合搬运到同一数据采集中心进行处理，此时，使用便携式数据采集器将十分方便。

图 3-12　卡槽式扫描器

图 3-13　便携式数据采集器

3.1.4 物流条形码标准及其体系构成

1. 物流条形码标准

物流条形码标准分为码制标准、应用标准和产品包装标准。

1) 码制标准

码制标准是指条形码符号的类型，每种类型的条形码符号都是由符合特定编码规则的条和空组成，都有固定的编码容量和条形码字符集。

2) 应用标准

应用标准包括位置码、储运单元条形码以及条形码应用标识三种码制。

(1) 位置码：对物理实体、功能实体、法律实体进行识别的代码。其具有唯一性、无含义性、国际通用等特点，其主要应用于 EDI 和自动数据采集。

(2) 储运单元条形码：储运单元是消费单元组成的集合，分为定量储运单元和变量储运单元(基本计量单位)，编码采用的是交叉 25 码。

(3) 条形码应用标识：是指一组由条形码表示的数据，用来表示贸易单元的相关信息。它是由数据和应用标识符组成的。应用标识符由 2～4 个数字组成，用来定义条形码的数据域含义和格式。

3) 产品包装标准

产品包装标准是指为保障物品在储存、运输和销售中的安全和科学管理的需要，以包装的有关事项为对象所制定的标准。产品包装标准是包装设计、生产、制造和检验包装产品质量的技术依据。

2. 物流条形码标准体系

物流条形码标准体系有三层，第一层为条形码标准体系，第二层为具体的标准，分为条形码产品标准、条形码通用基础标准以及条形码应用标准，第三层为各个标准的具体分项标准，如图 3-14 所示。

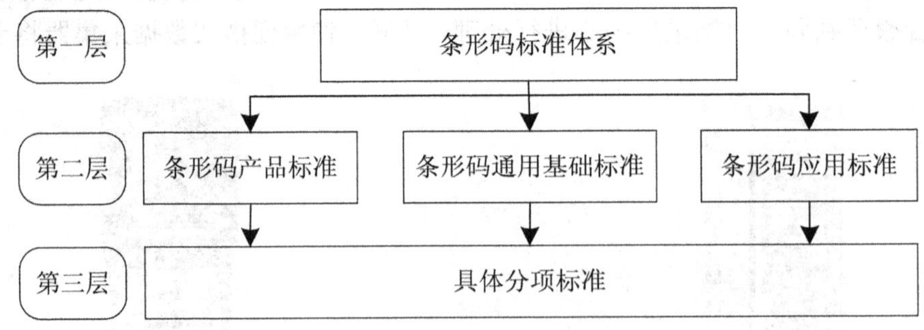

图 3-14 物流条形码标准体系

1) 条形码产品标准的内容

(1) 条形码产品命名与分类标准(条形码生成设备的命名与分类、条形码识读设备的命

名与分类、条形码检测设备的命名与分类等)。

(2) 条形码印制设备标准(击打式打码机、点阵式打码机、热敏式打码机、热转印式打码机、激光打码机、喷墨打码机和静电式打码机等)。

(3) 条形码识读设备标准(光笔、激光扫描器、CCD 扫描器、组合转能全方位扫描器和全息光盘多方位扫描器等)。

(4) 条形码检测设备标准(便携式条形码印刷检测仪、固定式条形码印刷品检测仪、条形码原版胶片检测仪和条形码识别设备检测仪等)。

2) 条形码通用基础标准的内容

(1) 条形码术语标准。

条形码术语标准包括条形码系统通用术语、条形码符号术语、条形码印刷术语以及条形码识读术语。

(2) 条形码码制标准。

条形码码制标准包括 39 码、库德巴码、交叉 25 码、128 码和 25 码。

(3) 条形码管理工作标准。

条形码管理工作标准包括条形码管理办法、中国商品条形码成员申请条件与申请程序、中国商品条形码程序收费办法和中国商品条形码成员管理规定等。

(4) 条形码检测方法标准。

条形码检测方法标准包括条形码符号印制质量的检验、条形码识读设备的检测和条形码印刷适用性试验等。

3) 条形码应用标准的内容

(1) 商业流通领域用条形码标准(通用商品条形码(GB/T 12904—1991)、配销条形码、辅助信息条形码、通用商品条形码符号位置(GB/T 14257—1993)、服装和一般杂品条形码标签、店内码的使用、POS 系统实施规范、通用商品编码规则和贸易单元条形码)。

(2) 医疗保健业条形码标准(医药管理、血液管理、病例管理和病人管理等标准)。

(3) 交通运输业条形码标准(航空管理系统(行李、机票和包裹等)、汽车识别(公路收费、车票)、集装箱等标准)。

(4) 邮政通信业务条形码标准(挂号信登录、信函分拣、汇票、大宗邮件、特快专递登录和包裹分拣等标准)。

(5) 仓储业务条形码标准(立体仓库货物自动存取、零售业的仓储、制造业的仓储、运输业的仓储等标准)。

(6) 制造业条形码标准(工作证、过程控制(生产、材料管理、加工控制过程)、车间数据采集、质量保证跟踪、人员管理等标准)。

(7) 新闻图书出版业务条形码标准(中国标准图书(ISBN 12906—1991)、中国标准期刊刊号条形码、中国音像制品条形码和图书借阅系统条形码等标准)。

(8) 餐饮服务业条形码标准(旅店客房管理、门禁管理、客人管理、结账系统和点菜系统等子标准)。

(9) 金融保险业务条形码标准(身份证、银行票证管理、银行查账、保险项目管理(保险证件、保险单位等)子标准)。

目前我国正式颁布的与条形码相关的国家标准如下。

(1) GB/T 12904—1998　通用商品条形码。

(2) GB/T 12905—1991　条形码系统通用术语　条形码符号术语。

(3) GB/T 12906—1991　中国标准书号(ISBN 部分)条形码。

(4) GB/T 12907—1991　库德巴条形码。

(5) GB/T 12908—1991　39 条形码。

(6) GB/T 14257—1993　通用商品条形码符号位置。

(7) GB/T 14258—1993　条形码符号印刷质量的检验。

(8) GB/T 15425—1994　贸易单元 128 条形码。

(9) GB/T 16827—1997　中国标准刊号(ISSN 部分)条形码。

(10) GB/T 16829—1997　交叉 25 条形码。

(11) GB/T 16830—1997　储运单元条形码。

(12) GB/T 16986—1997　条形码应用标识。

(13) GB/T 17172—1997　417 条形码。

(14) GB/T 18284—2000　快速响应矩阵码(QR Code)。

3.2 射频识别技术

3.2.1 射频识别技术概述

1. 射频识别技术的形成与发展

射频识别技术(radio frequency identification，RFID)是 20 世纪 90 年代开始兴起的一种自动识别技术，是利用射频信号通过空间耦合(交变磁场或电磁场)实现无接触信息传递，并通过所传递信息达到识别目的的技术。

RFID 被称作是一种新的技术，但实际上它比条形码还要古老。1840 年，法拉第发现了电磁相互作用；19 世纪，麦克斯韦就建立了电磁辐射传播理论，提出了麦克斯韦方程组；20 世纪初，人类利用无线电波发明了雷达，通过无线电波的反射来检测和锁定目标(检测目标的位置和速度)。RFID 就是无线电技术与雷达技术的结合。以 RFID 为基础的技术最先在第二次世界大战中得到发展，当时是为了鉴别飞机，因此又被称作“敌友”识别技术，该技术的后续版本至今仍在飞机识别中使用。但是，由哈里·斯托克曼(Harry Stockman)于 1948 年开展的用反射能量进行通信的项目可能是最早的对 RFID 的研究。

条形码技术产生于 20 世纪 40 年代后期，但直到 20 世纪 60 年代后期及 20 世纪 70 年代前期，这项技术才变得比较实用。由于需要识别飞机的情况并不多，加之成本比 RFID 低廉，条形码技术才成为自动识别技术的首选。但随着 RFID 技术的成本逐渐降低，工业界开始用它来做更多的事情，RFID 技术在 20 世纪 50 年代得到了进一步的开发。20 世纪

60 年代，RFID 开始被用于身份识别和监测有害物质。1979 年，RFID 开始被用来鉴别和跟踪动物；1991 年，美国俄克拉荷马州的电子公路收费系统第一次批量使用 RFID 技术；1994 年，美国所有的轨道车都用电子标签来进行鉴别。

2000 年以后，RFID 产品种类更加丰富，主动式电子标签、被动式电子标签及半被动式电子标签均得到发展，电子标签成本不断降低，规模应用行业不断扩大。

至今，RFID 技术的理论不断得到了丰富和完善。单芯片电子标签、多电子标签识读、无线可读可写、被动式电子标签的远距离识别、适应高速移动物体的 RFID 技术与产品正在成为现实并走向应用。在射频标签方面，所需的功耗更低，技术更趋成熟，作用距离更远；在识读器方面，应用包括多功能读写、无线数据传输、脱机工作、多种数据接口等；在系统方面，低频近距离系统，更高的智能、安全特性，高频远距离系统更加完善，成本更低。RFID 技术的发展是应用需求的驱动使然，但反过来，RFID 技术的成功应用又极大地促进了应用需求的扩展，如表 3-5 所示。

表 3-5　射频识别技术的发展历史

时间年限	发展历程
1940—1950	奠定了 RFID 技术的理念基础
1950—1960	处于实验室实验研究阶段
1960—1970	开始了一些应用尝试
1970—1980	最早出现了 RFID 应用
1980—1990	各种规模应用开始出现
1990—2000	RFID 产品得到了广泛采用

2. 射频识别技术的概念

射频识别即 RFID 技术，又称电子标签、无线射频识别，是一种通信技术，可通过无线电信号识别特定目标并读写相关数据，而无须识别系统与特定目标之间建立机械或光学接触。

RFID 射频识别是一种非接触式的自动识别技术，它通过射频信号自动识别目标对象并获取相关数据，识别工作无须人工干预，可工作于各种恶劣环境。RFID 技术可识别高速运动的物体并可同时识别多个标签，操作快捷方便。RFID 是一种简单的无线系统，只有两个基本器件，由一个询问器(或阅读器)和很多应答器(或标签)组成，用于控制、检测和跟踪物体。

3. 射频识别技术的特点

射频识别技术的特点如下。

(1) 可以进行非接触识别。

(2) 可识别高速运动物体。

(3) 抗恶劣环境。

(4) 保密性强。

(5) 可同时识别多个对象。

(6) 具有可读可写能力。

射频识别按与其他自动技术的区别如表 3-6 所示。

表 3-6　射频识别技术与其他自动技术的比较

项　目	条 形 码	磁　卡	IC 卡	射频识别
信息载体	纸或物质表面	磁条	存储器	存储器
信息量	小	较小	大	大
读写性	只读	读/写	读/写	读/写
读取方式	光电扫描	磁电转换	电路接口	无线通信
人工识读性	受制约	不可能	不可能	不可能
保密性	无	一般	好	好
智能化	无	无	有	有
受污染/潮湿影响	很严重	可能	可能	可能
光遮盖	全部失效	无	无	没有影响
方向位置影响	很小	无	单向	没有影响
识读速度	低(约 4s)	无	低(约 4s)	很快(约 0.5s)
识读距离	近	接触	接触	远
使用寿命	较短	短	长	最长
国际标准	有	有	不全	制定中

3.2.2　射频识别技术的基本组成及其原理

1. 射频识别技术的基本组成

射频识别(RFID)技术相对于传统的磁卡及 IC 卡技术来说，具有非接触、阅读速度快、无磨损等特点，在最近几年得到快速发展。

最基本的 RFID 系统由三部分组成。

(1) 标签(tag，即射频卡)：由耦合元件及芯片组成，标签含有内置天线，用于和射频天线进行通信。

(2) 阅读器：读取(在读写卡中还可以写入)标签信息的设备。

(3) 天线：在标签和读取器间传递射频信号。

有些系统还通过阅读器的 RS232 或 RS485 接口与外部计算机连接，进行数据交换。

2. 射频识别技术的原理

射频识别技术的原理是：阅读器通过发射天线发送一定频率的射频信号，当射频卡进入发射天线工作区域时产生感应电流，射频卡获得能量被激活；射频卡将自身编码等信息

通过卡内置的发送天线发送出去；系统接收天线接收到从射频卡发送来的载波信号，经天线调节器传送到阅读器，阅读器对接收的信号进行解调和解码，然后送到后台主系统进行相关处理；主系统根据逻辑运算判断该卡的合法性，针对不同的设定做出相应的处理和控制，并发出指令信号控制执行机构动作。

在耦合方式(电感——电磁)、通信流程(FDX、HDX、SEQ)、从射频卡到阅读器的数据传输方法(负载调制、反向散射、高次谐波)以及频率范围等方面，不同的非接触传输方法有着根本的区别，但所有的阅读器在功能原理上，以及由此决定的设计构造都很相似，所有的阅读器均可简化为高频接口和控制单元两个基本模块。高频接口包含发送器和接收器，其功能包括：产生高频发射功率以启动射频卡并提供能量；对发射信号进行调制，用于将数据传送给射频卡；接收并解调来自射频卡的高频信号。不同射频识别系统的高频接口设计具有一些差异，电感耦合系统的高频接口原理如图3-15所示。

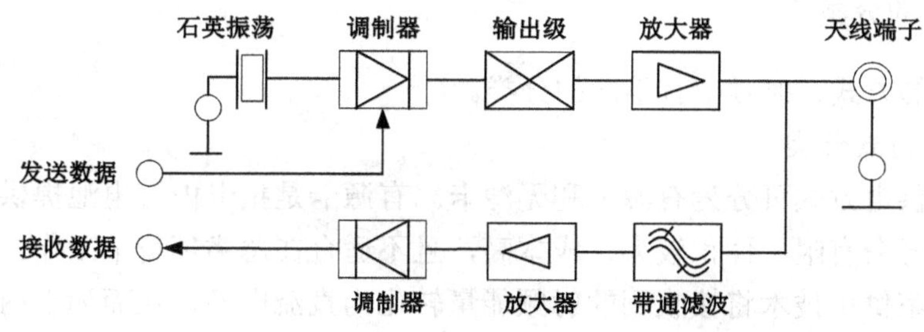

图3-15　射频识别技术原理(1)

阅读器的控制单元的功能包括：与应用系统软件进行通信，并执行应用系统软件发来的命令；控制与射频卡的通信过程(主-从原则)；信号的编解码。对一些特殊的系统还要执行反碰撞算法，对射频卡与阅读器间要传送的数据进行加密和解密，以及进行射频卡和阅读器之间的身份验证等附加功能，如图3-16所示。

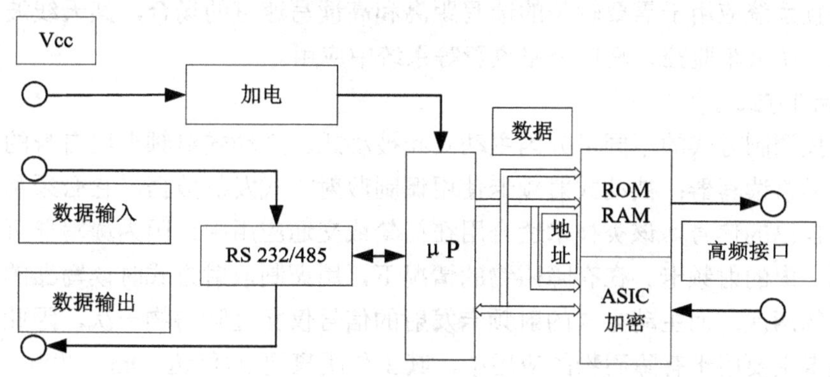

图3-16　射频识别技术原理(2)

射频识别系统的读写距离是一个很关键的参数。目前，长距离射频识别系统的价格还很贵，因此寻找提高其读写距离的方法很重要。影响射频卡读写距离的因素包括天线工作频率、阅读器的RF输出功率、阅读器的接收灵敏度、射频卡的功耗、天线及谐振电路的Q

值、天线方向、阅读器和射频卡的耦合度，以及射频卡本身获得的能量及发送信息的能量等。大多数系统的读取距离和写入距离是不同的，写入距离大约是读取距离的40%～80%。

3.2.3 射频识别技术的标准及射频卡的分类

1. 射频识别技术的标准

目前生产RFID产品的很多公司都采用自己的标准，国际上还没有统一的标准。目前，可供射频卡使用的几种标准有ISO10536、ISO14443、ISO15693和ISO18000。应用最多的是ISO14443和ISO15693，这两个标准都是由物理特性、射频功率和信号接口、初始化和反碰撞以及传输协议四部分组成的。

2. 射频卡的分类

按照不同的方式，射频卡有不同的分类。

1) 按供电方式分类

射频卡按供电方式可分为有源卡和无源卡。有源卡是指卡内有电池提供电源，其作用距离较远，但寿命有限、体积较大、成本高，且不适合在恶劣环境下工作；无源卡内无电池，它利用波束供电技术将接收到的射频能量转化为直流电源，从而为卡内电路供电，其作用距离相对有源卡短，但其寿命长且对工作环境要求不高。

2) 按载波频率分类

射频卡按载波频率可分为低频射频卡、中频射频卡和高频射频卡。低频射频卡主要有125kHz和134.2kHz两种，中频射频卡频率主要为13.56MHz，高频射频卡主要为433MHz、915MHz、2.45GHz、5.8GHz等。低频系统主要用于短距离、低成本的应用中，如多数的门禁控制、校园卡、动物监管、货物跟踪等；中频系统用于门禁控制和需传送大量数据的应用系统；高频系统应用于需要较长的读写距离和高读写速度的场合，其天线波束方向较窄且价格较高，在火车监控、高速公路收费等系统中应用。

3) 按调制方式分类

射频卡按调制方式的不同可分为主动式和被动式。主动式射频卡用自身的射频能量主动地发送数据给读写器；被动式射频卡使用调制散射方式发射数据，它必须利用读写器的载波来调制自己的信号，该类技术适合用在门禁或交通应用中，因为读写器可以确保只激活一定范围之内的射频卡。在有障碍物的情况下，用调制散射方式时读写器的能量必须来回穿过障碍物两次；而主动方式的射频卡发射的信号仅穿过障碍物一次，因此以主动方式工作的射频卡主要用于有障碍物的应用中，其工作距离更远(可达30m)。

4) 按作用距离分类

射频卡按作用距离可分为密耦合卡(作用距离小于1cm)、近耦合卡(作用距离小于15cm)、疏耦合卡(作用距离约1m)和远距离卡(作用距离1～10m，甚至更远)。

5) 按芯片分类

射频卡按芯片可分为只读卡、读写卡和CPU卡。

3.2.4　射频识别技术的相关知识

1. EPC 系统

EPC(electronic product code，产品电子代码)系统是一个非常先进的、综合性的、复杂的系统。它的组成由全球产品电子代码编码体系、射频识别体系和信息网络系统三部分组成，主要包括六个方面，如表 3-7 所示。

表 3-7　EPC 系统的构成

系统构成	名　称	注　释
全球产品电子代码编码体系	EPC 编码标准	识别目标的特定代码
射频识别体系	EPC 标签	贴在物品之上或者内嵌在物品之中
	识读器	识读 EPC 标签
信息网络体系	神经网络软件	EPC 系统的软件支持体系
	对象名称解析服务	ONS
	实体标记语言	PML

2. 物联网技术

“物联网”概念是在“互联网”概念的基础上建立的，它是将互联网用户端延伸和扩展到任何物品与物品之间，进行信息交换和通信的一种网络概念。其定义是：通过射频识别(RFID)、红外感应器、全球定位系统、激光扫描器等信息传感设备，按约定的协议，把任何物品与互联网相连接，进行信息交换和通信，以实现智能化识别、定位、跟踪、监控和管理的一种网络概念。

1) 技术原理

在互联网基础上，利用 RFID、数据通信技术组成一个覆盖世界万事万物的整合网络，网中万物自动识别，信息共享，彼此“交流”，无须人为干预。

2) 技术意义

突破传统思维，过去是将物理设施和 IT 设施分开：一路是机场、公路、建筑物等现实的世间万物；另一路是数据电脑、宽带等虚拟的“互联网”。在“物联”时代，“现实的世间万物”将与“虚拟的互联网”形成统一的“整合网络”，全世界的运转以此为基础进行经济管理、生产运行、社会管理乃至个人生活的整合。

3.3　其他信息识别技术

3.3.1　磁卡识别技术

我们常用的磁卡是通过磁条记录信息的。磁条识别技术应用了物理学中电磁学的基本原理。磁条就是一层薄薄的由定向排列的铁性氧化粒子组成的材料(也称为涂料)，这些粒子用树脂粘合在一起并粘在诸如纸或塑料这样的非磁性基片上。磁卡的应用一般是通过事先付款，然后在卡中编码记录一定的货币价值，用户再使用它来购买商品或服务。磁卡的价值减少是通过用户在每次使用时将磁性信息进行相应的消减来实现的，具体的应用如电话卡。其他应用包括学生就餐证，桥梁、通道和道路的过路费，多次使用的交通票证，录影带出租证，自动售货机，带有一定价值的驾驶证(可以用来购买商品或服务)。每年有100多亿张磁卡在各种应用中使用，而应用的范围也在不断扩大中。

1. 磁卡识别技术概述

磁卡是一种磁记录介质卡片。它是由高强度、耐高温的塑料或纸质涂覆塑料制成，具有防潮和耐磨性且有一定的柔韧性，携带方便、使用较为稳定可靠。通常，磁卡的一面印刷有说明提示性信息，如插卡方向；另一面则有磁层或磁条，有2～3个磁道以记录有关信息数据。

磁卡最早出现在20世纪60年代，当时伦敦交通局将地铁票背面全涂上磁介质来储值。后来由于改进了系统，缩小了面积，成为现在的磁条。

信用卡是磁卡较为典型的应用。发达国家从20世纪60年代就开始普遍采用了金融交易卡支付方式。其中，美国是信用卡的发祥地；日本首创了用磁卡取现金的自动取款机及使用磁卡月票的自动检票机。1972年，日本制定了磁卡的统一规范，1979年又制定了磁条存取信用卡的日本标准JIS-B-9560、JIS-B-9561等。国际标准化组织也制定了相应的标准。

20世纪80年代，磁卡业务已深入发达国家的金融、电信、交通和旅游等各个领域。以美国为例，2亿多人口就拥有10亿张信用卡，持卡人为1.1亿人，人均5张信用卡，消费额约4695亿美元。其中，相当一部分的信用卡由磁卡制成，产生了十分明显的经济效益和社会效益。

由于磁卡价格合理、使用方便，在我国也得到迅速的发展。1985年中国银行珠海分行推出了第一张信用卡，至今发行了约几百万张。

用磁卡识别技术以简化数据录入的应用，首先源于金融业，在银行的存款业务计算机化管理后不久，即出现了账户卡，并随着用户提款机(ATM)的出现得到了广泛应用。尤其在欧美发达国家，大部分证件和卡均配以磁卡，以利于检索。

2. 磁卡的概念

磁条从本质上讲和计算机用的磁带或磁盘是一样的，它可以用来记载字母、字符及数字信息，通过粘合或热合与塑料或纸牢固地整合在一起形成磁卡。

磁条记录信息的方法是变化小块磁物质的极性。在磁性氧化的地方具有相反的极性(如S-N和N-S)，识读器材能够在磁条内分辨出这种磁性变换。这个过程被称为磁变。当一部解码器识读到磁性的变换时会将它们转换回字母和数字的形式，以便由计算机来处理。

磁条有两种形式：普遍信用卡式的磁条和强磁(HiCo)式。强磁式由于降低了信息被涂抹或损坏的机会而提高了可靠性。大多数卡片和系统的供应商支持这两种类型的磁条。

最著名的磁卡应用是自动取款机借贷卡。磁卡还使用在对保安建筑、旅馆房间和其他设施的进出控制方面。其他应用包括时间与出勤系统、库存追踪、人员识别、娱乐场所管理、生产控制、交通收费系统和自动售货机。

磁卡技术能够在小范围内存储较大数量的信息。一个单独的磁条可以存储几道信息。与其他信息存储方法不同，磁卡磁条上的信息可以被重写或更改，不过已有数家公司可以提供高保密度的磁卡和提高保密度的方法。这些系统能够为今天的应用要求提供信息的安全保证。

磁条标准在两个主要方面有所发展：物理标准和应用标准。物理标准规定记录磁条的位置、编码方法、信息密度和磁条记录的质量。应用标准是有关不同市场使用的信息内容和格式。另外测试仪器和磁条材料(特别是强磁磁条)的标准和指导，包括非金融应用，正在起草阶段。目前，如果卡片被使用在金融系统中，则遵守这些标准的要求就是强制性的，但是在其他应用领域中却并非强制性。

3. 磁卡的特点

磁卡具有如下特点：数据可读写，即具有现场改变数据的能力；数据的存储一般能满足需要；使用方便、成本低廉。这些优点使得磁卡的应用领域十分广泛，如信用卡、银行ATM 卡、会员卡、现金卡(如电话磁卡)、机票、公共汽车票和自动售货卡等。磁卡技术的限制因素是数据存储的时间长短受磁性粒子极性的耐久性限制，另外，磁卡存储数据的安全性一般较低，例如磁卡不小心接触其他磁性物质就可能造成数据的丢失或混乱，要提高磁卡存储数据的安全性能，就必须采用另外的相关技术。随着新技术的发展，安全性能较差的磁卡有逐步被取代的趋势，但是，在现有条件下，社会上仍然存在大量的磁卡设备，再加上磁卡技术的成熟和低成本，在短期内，磁卡技术仍然会在许多领域中应用。

4. 磁卡识别技术的内容

磁卡识别技术的内容有如下几方面。

1) 计算机处理技术

磁卡阅读器是磁卡应用系统的采集设备，它可以快速准确地捕捉到磁卡记录的数据信息，并将数据送给计算机处理。计算机是磁卡应用系统中的数据存储与处理设备。计算机存储容量大，运算速度快，从而使许多繁杂的数据处理工作变得方便、迅速、及时。计算机用于管理，可以大幅度减轻各个行业事务工作者的劳动强度，提高工作效率，在某些方面还能完成手工无法完成的工作。

2) 加载技术

加载技术是指将编码后的信息附着在物品、纸张或证卡磁条上的过程。对于磁卡而言，是指磁卡的写入技术或修改重写技术。

磁卡的磁条信息的写入设备可分为电动和手动两类。在这两类中都含有独立操作和与计算机联机操作两种品类。磁卡写入器均含读出功能，以便校验。相对而言，磁卡写入设备的变化较少，不能用其他计算机外设替代。

3) 采集技术

磁卡系统中的采集技术是指从磁条中读取数据的技术。从信号处理的角度来讲，就是通过光电/磁电传感头读取信息，经过放大整形处理输出 TTL 电平的技术。对于磁卡而言，其采集设备比较单一。

4) 译码技术

磁卡译码技术是将磁卡槽所输出的脉冲数字信号(TTL/CMOS)解译成计算机可识别的信号的技术。磁卡译码效果是磁卡自动识别系统最重要的品质参数之一。评价译码技术的两大品质参数如下。

(1) 首读率：是指当对一组数据进行识别时，一次性识别成功的统计概率，常用 FRR 表示。

(2) 误码率：是指当对一组数据进行第一次识别时，其中可能出现一个错误字符的统计概率。误码率又叫错误率，常用 SER 表示。

品质较好的译码系统，其误码率应小于百万分之一，首读率高于 98%。

通常磁卡译码器采用微处理器及相应硬件来完成译码工作。从结构上来讲，条形码磁卡译码硬件非常相近，只是在脉冲数字信号输入电路上有细小差别。因此，除了条形码和磁卡分别独立的译码器外，也存在很多条形码、磁卡混合译码器。磁卡译码器目前多采用 Z-80/MC68C11，MCS-51CPU 作为核心处理器，其中以 MCS-51 为主流芯片。

当磁卡刷卡槽扫描磁条时，输出的脉冲数字信号比条形码扫描器多两个，除了数据信号(data)外，还有卡在线信号 CP 和同步脉冲信号 TC。CP 信号和 TC 信号起着辅助译码的作用。

(1) 数据信号(data)：是磁条内编码的信息信号。

(2) 卡在线信号(CP)：识别卡进入槽内的信号。

(3) 同步信号(TC)：用该序列脉冲信号的下降沿锁定数据信号，它是与数据脉冲信号相伴生成的。

5) 传送技术

传送技术是指通过数据通信技术将磁卡译码信息传输给计算机的相关技术。通常传送器已含在译码器中。常见的数据传送方式有如下。

(1) 计算机键盘仿真式。

(2) 单机 RS-232/RS-422 通信式。

(3) 联机 RS-232/RS-422 多机通信式。

(4) RS-485 多机通信式。

6) 磁卡编码技术

目前国内常接触到的磁卡编码标准有三种。

(1) ISO 标准。

(2) IBM 标准。

(3) NCR 标准。

国内使用最多的是 ISO 7810～7816 标准，各种信用卡、证卡均采用这一标准。

3.3.2 图像识别技术

随着微电子技术及计算机技术的蓬勃发展，图像技术得到了广泛的应用和普遍的重视。该技术始创于 20 世纪 50 年代后期，经过近半个世纪的发展，已经成为在科研和生产中不可或缺的重要部分。

图像识别是指图形刺激作用于感觉器官，人们辨认出它识别某一图形的过程，也叫图像再认。在图像识别中，既要有当时进入感官的信息，也要有记忆中存储的信息。只有通过存储的信息与当前的信息进行比较的加工过程，才能实现对图像的再认。

人的图像识别能力是很强的。图像距离的改变或图像在感觉器官上作用位置的改变，都会造成图像在视网膜上的大小和形状的改变。即使在这种情况下，人们仍然可以认出他们过去感知过的图像，甚至图像识别可以不受感觉通道的限制。例如，人可以用眼看字，当别人在他背上写字时，他也可认出这个字来。

1. 图像识别技术基本概念

图像识别技术是以图像的主要特征为基础的。每个图像都有它的特征，如字母 A 有个尖，P 有个圈，而 Y 的中心有个锐角等。对图像识别时眼动的研究表明，视线总是集中在图像的主要特征上，也就是集中在图像轮廓曲度最大或轮廓方向突然改变的地方，这些地方的信息量最大，而且眼睛的扫描路线也总是依次从一个特征转到另一个特征上。由此可见，在图像识别过程中，知觉机制必须排除输入的多余信息，抽出关键的信息。同时，在大脑里必定有一个负责整合信息的机制，它能把分阶段获得的信息整理成一个完整的知觉映像。

在人类的图像识别系统中，对复杂图像的识别往往要通过不同层次的信息加工才能实现。对于熟悉的图形，由于掌握了它的主要特征，就会把它当作一个单元来识别，而不再注意它的细节了。这种由孤立的单元材料组成的整体单位叫作组块，每一个组块是同时被感知的。在文字材料的识别中，人们不仅可以把一个汉字的笔画或偏旁等单元组成一个组块，而且能把经常在一起出现的字或词组成组块单位来加以识别。

以下介绍几个图像识别技术中的基本概念。

1) 图像

我们对图像并不陌生。图像是用各种观测系统以不同形式和手段观测客观世界而获得的，可以直接或间接作用于人眼进而产生视知觉的实体。人的视觉系统就是一个观测系统，通过它得到的图像就是客观景物在人心目中形成的影像。科学研究和统计表明，人类从外界获得的信息约有 75%来自视觉系统，也就是从图像中获得的。这里图像是比较广义的，例如照片、绘图、视像等。图像带有大量的信息，“百闻不如一见”、“一图胜千字”都说明了这个事实。

2) 数字图像

常见的图像是连续的，即图像灰度的值可以是任意实数。为了能用计算机对图像进行加工，需要把连续的图像进行空间域的采样和幅度值域的量化，即所谓的离散化。这种离散化了的图像就是数字图像。

3) RGB 颜色空间

对一种颜色进行编码的方法统称为“颜色空间”或“色域”。用最简单的话说，世界上任何一种颜色的“颜色空间”都可定义成一个固定的数字或变量。RGB(红、绿、蓝)只是众多颜色空间的一种。记录及显示彩色图像时，RGB 是最常见的一种方案。采用这种编码方法，每种颜色都可用三个变量来表示红色、绿色以及蓝色的强度。

4) YUV 色彩系统

YUV(亦称 YcrCb)是被欧洲电视系统所采用的一种颜色编码方法。YUV 主要用于优化彩色视频信号的传输。与 RGB 视频信号传输相比，它最大的优点在于只需占用极少的带宽(RGB 要求三个独立的视频信号同时传输)。其中“Y”表示明亮度(luminance 或 luma)，也就是灰阶值；而“U”和“V”表示的则是色度(chrominance chroma)，作用是描述影像色彩及饱和度，用于指定像素的颜色。

2. 图像识别技术的内容

图像识别技术包括图像处理、图像识别和图像理解。

1) 图像处理

在研究图像时，首先要对获得的图像信息进行预处理(前处理)，以滤去干扰、噪声，作几何、彩色校正等，这样可提高信噪比。有时由于信息微弱，无法辨识，还得进行增强。增强的作用，在于提供一个满足一定要求的图像，或对图像进行变换，以便人、机分析。并且为了从图像中找到需要识别的东西，还要对图像进行分割，也就是进行定位和分离，以分出不同的东西。为了给观察者以清晰的图像，还要对图像进行改善，即进行复原处理，它是把已经退化了的图像加以重建或恢复的过程，以便改进图像的保真度。在实际处理中，由于图像信息量非常大，在存储及传送时，还要对图像信息进行压缩。

上述工作必须用计算机进行，因而要进行编码等工作。编码的作用，是用最少数量的编码位(亦称比特)表示单色和彩色图像，以便更有效地传输和存储。

以上所述都属于图像处理的范畴。因此，图像处理包括图像编码、图像增强、图像压缩、图像复原和图像分割等。对图像处理环节来说，输入的是图像，输出的也是图像，也就是处理后的图像，如图 3-17 所示。由图像处理的内容可见，处理的目的主要在于解决两个问题：一是判断图像中有无需要的信息；二是确定这些信息是什么。例如，就机械零部件识别的数据信息来说，有以下信息。

(1) 零部件的亮度和色度信息。

(2) 零部件的形状信息。

(3) 纹理信息。

(4) 尺寸信息。

(5) 几何精度信息等。

抽取这些有用信息的主要目的在于改善图像质量和进行图像识别。

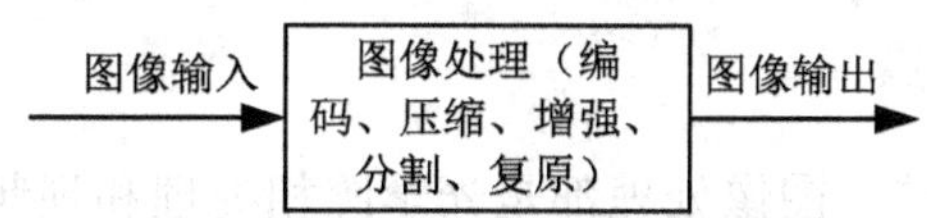

图 3-17　图像处理

2) 图像识别

图像识别是对上述处理后的图像进行分类，确定类别名称，它可在分割的基础上选择需要提取的特征，并对某些参数进行测量，再提取这些特征，最后根据测量结果作分类。为了更好地识别图像，还要对整个图像作结构上的分析，对图像进行描述，以便对图像的主要信息得到一个解释和理解，并通过许多对象相互间的结构关系对图像加深理解，以便更好地帮助识别。因此图像识别是在上述分割后的每个部分中，找出它的形状及纹理等特征，即特征抽取(有时也包括图像分割)，以便对图像进行分类，并对整个图像作结构上的分析。因而对图像识别环节来说，输入的是图像(一般是经过上述处理过的图像)，输出的是类别和图像的结构分析，如图 3-18 所示。而结构分析的结果则是对图像作描述，以便对图像的重要信息得到一种理解和解释。

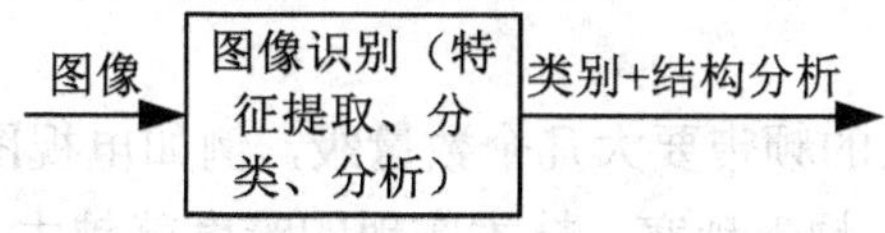

图 3-18　图像识别

这里要注意的是，图像分割不一定完全在图像处理时进行，对有些问题，一边进行分割，一边进行识别，如机械零件的分拣、分档就是如此。所以说，图像处理和图像识别是相互交叉的。

3) 图像理解

图像理解是一个总称。上述图像处理及图像识别的最终目的，就在于对图像作描述和解释，以便最终理解它是什么图像。所以图像理解是在图像处理及图像识别的基础上，再根据分类作结构句法分析，去描述图像和解释图像。因而图像理解包括图像处理、图像识别和结构分析。对理解部分来说，输入的是图像，输出的则是图像的描述与解释，如图 3-19 所示。

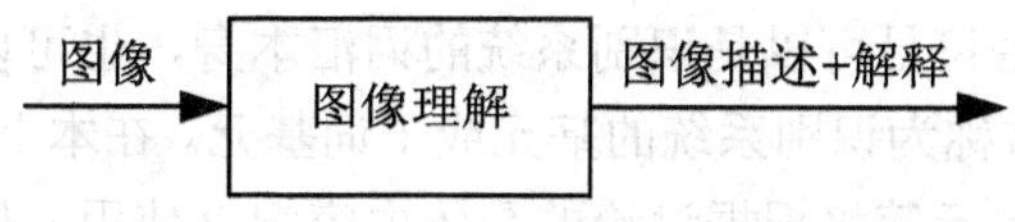

图 3-19　图像识别

实质上，图像理解属于人工智能的范畴。图像理解也要作图像处理、识别及结构分析。例如计算机下棋，就需要做这些工作。首先要把人的智慧存储在计算机中，教给它多少智慧，它就存有多少智慧，这是机器固有的。但是计算机在接受了一部分“智慧”后，便能根据逻辑推理进行分析、推断等工作。

3. 图像识别技术的特点

在计算机处理出现以前．图像处理都是光学照相处理和视频信号处理等模拟处理。与模拟处理相比，除了处理速度和内存要求大以外，数字图像处理技术在灵活性精度、调整和再现性方面都是卓越的，它具有用程序能自由地进行各种处理，并且能达到较高的精度的功能。这与模拟处理中，要提高一个数量级的精度，就必须对装置进行大幅度改进相比确实为一优点。另外，由于半导体技术的不断进步，实际上已经开发出普遍使用的图像处理专用高速微处理器，以IC存储器为基础的图像显示也达到可行的程度，这些都进一步加快了数字图像处理技术的发展和实用化。

为了用计算机处理图像，必须把图像作为数值来表示，数字图像就是二维平面上的灰度分布。数字图像信息有以下特点。

1) 信息量很大

例如，一帧电视图像由512×512个像素组成，如果其灰度级用8b的二进位制来表示，则有2^8=256个灰度级，那么一帧图像的信息量即为512×512×8=2 097 152b。对这样大信息量的图像进行处理，必须要有计算机才能胜任，而且计算机的内存量要大。

2) 占用的频带较宽

与语音信息相比，占用的频带要大几个数量级，例如电视图像的带宽为5～6MHz，而语音带宽仅为4kHz左右。频带越宽，技术实现的难度就越大，成本越高，为此图像识别对频带压缩技术提出了较高的要求。

3) 像素相关性很大

例如，在电视画面中，同一行中相邻两个像素或相邻两行间的像素，其相关系数可达0.9，而相邻两帧之间的相关性比帧内相关性还要大一些，因此图像信息压缩的潜力很大。

4) 受人的因素影响较大

由于人的视觉系统很复杂，受环境条件、视觉性能、人的主观意识的影响很大，因此，要求系统与人有良好的配合，这还是一个很大的研究课题。

3.3.3 语音识别技术

语音识别是一种将人讲话发出的语音通过声波识别(转换)成为一种能够表达通信信息的符号序列的过程。这些符号可以是识别系统的词汇本身，也可以是识别系统词汇的组成单元，在专业文献中常常称为识别系统的基元或子词基元。在本书有关语音识别的章节中，术语符号、基元、子词基元等将根据讨论的具体内容混合使用。例如，当汉语语音识别系统的基元选取为音素，或者声韵母、音节、多音节时，识别输出结果的符号序列相应为音素序列，或者声韵母序列、音节序列、多音节序列。

1. 语音识别技术的概念

语音识别技术，也被称为自动语音识别(automatic speech recognition，ASR)，其目标是将人类的语音中的词汇内容转换为计算机可读的输入，例如按键、二进制编码或者字符序

列。与说话人识别及说话人确认不同，语言识别尝试识别或确认发出语音的说话人而非其中所包含的词汇内容。

2. 语言识别技术的原理

现有的自动语音识别技术是建立在对人的语音交互过程的但又不完全理解的基础之上的。语音交互技术的研究具有高度的学科交叉性质，广泛涉及信号处理、语音声学、模式识别、通信和信息理论、语言学、生理学、计算机科学、心理学等学科的原理和方法。利用这些学科知识的综合，可以概括构成自动语音识别技术基础的三个原理：第一，语音信号中的语言信息是按照短时幅度谱的时间变化模式来编码的；第二，语音是可以阅读的，即它的声学信号可以在不考虑说话人试图传达的信息内容的情况下，用数十个具有区别性的、离散的符号来表示；第三，语音交互是一个认知过程，因而不能与语言的语法、语义和语用结构割裂开来。

这三个原理是对这一领域广泛而又翔实的知识的高度概括。例如，幅度谱的重要性是被听觉的生理机能及其模仿、语音产生的声道解剖及其模仿、语音信号的谱图研究这三项相互独立的研究所证实的，这些研究导致了声码器的诞生；语音的可阅读性是语音声学的核心内容，主要研究对言语的声学表征、语音、音位以及音位配列的结构进行数学形式化，言语的认知研究主要是心理学研究的范畴，其中心理物理学对语音编码，尤其是在语音、语词的句法等方面进行某些重要的表示和操作提供了大量的依据。语音识别技术基本组成如图 3-20 所示。

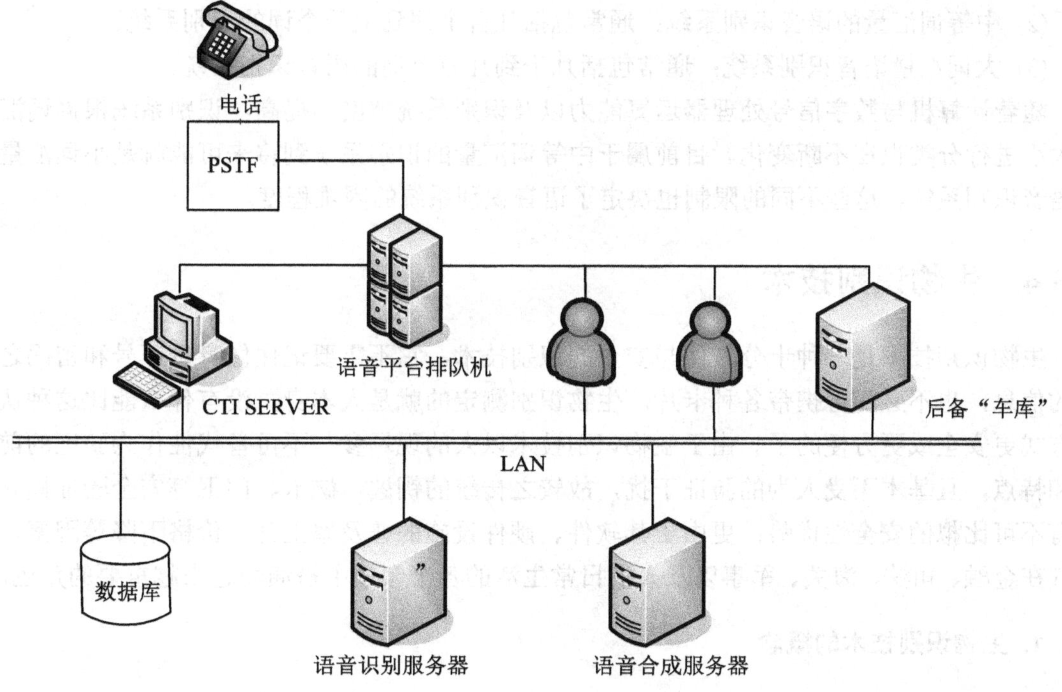

图 3-20　语音识别技术

3. 语音识别技术的分类

语音识别系统可以根据对输入语音的限制加以分类。

1) 从说话者与识别系统的相关性考虑

从说话者与识别系统的相关性考虑，可以将识别系统分为三类。

(1) 特定人语音识别系统：仅考虑对于专人的话音进行识别。

(2) 非特定人语音系统：识别的语音与人无关，通常要用大量不同人的语音数据库对识别系统进行训练。

(3) 多人的识别系统：通常能识别一组人的语音，或者成为特定组语音识别系统，该系统仅要求对要识别的那组人的语音进行训练。

2) 从说话的方式考虑

从说话的方式考虑，可以将识别系统分为三类。

(1) 孤立词语音识别系统：要求输入每个词后都要停顿。

(2) 连接词语音识别系统：语音识别要求对每个词都能清楚地发音，因此一些连音现象开始出现。

(3) 连续语音识别系统：识别系统是自然流利的连续语音输入，因此大量连音和变音会出现。

3) 从识别系统的词汇量大小考虑

从识别系统的词汇量大小考虑，可以将识别系统分为三类。

(1) 小词汇量语音识别系统：通常包括几十个词的语音识别系统。

(2) 中等词汇量的语音识别系统：通常包括几百个词到上千个词的识别系统。

(3) 大词汇量语音识别系统：通常包括几千到几万个词的语音识别系统。

随着计算机与数字信号处理器运算能力以及识别系统精度的提高，识别系统根据词汇量大小进行分类也在不断变化。目前属于中等词汇量的识别系统到将来可能就是小词汇量的语音识别系统。这些不同的限制也决定了语音识别系统的困难程度。

3.3.4 生物识别技术

生物识别技术是一种十分方便与安全的识别技术，它不需要记住像身份证号和密码之类的信息，也不必随身携带各种卡片。生物识别测定的就是人本身，没有什么能比这种认证方式更安全或更方便的了。由于生物识别技术以人的现场参与不可替代性作为验证的前提和特点，且基本不受人为的验证干扰，故较之传统的钥匙、磁卡、门卫等安全验证模式具有不可比拟的安全性优势；更由于其软件、硬件设施的普及率上升、价格下降等因素，使其在金融、司法、海关、军事以及人们日常生活的各个领域中扮演着越来越重要的角色。

1. 生物识别技术的概念

传统的身份鉴定方法包括身份标识物品(如钥匙、证件、ATM 卡等)和身份标识知识(如用户名和密码)，但由于这些主要借助体外物，一旦证明身份的标识物品和标识知识被盗或

遗忘，其身份就容易被他人冒充或取代。而生物识别技术的出现恰恰能够解决这些问题。

依靠人体的身体特征来进行身份验证的技术称为生物识别技术，指纹识别是生物识别技术的一种。人类应用指纹进行身份认证已经有很悠久的历史了。据考古证实：公元前 7000 年到公元前 6000 年以前，指纹作为身份鉴别的工具已经开始在古代中国和古叙利亚应用。大量的出土文物显示，一些黏士陶器上留有陶艺工匠的指纹，古代中国的一些文件上印有起草者的大拇指指纹，古叙利亚的一些远古城市的房屋留有砖匠的指纹等。这些说明了指纹的特征在当时已经被人们初步认识和接受。

生物识别技术就是通过计算机与光学、声学、生物传感器和生物统计学原理等高科技手段密切结合，利用人体固有的生理特性(如指纹、脸像、虹膜等)和行为特征(如笔迹、声音、步态等)来进行个人身份的鉴定。

2. 生物识别技术的特点

生物识别技术比传统的身份鉴定方法更具安全、保密和方便性。生物特征识别技术具有不易遗忘、防伪性能好、不易伪造或被盗、随身“携带”和随时随地可用等优点。

由于人体特征具有人体所固有的不可复制的唯一性，这一生物密钥无法复制、失窃或被遗忘，利用生物识别技术进行身份认定，安全、可靠、准确。而常见的口令、IC 卡、条纹码、磁卡或钥匙则存在着丢失、遗忘、复制及被盗用等诸多不利因素。因此采用生物“钥匙”，你不必携带大串的钥匙，也不用费心去记或更换密码。而系统管理员更不必因忘记密码而束手无策。生物识别技术产品均借助于现代计算机技术实现，很容易配合计算机进行安全、监控、管理系统的整合，从而实现自动化管理。

3. 生物识别技术的种类

目前已经出现了许多生物识别技术，如指纹识别、手掌几何学识别、虹膜识别、视网膜识别、面部识别、签名识别、语音识别等。但其中一部分技术含量高的生物识别手段还处于实验阶段，我们相信随着科学技术的飞速进步，将会有越来越多的生物识别技术应用到实际生活中。由于语音识别在上一小节中已经讲述，因此本部分不再赘述。

1) 指纹识别

实现指纹识别有多种方法。其中有些是仿效传统的公安部门使用的方法，比较指纹的局部细节；有些直接通过全部特征进行识别；还有一些使用更独特的方法，如指纹的波纹边缘模式和超声波。有些设备能即时测量手指指纹，有些则不能。由于其相对低廉的价格、较小的体积(可以很轻松地集成到键盘中)以及容易整合，因此在所有生物识别技术中，指纹识别是当前应用最为广泛的一种。

2) 手掌几何学识别

手掌几何学识别就是通过测量使用者的手掌和手指的物理特征来进行识别，高级的产品还可以识别三维图像。作为一种已经确立的方法，手掌几何学识别不仅性能好，而且使用方便。它适用的场合是用户人数比较多，或者用户虽然不经常使用，但使用时很容易接受。如果需要，这种技术的准确性可以非常高，同时可以灵活地调整生物识别技术性能以适应相当广泛的使用要求。手形读取器使用的范围很广，而且很容易集成到其他系统中，因此成为许多生物识别项目中的首选技术。

3) 视网膜识别

视网膜识别使用光学设备发出的低强度光源扫描视网膜上独特的图案来进行身份等的识别。有证据显示，视网膜扫描是十分精确的，但它要求使用者注视接收器并盯着一点。这对于戴眼镜的人来说很不方便，而且与接收器的距离很近，也让人不太舒服。所以尽管视网膜识别技术本身很好，但用户的接受程度很低。因此，该类产品虽在20世纪90年代经过重新设计，加强了连通性，改进了用户界面，但仍然是一种非主流的生物识别产品。

4) 虹膜识别

虹膜识别是与眼睛有关的生物识别中对人产生较少干扰的技术。它使用相当普通的照相机元件，而且不需要用户与机器发生接触。另外，它有能力实现更高的模板匹配性能，因此逐渐吸引了人们的注意。以前，虹膜扫描设备在操作的简便性和系统集成方面没有优势，我们希望新产品能在这些方面有所改进。

5) 签名识别

签名识别在应用中具有其他生物识别所没有的优势，人们已经习惯将签名作为一种在交易中确认身份的方法，它的进一步发展也不会让人们觉得有太大不同。实践证明，签名识别是相当准确的，因此签名很容易成为一种被轻松接受的识别符，但与其他生物识别产品相比，这类产品目前数量很少。

6) 面部识别

面部识别是一种相当引人注意的技术，它的性能也经常被误解。关于面部识别，经常有一些夸张的言论，但实际是很难实现的。比较两个静态图像是一回事，在人群中发现和确认某个人的身份而不引起别人的注意，就是完全不同的另一回事了。有些系统宣称能做到后一点，但它们实际上做的是前一点，这实际并不是生物识别。从用户的角度很容易理解面部识别的吸引力，但人们对这种技术的期望应该比较现实。到目前为止，面部识别在实际应用中还很少成功，但一旦克服了技术障碍，它将成为一种重要的生物识别方法。

7) 基因识别

随着人类基因组计划的开展，人们对基因结构和功能的认识不断深化，并将其应用到个人身份识别中。因为在全世界60亿人中，与你同时出生或姓名一致、长相酷似、声音相同的人都可能存在，指纹也有可能消失，但只有基因才是代表你本人遗传特性的、独一无二、永不改变的特征。

采用智能卡的形式，储存着个人基因信息的基因身份证已经在我国四川、湖北和香港出现。制作这种基因身份证，首先是取得有关的基因，并进行化验，选取特征位点(DNA指纹)，然后载入中心的计算机储存库内，这样，基因身份证就制作出来了。如果人们喜欢加上个人病历并进行基因化验的话，也是可以的。发出基因身份证后，医生及有关的医疗机构等，可利用智能卡阅读器，阅读有关人的病历。

基因识别是一种高级的生物识别技术，但由于技术上的原因，还不能做到实时取样和迅速鉴定，这在某种程度上限制了它的广泛应用。

8) 静脉识别

静脉识别是指使用近红外线读取静脉模式，与存储的静脉模式进行比较，进行本人识别的识别技术。例如富士通的 PalmSecure™，利用该技术，使用近红外线拍摄，与预先存储的静脉模式进行比较，从而进行本人识别。

9) 步态识别

步态识别是指使用摄像头采集人体行走过程的图像序列，进行处理后同存储的数据进行比较，来达到身份识别的目的。中科院自动化所已经进行了一定研究，但是制约其发展的还存在很多问题，比如拍摄角度发生改变，被识别人的衣着不同，携带不同的东西，所拍摄的图像进行轮廓提取的时候会发生改变，从而影响识别效果。但是该识别技术却可以实现远距离的身份识别，在主动防御上有突出的性能。如果能突破现有的制约因素，该技术在实际应用中必定有用武之地。

除了上面提到的生物识别技术以外，还有通过气味、耳垂和其他特征进行识别的技术，但它们目前还不能走进日常生活。

3.4　物流信息识别技术在物流中的应用

3.4.1　条形码技术在物流中的应用

1. 在物料搬运系统中的应用

1) 物料搬运系统的特点

物料搬运系统有如下特点。

(1) 货品种类繁多，信息量大。

物料搬运系统所涉及的货品是多种多样的。以商品流通环节的配送中心为例，进入系统的货品品种可以多达几千种，每种货品需要识别的信息也很多，除了货品品名、供货厂商等信息外，有时还需要识别生产批号、生产日期、保质期等信息，以确保实现先入先出的配送原则。

(2) 包装规格不一。

以邮包为例，通常只对邮包的最大尺寸有所限制，具体规格则参差不齐。邮包与固定式扫描器的距离会有较大的差异。

(3) 经常不能确定条形码标签的方向和位置。

以机场的旅客行李为例，行李有长有短，有大有小，有的竖立，有的平躺。行李标签在行李上的位置是不确定的，而行李在运输机上的位置也是不确定的。

(4) 货品通过扫描器的速度比较快。

随着流通量的不断增大，运输机的速度不断提高，货品通过扫描器时的相对速度比较高，可达 2.5m/s。

2) 物料搬运系统条形码扫描技术的特点

物料搬运系统的特点决定其应用的条形码扫描技术与常用的技术有所不同，具有自己鲜明的特点。

(1) 一般采用氦氖激光器。

条形码识别用的激光一般都由氦氖激光器产生。这种激光的波长为633nm，其强度符合劳动安全规范的要求。

(2) 一般每秒扫描500次以上。

一般来说，激光二极管发出的光点经过光学系统呈线形图案横扫条形码。如果条形码高度是25mm，运输机的速度是2.5m/s，则激光束能扫到条形码的时间只有0.01s。如果激光束每秒能扫描500次，则在货品运行通过扫描器的过程中，扫描器能够完整地扫描条形码5次。为了保证识读的准确性，至少要求能完整扫描3次。

(3) DRX技术的使用。

由于条形码标签可能与激光束成一个角度，一条激光束不能扫描到完整的条形码，为此，Accusort公司开发了数据重组技术。由于货物是不断移动的，激光束的每次扫描都会有新增的数据，数据重组技术的核心是把每次扫描所得到的数据与上一次扫描的数据进行比较，找到相同的中间部分，然后添加新的内容。虽然每次扫描所得到的信息是不完整的，但是通过数据重组技术仍然可以得到完整的信息。

(4) 各种全方位扫描器。

采用单线条激光束时，即使采用DRX技术，激光束和条形码的偏角仍不能大于45°。因为随着偏角的增大，数据重组时的重合部分减少，使识读率降低，极限的情况下，偏角达到90°时，重合部分为零，已不可能识读。为此，开发了激光束呈X图案的扫描器。这种扫描器可以识读任何方向的条形码标签，因为总有一条激光束可以以较小的偏角扫描条形码，得到较高的识读率。如果不仅条形码的方向偏差较大，而且条形码的位置偏差也较大，则可采用激光束呈双X或四X图案的扫描器，以提高识读率。

(5) 双景深、三景深、动态调焦等技术。

激光扫描器基本上由两大部分组成。其光学系统把激光束射向条形码，然后收集从条形码反射回来的光信号。电子系统则把光信号转换成电信号，再按照规定的码制译码得到字符信息。

既然是光学系统，那么就有焦距问题。在一定的距离内可以收集到比较清晰的反射光，这就是扫描器的景深。在有些物料搬运系统中，由于货物的大小差距悬殊，要求的景深太大，具有固定焦距的扫描器已不能适应。为此，Accusort公司开发了双景深及三景深的扫描器，即在系统中设置一些光电传感器，当货物通过扫描器时，光电传感器测定货物表面离开扫描器的距离，这个距离信号使扫描器的光学系统调整到要求的景深区域。最新的技术则是像照相机的缩放镜头一样，可以无级调整，即动态调焦而不需要设置光电传感器。

(6) 采用热电冷却的激光二极管，提高寿命。

激光二极管是扫描器的主要部件，它的寿命与温度有关。当扫描器在较高的温度环境下长时间工作时，如何降低温度是一个至关重要的问题。目前，已开发了热电冷却技术，可以使激光二极管的温度控制在25℃左右，从而提高了扫描器的使用寿命。

(7) 自诊断软件包成为提高扫描器性能和可靠性的重要手段。

在物料搬运系统中采用条形码自动识别技术以后，扫描器的可靠性直接影响整个系统的可靠性，为此开发了自诊断软件包。它在 Windows 环境下运行，随时采集各扫描器工作情况的统计信息和维护数据，包括识读率、激光二极管、电机、译码线路、光电管等的工作情况以及条形码在扫描器视野内的位置、货品之间的间距等。一旦发现与正常值有较大的偏离，则会发出警示，要求对扫描器或条形码标签的质量做更细致的检查，以免系统的可靠性出现问题。

(8) 矩阵扫描技术。

在物料搬运系统中有时不仅需要对整个包装箱进行识别，还需要识别包装箱内的货品。例如，在鞋类配送作业中，一件包装箱内可以装不同规格尺寸的鞋子。每双鞋子的鞋盒上都有各自的条形码标签。当包装箱通过扫描器时，排成矩阵的条形码逐个被识读，以检验发运的包装箱是否符合订单的要求。

2. 在仓库管理中的应用

目前在仓库中应用最普遍的技术是条形码化，不论物流流向哪里，我们都可以利用条形码自动地记录下物流的流动。条形码技术与信息处理技术的结合帮助我们合理地、有效地利用仓库空间，以最快速、最正确、最低成本的方式为客户提供最好的服务。

在仓储系统中，采用条形码可以通过应用标识符分辨不同的信息，经过计算机对信息进行处理后，更有利于对商品的采购、保管和销售，图 3-21 所示为条形码式仓库管理的流程。

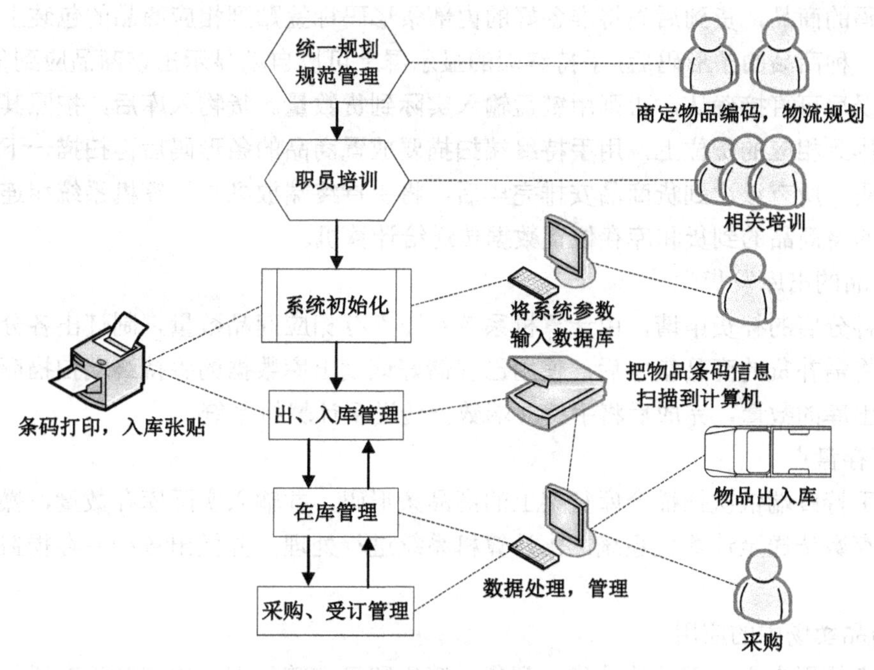

图 3-21　条形码式仓库管理流程

现代仓储管理(WMS)是由计算机控制的仓库管理系统，其目的是独立实现仓储管理的各种功能：收货、在正确的地点存货、存货管理、订单处理、分拣和配送控制。现代仓储管理将关注的焦点集中于对仓储执行的优化和有效管理上，同时延伸到运输配送计划和上下游供应商客户的信息交互，从而有效提高仓储企业、配送中心和生产企业的仓库的执行效率和生产率，降低成本，提高企业客户的满意度，从而提升企业的核心竞争力。其一般具有以下几个功能模块：管理单独订单处理及库存控制、基本信息管理、货物流管理、信息报表、收货管理、拣选管理、盘点管理、移库管理、打印管理和后台服务系统管理。

现代仓储管理系统还可通过后台服务程序实现同一客户不同订单的合并和订单分配，并对基于PTL、RF、纸箱标签方式的上架、拣选、补货、盘点和移库等操作进行统一调度和下达指令，并实时接收来自PTL、RF和终端PC的反馈数据。整个软件业务与企业仓库物流管理各环节吻合，实现了对库存商品管理实时有效的控制。

采用这种条形码式仓储管理系统可提高货物出库或入库的正确性，确保产品的高质量，同时也可改变原有系统中存在的人工搬运劳动强度大、工作效率低的状况。条形码技术像一条纽带，把产品生命周期中各阶段发生的信息连接在一起，可跟踪产品从生产到销售的全过程，使企业在激烈的市场竞争中处于有利地位。条形码化可以保证数据的准确性，使用条形码设备既方便又快捷，自动识别技术的效率是键盘无法比拟的。

3. 在配送中心的应用

1) 商品的入库验收

商品入库时，先要根据订货合同(或订货单)将订货数据传送给手持终端。没有原包装商品条形码的商品，货到后先将准备好的内部条形码标签贴到相应商品的包装上。用手持终端扫描一种商品的条形码后，手持终端的显示屏上可以自动显示出该商品应到货的数量，经核对无误后可直接确认，否则用键盘输入实际到货数量。货物入库后，按照其分类和属性将其安排到相应的货位上，用手持终端扫描要放置商品的条形码后再扫描一下货架上的位置条形码。所有该次到货商品安排完毕后，将手持终端放到与计算机系统相连的通信座上，就能够将商品的到货和库存位置数据传送给计算机。

2) 商品的出库发货

根据各分店的补货申请，由计算机系统对照库存相应商品数量，制订出各分店的补货指示书，将需补货的商品集中后，使用已存储好该批出库数据的手持终端扫描商品的条形码，确认出库的数量，完成后将手持终端数据传送至计算机系统。

3) 库存盘点

使用手持终端依次扫描仓库货架上的商品条形码，并输入实际库存数量，操作完成后将实际库存数传送至计算机系统，由计算机系统进行处理，并做出各种库存损益报告和分析报告。

4) 商品卖场中的应用

商品卖场用来完成商品的补货、到货、销售和盘点等处理。原包装没有通用商品条形码的商品须标贴自制的内部条形码。

5) 自动补充订货

用手持终端进行自动补货处理时，首先将商品货架上的商品条形码读入，然后根据商

品在架数量，用键盘再输入补货数，将取得的数据通过通信座传送给计算机主机。

用手持终端读取条形码自动补货，可以防止商品编码的输入错误，通过网络进行补货可以发挥系统的效率，缩短从要求补货到到货的时间。

6) 到货确认

应用手持终端可以方便地进行到货确认处理。申请补货的商品到货后，用手持终端进行每种商品条形码的读入并输入到货数量，将本次到货数据传入计算机系统后，按补货单确认该批到货商品。

7) 盘点管理

用手持终端将在架的所有商品的条形码和数量读入，然后传送到计算机系统中，与计算机中的在架商品进行比较，就可以进行盘点处理，并由计算机做出损益报告。使用手持终端避免了用货对单或用单寻找货的麻烦，减少了手工处理的漏盘和重复盘货的现象。

4. 在其他物流领域的应用

1) 生产线物流管理

条形码生产线物流管理是产品条形码应用的基础，它建立产品识别码，在生产中应用产品识别码监控生产，采集生产测试数据，采集生产质量检查数据，进行产品完工检查，建立产品识别码和产品档案，有序地安排生产计划，监控生产及流向，提高产品下线合格率。

(1) 制订产品识别码格式：根据企业规则和行业规则确定产品识别码的编码规则，保证产品规则化、标识唯一化。

(2) 建立产品档案：通过产品标识条形码，在生产线上对产品生产进行跟踪，并采集生产产品的部件、检验等数据作为产品信息，当生产批次计划审核后建立产品档案。

(3) 通过生产线上的信息采集点来控制生产的信息。

(4) 通过产品标识码条形码，在生产线上采集质量检测数据，以产品质量标准为准绳判定产品是否合格，从而控制产品在生产线上的流向及是否建立产品档案，打印合格证。

2) 分拣运输

铁路运输、航空运输、邮政通信等许多行业都存在货物的分、拣、搬运问题，大批量的货物需要在很短的时间内准确无误地装到指定的车厢或航班。一个生产厂家如果生产上百个品种的产品，并需要将其分门别类，以送到不同的目的地，那么就必须扩大场地，增加人员，还常常会出现人工错误。解决这些问题的办法就是应用物流标识技术，使包裹或产品自动分拣到不同的运输机上。我们要做的只是将预先打印好的条形码标签贴在发送的物品上，并在每个分拣点装一台条形码扫描器。

3) 仓储保管

在仓储系统中，采用条形码可以通过应用标识符分辨不同的信息，经过计算机对信息进行处理后，更有利于对商品的采购、保管和销售。

4) 机场通道

当机场的规模达到一个终端要在 2 小时内处理 10 个以上的航班时，就必须实现自动化，否则会因为来不及处理行李而导致误机。当 1 小时必须处理 40 个以上航班时，实现自动化就是必不可少的了。

在自动化系统中，条形码标签按需要打印成一个纸牌，系在每件行李的手把上。根据国际航空运输协会(IAIA)标准的要求，条形码应包含航班号和目的地等信息。当运输系统把行李从登记处运到分拣系统时，一组通道式扫描器(通常由 8 个扫描器组成)包围了运输机的各个侧面：上下、前后、左右。扫描器对准每一个可能放标签的位置，甚至是行李的底部。为了提高首读率，通常会印制两个相同的条形码，互相垂直。当扫描器读到条形码时，会将数据传输到分拣控制器中，然后根据对照表，将行李自动分拣到目的航班的传送带上。

在大的机场，每小时可能要处理 80～100 个航班，这时首读率特别重要。任何未被扫描器读出的行李都将被分拣到人工编码点，由人工输入数据，速度是每分钟 10～20 件。对于印刷清晰、装载有序的自动分拣系统，首读率应该大于 90%。

5) 货物通道

在美国有 3 个最大的邮包投递公司，即联邦快递、联合包裹服务和 UPS，每天要处理大约 1700 万件包裹，其中数万件是要在 1～3 天内送达的快件。这些包裹的处理量之大令人难以置信，而且数量还在不断增长，运输系统变得更复杂，运作速度比以往更快。

包裹运输公司可以指定一种码制，却不能像制造厂家那样决定条形码位置，因为包裹在传送带上的方向是随机的，且以 3m/s 的速度运动。为了保证快件及时送达，不可能采用降低处理速度的办法。我们面临的问题不是如何保持包裹的方向，使条形码对着扫描器，而是如何准确地阅读这些随机摆放的包裹上的条形码，解决的办法就是扫描通道。

几乎和机场通道一样，货物通道也是由一组扫描器组成。全方位扫描器能够从所有的方向识读条形码，上下、前后和左右。这些扫描器可以识读任意方向、任意面上的条形码，无论包裹有多大，无论运输机的速度有多快，无论包裹间的距离有多小。所有的扫描器一起运作，决定当前哪些条形码需要识读，然后把一个个信息传送给主计算机或控制系统。

货物扫描通道为进一步采集包裹数据提供了极好的机会。新一代的货物通道可以以很高的速度同时采集包裹上的唯一条形码标识符、实际的包裹尺寸和包裹的重量信息，且这个过程不需要人工干预。因为包裹投递服务是按尺寸和重量收费的，这些信息对计算营业额十分重要。

6) 运动中称量

运动中称量与条形码自动识别相结合，把电子秤放在输送机上可以得到包裹的重量而不需中断运输作业或人工处理，使系统能保持很高的通过能力，同时实时提供重量信息，计算净重，检验重量误差，验证重量范围。在高效的物料搬运系统中，运动中称量可以与其他自动化过程，如条形码扫描、标签打印及粘贴、包裹分拣、码托盘、库存管理、发运等功能集成在一起。

3.4.2 射频识别技术在物流中的应用

自 20 世纪 90 年代以来，射频识别技术在全世界范围内得到了很快的发展。全球的总

销量以年均 25%以上的速度快速增长，经过十几年的发展，射频识别技术在各行各业，尤其是在电子信息行业得到了广泛的应用。

在物流领域中推广和使用 RFID 技术是相当必要和有益的，企业可以通过在整个物流活动的过程中广泛采用此项高新技术，来减少企业对于人力、财力、时间等方面的不必要投入，节约成本，增强物流活动过程中商品信息的准确性和及时性，提高整个物流活动中的各个阶段的透明度，便于企业对其物流活动进行管理，从而更好地为企业的生产活动服务，使其真正成为企业的第三利润源泉。

实际上，射频识别技术在我国的应用应该还处于一个起步的阶段，差距首先表现在技术上，虽然在低频和中频产品应用上已经有了一定的基础，但在高频领域基本上没有大规模成熟的应用案例；其次表现在应用环境上，电子标签是一种提高识别效率和准确性的工具，市场化程度越高，越具有竞争性，各组织对于效率的要求就会越强烈，在这种情况下，电子标签才会具有广泛应用的可能性。以电子标签在供应链上的应用为例，必须是以供应链成熟且广泛运用为基础的，而我国供应链的发展只是刚有一个好的开端，对绝大多数企业而言，这种先进的管理方法和技术还刚刚起步。

1. 生产环节

RFID 技术在生产环节中主要应用于完成自动化生产线运作，实现对原材料、零部件、半成品以及最终成品在整个生产过程中的识别与跟踪，降低人工识别成本和出错率，从而提高生产效率和企业效益。特别是在采用了 JIT(准时生产方式)的生产流水线上，原材料与零部件必须准时送达到工位上。运用了 RFID 技术之后，企业就能够通过识别 RFID 标签来快速准确地从品类繁多的库存中，找出适当工位所需的适当的原材料和零部件，并结合运输系统及传输设备实现物料的转移。RFID 技术还能及时根据生产进度发出补货信息，从而协助生产管理人员实现对流水线的均衡协调，确保稳步生产，同时也加强了对产品质量的控制与追踪。

2. 存储环节

在各物流环节中，RFID 技术最重要的使用环境在于存储环节，尤其是在进行存取货物活动的过程中，它能够帮助企业简化作业流程，实现工作流程自动化。在整个仓库管理中，将整个物流系统制订的收货计划、取货计划、装运计划等与射频识别技术相结合，能够高效地完成各种业务操作，如指定堆放区域、上架取货和补货等，并最大限度地减少储存成本。这样，既增强了作业的准确性和快捷性，提高了服务质量，降低了成本，节省了劳动力和库存空间，同时又减少了整个物流中由于工作失误造成的物品错送、偷窃，以及库存、出货错误等造成的不必要的损耗。

RFID 技术同样降低了库存盘点时对人力的要求。RFID 可以使商品的登记自动化，在盘点时无须人工检查或条形码扫描的过程，使盘点工作更加快速准确。RFID 智能标签系统能够提供相关产品现有库存情况的准确信息，管理人员可由此快速识别并统计现有库存状况，从而实现快速盘点。

3. 运输环节

在商品运输环节中，可以在在途运输的货物和车辆上粘贴 RFID 标签，同时在运输路线上的一些检查点安装 RFID 接收转发装置。当接收装置收到 RFID 标签发出的信息后，可以将商品当前情况以及所在的地理位置等信息上传至通信卫星，再由通信卫星传送给运输调度中心，送入数据库中。这可使企业直接了解目前有多少货箱处于转运途中、转运的始发地和目的地，以及预期的到达时间等信息，方便对在途货物进行管理，同样便于货物的发货人或收货人掌握货物的行进状况，以便相应调整收货时间。

4. 配送环节

在配送环节，采用 RFID 技术能够大大加快配送的速度，提高拣选与分发过程的效率和准确率，并能减少人工作业量、降低配送成本。假设到达中央配送中心的所有商品都已经贴有 RFID 标签，当这些商品在进入配送中心时，配送中心的读码设备可以读取所有商品各自标签中所包含的内容，配送系统将这些信息与发货记录进行核对，以检测出可能的错误，然后将 RFID 标签更新为最新的商品存放地点和状态，并且根据要求将商品进行下一步处理，从而确保了对商品的精确控制。

5. 销售环节

RFID 智能标签可以在供应链最终端的销售环节中，改进零售商的库存管理水平，实现适时补货，有效跟踪运输与库存，提高效率，减少出错率，免除跟踪过程中的人工干预，并能够生成百分之百准确的业务数据，因而具有巨大的吸引力。特别是在超市中，智能标签能对某些时效性强的商品的有效期限进行监控。商店还能利用 RFID 系统在付款台实现自动扫描和计费，从而取代人工收款，使现有的超市顾客排队交费的场景一去不返。

自 2004 年起，全球范围内掀起了一场无线射频识别技术(RFID)的热潮，包括沃尔玛、宝洁、波音公司在内的商业巨头无不积极推动 RFID 在制造、物流、零售和交通等行业的应用。RFID 技术及其应用正处于迅速上升的时期，被业界公认为是本世纪最具潜力的技术之一，它的发展和应用推广将是自动识别行业的一场技术革命。而 RFID 在交通、物流行业的应用更是为通信技术提供了一个崭新的舞台，将成为未来电信业最有潜力的利润增长点之一。

本 章 小 结

本章是全书的一个重要章节，着重介绍了条形码识别技术以及射频识别技术的相关知识，还介绍了一些前沿的物流信息识别技术，并且详细介绍了这些物流信息识别技术在物流管理中的应用。

思　考　题

1．简述条形码识读的基本工作原理。

2．条形码作为一种图形识别技术，与其他识别技术相比有什么特点？

3．简述二维条形码与一维条形码的特点。

4．简述射频识别系统的工作流程。

5．论述影响物联网推广应用的因素。

6．磁识别技术的内容有哪些？

7．简述语音识别技术的原理。

8．生物识别技术的特点有哪些？

9．简述在物料管理中应用条形码技术的好处。

10．射频识别技术在物流中的应用主要是哪几个方面？

第 4 章　物流信息存储技术

物流信息存储技术是物流信息技术中的一大关键技术，本章主要概述了三种类型的物流信息存储技术，分别是数据库技术、数据仓库技术和数据挖掘技术。学习的重点是数据库系统访问技术、数据库的设计与应用、数据仓库的基本结构以及数据挖掘的一般过程。

4.1　数据库技术

数据库技术是现代信息科学与技术的重要组成部分，是计算机数据处理与信息管理系统的核心，也是一种计算机辅助管理数据的方法，它研究如何组织和存储数据，如何高效地获取和处理数据，是通过研究数据库的结构、存储、设计、管理以及应用的基本理论和实现方法，并利用这些理论来实现对数据库中的数据进行处理、分析和理解的技术。数据库技术研究和解决了计算机信息处理过程中大量数据的有效组织和存储的问题，在数据库系统中减少数据存储冗余、实现数据共享、保障数据安全以及高效地检索数据和处理数据。

随着计算机技术与网络通信技术的发展，数据库技术已成为信息社会中对大量数据进行组织与管理的重要技术手段，是网络信息化管理系统的基础。

4.1.1　数据库的产生与发展

数据库是以一定的组织方式存放于计算机存储器中相互关联的数据集合。它反映了数据自身和数据间的联系，可以供各种用户共享，具有最小冗余度和较高的数据独立性。数据库技术产生于 20 世纪 60 年代末 70 年代初，其主要目的是有效地管理和存取大量的数据资源，主要研究如何存储，使用和管理数据；数据库技术不仅应用于事务处理，并且进一步应用到情报检索、人工智能、专家系统、计算机辅助设计等领域。

按照数据模型的发展演变过程，数据库技术从开始到现在短短的 40 多年中，主要经历了三个发展阶段：第一代是网状和层次数据库系统，第二代是关系数据库系统，第三代是以面向对象数据模型为主要特征的数据库系统。

1. 第一代数据库系统

第一代数据库系统是层次数据库和网状数据库系统。层次数据库系统的典型代表是 1969 年 IBM 公司研制出的层次模型的数据库管理系统 IMS。20 世纪 60 年代末 70 年代初，美国数据库系统语言协会 CODASYL(conference on data system language)下属的数据库任务组 DBTG(data base task group)提出了若干报告，被称为 DBTG 报告。DBTG 报告确定并建立了网状数据库系统的许多概念、方法和技术，是网状数据库的典型代表。在 DBTG 思想和方法的指引下，数据库系统的实现技术不断成熟，开发了许多商品化的数据库系统，它

们都是基于层次模型和网状模型的。

可以说，层次数据库是数据库系统的先驱，而网状数据库则是数据库概念、方法和技术的奠基者。

2. 第二代数据库系统

第二代数据库系统是关系数据库系统。1970 年 IBM 公司的圣·何塞(San Jose)研究试验室的研究员埃德加·科德(Edgar Frank Codd)发表了题为《大型共享数据库数据的关系模型》的论文，提出了关系数据模型，开创了关系数据库方法和关系数据库理论，为关系数据库技术奠定了理论基础。埃德加·科德于 1981 年被美国计算机协会授予 A.M.图灵奖，以表彰他在关系数据库研究方面的杰出贡献。

20 世纪 70 年代是关系数据库理论研究和原型开发的时代，其中以 IBM 公司的圣·何塞研究试验室开发的 System R 和 Berkeley 大学研制的 Ingres 为典型代表。大量的理论成果和实践经验终于使关系数据库从实验室走向了社会，因此，人们把 20 世纪 70 年代称为数据库时代。20 世纪 80 年代几乎所有新开发的系统均是关系型的，其中涌现出了许多性能优良的商品化关系数据库管理系统，如 DB2、Ingres、Oracle、Informix、Sybase 等。这些商用数据库系统的应用使数据库技术日益广泛地应用到企业管理、情报检索和辅助决策等方面，成为实现和优化信息系统的基本技术。

3. 第三代数据库系统

从 20 世纪 80 年代以来，数据库技术在商业上的巨大成功刺激了其他领域对数据库技术需求的迅速增长。这些新的领域为数据库应用开辟了新的天地，并在应用中提出了一些新的数据管理的需求，推动了数据库技术的研究与发展。

1990 年，高级数据库管理系统功能委员会发表了《第三代数据库系统宣言》，提出了第三代数据库管理系统应具有以下三个基本特征。

(1) 应支持数据管理、对象管理和知识管理。

(2) 必须保持或继承第二代数据库系统的技术。

(3) 必须对其他系统开放。

面向对象数据模型是第三代数据库系统的主要特征之一，数据库技术与多学科技术的有机结合也是第三代数据库技术的一个重要特征。分布式数据库、并行数据库、工程数据库、演绎数据库、知识库、多媒体库、模糊数据库等都是这方面的实例。

4.1.2　数据库系统访问技术

随着 Internet 的发展，静态 Web 站点的开发与维护变得越来越困难，其最大的问题就是缺少交互性，信息的内容只有在网站管理人员更改后才能发生变化，这使得 Web 管理员不得不频繁地修改他们的网页。为了向网络用户提供大量有用的、动态的和可交互的信息，凡是能够数据库化的内容，应尽量做成数据库的形式，因为数据库形式的数据远比其他形式的数据要容易更新与管理。目前访问数据库服务器的主流标准接口主要有 ODBC、LEDB、

ADO 和 AD.NET。

1. 开放数据库连接(ODBC)

ODBC(open database connectivity，开放数据库连接)是微软公司开放服务结构(windows open services architecture，WOSA)中有关数据库的一个组成部分，它建立了一组规范，并提供了一组对数据库访问的标准 API(应用程序编程接口)。这些 API 利用 SQL 来完成其大部分任务。使用 ODBC 应用程序不仅可以访问存储在本地计算机的桌面型数据库中的数据，而且可以访问异构平台上的数据库，ODBC 本身也提供了对 SQL 语言的支持，用户可以直接将 SQL 语句送给 ODBC。ODBC 通过一组标准的函数(ODBC API)调用来实现数据库的访问，但是程序员不必理解这些 ODBC，API 就可以轻松开发基于 ODBC 的客户机/服务器应用程序。

一个完整的 ODBC 由下列几个部件组成如图 4-1 所示。

(1) 应用程序(application)。

(2) ODBC 管理器(administrator)：位于 Windows 95 控制面板(control panel)的 32 位 ODBC 内，其主要任务是管理安装的 ODBC 驱动程序和管理数据源。

(3) 驱动程序管理器(driver manager)：包含在 ODBC32.DLL 中，对用户是透明的。其任务是管理 ODBC 驱动程序，是 ODBC 中最重要的部件。

(4) ODBC API。

(5) ODBC 驱动程序：该程序是一些 DLL，提供了 ODBC 和数据库之间的接口。

(6) 数据源：包含了数据库位置和数据库类型等信息，实际上是一种数据连接的抽象。

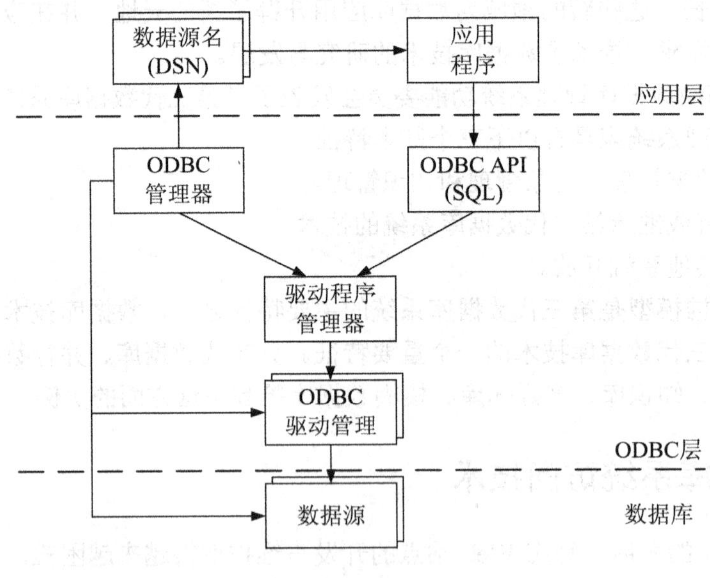

图 4-1 ODBC 模型

2. 动态数据对象(ADO)

动态数据对象(active data objects，ADO)是一种简单的对象模型，是允许用户与数据存

储进行交互的组件，可以被开发者用来处理任何 OLEDB 数据，可以由脚本语言或高级语言调用。OLEDB 是通向不同数据源的低级应用程序接口。ADO 对数据库提供了应用程序水平级的接口，几乎使用任何语言的程序员都能够通过使用 ADO 来使用 OLEDB 的功能。这意味着只要基于某些数据就可建立一个网页，或一种完全交互的电子商务系统。不论哪种方式，都是 ADO 使我们能与数据进行通信。

下面将对 ADO 和 OLEDB 两项技术作进一步分析。

(1) OLEDB 和 ADO 的体系结构。

OLEDB 和 ADO 是为解决访问数据的方法，在主要考虑与数据存储保持永久连接的情况下处理数据而设计的，并提供断开连接的记录集。

(2) 消费者与提供者。

提供者是提供数据的物体，消费者是使用(消耗)这些数据的物体。

(3) 提供者和驱动程序。

避免混淆提供者与驱动程序是重要的，图 4-2 明确了它们之间的区别。

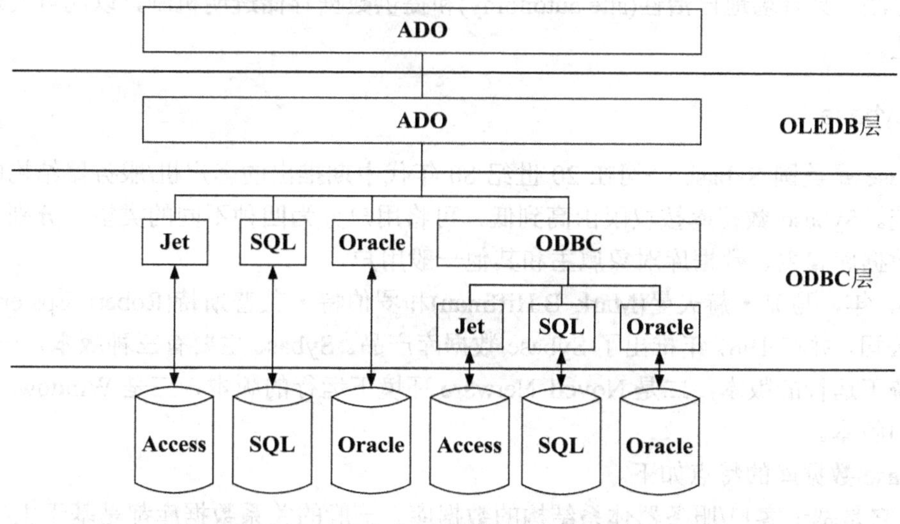

图 4-2　提供者与驱动程序之间的区别

3. 结构化查询语言(SQL)

SQL 全称是“结构化查询语言(structured query language)”，最早是 IBM 的圣约瑟研究实验室为其关系数据库管理系统 SYSTEM R 开发的一种查询语言，它的前身是 SQUARE 语言。SQL 语言结构简洁，功能强大，简单易学，因此自从 IBM 公司 1981 年推出以来，SQL 语言得到了广泛的应用。如今无论是像 Oracle，Sybase，Informix，SQL server 这些大型的数据库管理系统，还是像 Visual Foxporo，PowerBuilder 这些微机上常用的数据库开发系统，都支持 SQL 语言作为查询语言。

SOL 语句举例如下。

DDL 数据定义语言：用于定义、修改或者删除数据库对象，如 create、drop、alter。

DQL 数据查询语言：用于对数据进行查询，如 select。

DML 数据操纵语言：用于访问、建立或者操纵在数据库中已经存在数据，如 insert、update、delete。

DCL 数据控制语言：管理对数据库对象的访问权限和回收，如 grant、revoke。

4.1.3 常用数据库简介

1. Oracle

Oracle 是一种适用于大型、中型和微型计算机的关系数据库管理系统。Oracle 数据库由三种类型的文件组成，即数据库文件、日志文件和控制文件。

Oracle 数据库是一种复杂的关系数据库，并且许多大型网站选用了 Oracle 系统。Oracle 的关系数据库是世界上第一个支持 SQL 语言的数据库。

1977 年，Lawrence J.Ellison Sybase(劳伦斯・埃里森)带领着一群同事成立了 Oracle 公司，Oracle Server 是一个对象—关系数据库管理系统。它提供开放的、全面的和集成的信息管理方法，具有场地自治性(site autonomy)和提供数据存储透明机制，以此可实现数据存储透明性。

2. Sybase

Sybase 是美国 Sybase 公司在 20 世纪 80 年代中期推出的客户机/服务器结构的关系数据库系统。Sybase 数据库按权限由高到低，可将用户分为四种不同的类型，分别为系统管理员、数据库属主、数据库对象属主和其他一般用户。

1984 年，马克・赫夫曼(Mark B.Hiffman)和罗伯特・艾普斯特(Robert Epstern)创建了 Sybase 公司，并在 1987 年推出了 Sybase 数据库产品。Sybase 主要有三种版本，一是 UNIX 操作系统下运行的版本，二是 Novell Netware 环境下运行的版本，三是 Windows NT 环境下运行的版本。

Sybase 数据库的特点如下。

(1) 它是基于客户/服务器体系结构的数据库。一般的关系数据库都是基于主/从式的模型的。在主/从式的结构中，所有的应用都运行在一台机器上。用户只是通过终端发命令或简单地查看应用运行的结果。而在客户/服务器体系结构中，应用被分在了多台机器上运行。一台机器是另一个系统的客户，或是另外一些机器的服务器。这些机器通过局域网或广域网连接起来。

客户/服务器模型的好处有以下两点：①它支持共享资源且在多台设备间平衡负载；②允许容纳多个主机的环境，充分利用了企业已有的各种系统。

(2) 它是真正开放的数据库。Sybase 数据库不只是简单地提供了预编译，而且公开了应用程序接口 DB-LIB，鼓励第三方编写 DB-LIB 接口，使得访问 DB-LIB 的应用程序很容易从一个平台向另一个平台移植。

(3) 它是一种高性能的数据库。Sybase 真正吸引人的地方还是它的高性能，具体体现在以下三方面：①可编程数据库；②事件驱动的触发器，触发器是一种特殊的存储过程，通过触发器可以启动另一个存储过程，从而确保数据库的完整性；③多线索化。Sybase 数

据库不让操作系统来管理进程，而是把与数据库的连接当作自己的一部分来管理。此外，Sybase 的数据库引擎还代替操作系统来管理一部分硬件资源，提高了整体性能。

3. DB2

DB2 是 IBM 公司开发的关系数据库管理系统，它有多种不同的版本，例如：DB2 工作组版(DB2 Workgroup Edition)、DB2 企业版(DB2 Enterprise Edition)、DB2 个人版(DB2 Personal Edition)和 DB2 企业扩展版(DB2 Enterprise-Extended Edition)等。这些产品基本的数据管理功能是一样的，区别在于支持远程客户的能力和分布式处理能力。

4. SQL Server

SQL Server 是微软公司开发的一个关系数据库管理系统，以 T-SQL 作为它的数据库查询和编程语言。T-SQL 是结构化查询语言 SQL 的一种，支持 ANSI SQL—1992 标准。SQL Server 是基于服务器端的中型的数据库，可以适合大容量数据的应用，在功能和管理上要比 Access 强得多，在处理海量数据的效率、后台开发的灵活性、可扩展性等方面也很强大。SQL Server 还有更多的扩展，可以用存储过程、数据库大小无极限来限制。SQL Server 是一个功能完全的数据库管理系统，它能为任何规模的企业提供比以前的管理方式好得多的数据管理方法，SQL Server 以其强大、灵活以及易于使用的特性雄踞业界榜首。

SQL Server 经过了一个很长的演变过程。SQL Server 最早的版本是 1988 年发行的，是微软公司和 Sybase 的合作产品，只能在 OS/2 下运行。在市场上，它完全失败了。直到 1993 年，支持 NT Server 的 SQL Server 4.2 的发行才使 SQL Server 开始进入企业。但是它所占的份额也非常少。1994 年，微软公司中止了同 Sybase 的合作，1995 年推出了 6.0 版，1996 年发行了 6.5 版，至此 SQL Server 才开始起飞，企业 IT 主管们开始意识到 SQL Server 6.5 的强大性、易用性和低廉的价格。而 SQL Server 2000 是该产品开发以来变化最大的版本，它扩展了 SQL Server 7.0 版的质量、可靠性和易用性等功能。

5. MySQL

MySQL 是一个小型关系型数据库管理系统，开发者为瑞典的 MySQL AB 公司。目前 MySQL 被广泛地应用在 Internet 上的中小型网站中。由于其体积小、速度快、总体拥有成本低、开放源代码等特点，促使许多中小型网站为了降低网站总体拥有成本而选择了 MySQL 作为网站数据库。

超级文本预处理语言 PHP 为 MySQL 提供了强力支持，PHP 中提供了一整套的 MySQL 函数，对 MySQL 进行了全方位的支持。

4.1.4　数据库的设计过程

1. 需求分析阶段

需求分析的重点是调查、收集与分析用户在数据管理中的信息要求、处理要求、安全性与完整性要求。

信息要求是指用户需要从数据库中获得信息的内容与性质。由用户的信息要求可以导出数据要求，即在数据库中需要存储哪些数据。

处理要求是指用户要求完成什么处理功能，对处理的响应时间有什么要求，处理方式是批处理还是联机处理。

新系统的功能必须能够满足用户的信息要求、处理要求、安全性与完整性要求。

2. 概念结构设计阶段

概念结构是对现实世界的一种抽象，即对实际的人、物、事和概念进行人为处理，抽取人们关心的共同特性，忽略非本质的细节，并把这些特性用各种概念精确地加以描述。将需求分析得到的用户需求抽象为信息结构(即概念模型)的过程就是概念结构设计。通过对用户需求进行综合、归纳与抽象，形成一个独立于具体 DBMS 的概念模型，可以用 E-R 图(实体-联系图)表示。

3. 逻辑结构设计阶段

逻辑结构设计是指将概念结构转换为某个 DBMS 所支持的数据模型(例如关系模型)，并对其进行优化的过程。

设计逻辑结构时一般要分三步进行。

(1) 将概念结构转换为一般的关系、网状、层次模型。

(2) 将转换来的关系、网状、层次模型向特定 DBMS 支持下的数据模型转换。

(3) 对数据模型进行优化。

4. 数据库物理设计阶段

为一个给定的逻辑数据模型选取一个最适合应用环境的物理结构(存储结构与存取方法)的过程，就是数据库的物理设计。

数据库的物理设计通常分为以下两步。

(1) 确定数据库的物理结构。

(2) 评价物理结构。

5. 数据库实施阶段

运用 DBMS 提供的数据语言(例如 SQL)及其宿主语言(例如 C 语言)，根据逻辑设计和物理设计的结果建立数据库，编制与调试应用程序，组织数据入库，并进行试运行。具体步骤如下。

(1) 定义数据库结构。

(2) 数据装载。

(3) 编制与调试应用程序。

(4) 数据库试运行。

6. 数据库运行和维护阶段

在数据库运行阶段，对数据库经常性的维护工作主要是由 DBA(数据库管理员)完成的，它包括以下几个方面。

(1) 数据库的转储和恢复。

(2) 数据库的安全性、完整性控制。

(3) 数据库性能的监督、分析和改进。

(4) 数据库的重组织和重构造。

4.2　数据仓库技术

随着市场竞争的日趋激烈，信息对于企业的生存和发展发挥着越来越重要的作用。由于计算机技术的普遍应用，承载信息的数据随着时间的推移而不断增长，并分布在不同的系统平台上，具有多种存储形式。能否从纷繁复杂、大量沉淀的数据环境中得到有用的决策信息，及时做出正确的分析与决策，已成为企业生存与发展至关重要的环节。因此，一种适用于决策支持系统的数据组织与管理技术——数据仓库技术(data warehouse)应运而生，并逐渐成为支持分析与决策的重要技术。

4.2.1　数据仓库技术概述

1. 数据仓库技术的产生与发展

数据仓库的出现和发展是计算机应用到一定阶段的必然产物。经过多年的计算机应用和市场积累，许多企业已保存了大量原始数据和各种业务数据，这些数据真实地反映了企业主体和各种业务环境的经济动态。然而由于缺乏集中存储和管理，这些数据不能为本企业进行有效的统计、分析和评估提供帮助。也就是说，无法将这些数据转化成企业有用的信息。

20 世纪 70 年代出现并被广泛应用的关系型数据库技术为解决这一问题提供了强有力的工具。

从 20 世纪 80 年代中期开始，随着市场竞争的加剧，商业信息系统用户已经不满足于用计算机仅仅去管理日复一日的事务数据，他们更需要的是支持决策制定过程的信息。

20 世纪 80 年代中后期，出现了数据仓库思想的萌芽，为数据仓库概念的最终提出和发展打下了基础。

20 世纪 90 年代初期，威廉·英蒙(W.H.Inmon)在其里程碑式的著作《建立数据仓库》中提出了“数据仓库”的概念，数据仓库的研究和应用得到了广泛的关注，这对处于激烈竞争中的商业企业，有着非同小可的现实意义。

随着各种计算机技术，如数据模型、数据库技术和应用开发技术的不断进步，数据仓库技术也不断发展，并在实际应用中发挥了巨大的作用。IDC 在 1996 年的一次对 20 世纪

90 年代前期进行的 62 个数据仓库项目的调查结果表明：进行数据仓库项目开发的公司在平均 2.73 年的时间内获得了平均为 321%的投资回报率。使用数据仓库所产生巨大效益，同时又刺激了对数据仓库技术的需求，数据仓库市场正以迅猛势头向前发展：一方面，数据仓库市场需求量越来越大，每年约以 400%的速度扩张；另一方面，数据仓库产品越来越成熟，生产数据仓库工具的厂家也越来越多。数据仓库技术及市场将向以下方向发展。

1) 并行化和可扩展性

为提高数据仓库的性能和可扩展能力，数据仓库已趋向并行化。在硬件层次上，已越来越明显地采用多处理器并行结构；在数据库层次上，许多数据库厂商已推出并行产品，以适应数据仓库市场的需要。

2) 集中化

数据仓库项目将越来越大，高德纳咨询公司(GartnerGroup)预测：到 2000 年，约有 70%的集中化信息管理将依赖于数据仓库市场。

3) 数据仓库与 Internet/Intranet 的集成

随着 Internet/Intranet 技术的广泛应用和发展，数据仓库将 Internet/Intranet 进行很好的集成，即前台是 Web 服务器，后台是数据仓库系统。

4) 数据挖掘工具的成熟和广泛使用

数据挖掘工具和人工智能代理将是以后 5 年推动决策支持演变过程的主要力量。

5) 通用数据库

数据仓库将支持多媒体、支持结构化和非结构化数据，即向通用数据库发展，具有面向对象的能力。

6) 数据仓库打包应用

数据仓库将集成一些工具和应用，打包推向用户。

2. 含义与特点

数据仓库不是数据的简单堆积，而是从大量的事务型数据库中抽取数据，并将其清理、转换为新的存储格式，即为决策目标把数据聚合在一种特殊的格式中。公认的数据仓库之父威廉·英蒙(W.H.Inmon)将其定义为：“数据仓库是在企业管理和决策中面向主题的、集成的、时变的(随时间变化的)、非易失的(不可修改的)数据集合。”

主题的是一个抽象的概念，是在较高层次上将企业信息系统中的数据综合、归类，并进行分析利用的抽象，能完整、统一地刻画各个分析对象所涉及的企业的各项数据。

集成的是指在数据进入数据仓库之前，必然要经过统一与综合，这一步是数据仓库建设中最关键、最复杂的一步。

时变的(随时间变化的)是指：①随时间变化不断增加新的数据内容；②随时间变化不断删去旧的数据内容；③数据仓库中包含大量的综合数据，这些综合数据中的数据很多跟时间有关，如数据经常按照时间段进行综合，或隔一定的时间便进行抽样等。这些数据要求随着时间的变化不断地进行重新综合。

非易失的(不可修改的)是指数据仓库反映的是历史数据内容，而不是联机数据，主要

供企业决策分析之用，所涉及的数据操作主要是数据查询，数据仓库的数据并不进行修改操作。

传统数据库是面向应用而设计的，它的数据是为了处理具体应用而组织在一起，即按照业务处理流程来组织数据。反映的是企业内数据的动态特征，目的在于提高数据处理的速度。主题是一个在较高层次将数据进行归类的标准，每个主题基本对应一个宏观的分析领域，满足该领域分析决策的需要。因此，主题的抽取是按照分析的要求来确定的。

数据仓库，是在数据库已经大量存在的情况下，为了进一步挖掘数据资源、为了决策需要而产生的，它并不是所谓的“大型数据库”。数据仓库的方案建设的目的，是为前端查询和分析做基础，由于有较大的冗余，所以需要的存储也较大。为了更好地为前端应用服务，数据仓库的数据往往有如下几个特点。

1) 面向主题

与传统数据库面向应用进行数据组织的特点相对应，数据仓库中的数据是面向主题进行组织的。什么是主题呢？首先，主题是一个抽象的概念，是较高层次上企业信息系统中的数据综合、归类，并进行分析利用的抽象。在逻辑意义上，它是对应企业中某一宏观分析领域所涉及的分析对象。面向主题的数据组织方式，就是在较高层次上对分析对象的数据的一个完整的、一致的描述，能完整、统一地规划各个分析对象所涉及的企业的各项数据，以及数据之间的联系。所谓较高层次，是相对面向应用的数据组织方式而言的，是指按照主题进行数据组织的方式具有更高的数据抽象级别。

2) 集成化

数据仓库的数据是从原有的分散的数据库数据抽取来的。操作型数据与 DSS 分析型数据之间的差别如下：第一，数据仓库的每一个主题所对应的源数据在原有的各分散数据库中有许多重复和不一致的地方，且来源于不同的联机系统的数据都和不同的应用逻辑捆绑在一起；第二，数据仓库中的综合数据不能从原有的数据库系统直接得到。因此在数据进入数据仓库之前，必然要经过统一与综合，这一步是数据仓库建设中最关键、最复杂的一步，所要完成的工作有以下几方面。

(1) 要统一源数据中所有矛盾之处，如字段的同名异义、异名同义、单位不统一、字长不一致等。

(2) 进行数据综合和计算。数据仓库中的数据综合工作可以在从原有数据库抽取数据时生成，但许多是在数据仓库内部生成的，即进入数据仓库以后进行综合生成的。

3) 不可更新

数据仓库的数据主要供企业决策分析之用，所涉及的数据操作主要是数据查询，一般情况下并不进行修改操作。数据仓库的数据反映的是一段相当长的时间内历史数据的内容，是不同时点的数据库快照的集合，以及基于这些快照进行统计、综合和重组的导出数据，而不是联机处理的数据。数据库中进行联机处理的数据经过集成输入到数据仓库中，一旦数据仓库存放的数据已经超过数据仓库的数据存储期限，这些数据将从当前的数据仓库中删去。因为数据仓库只进行数据查询操作，所以数据仓库管理系统相比数据库管理系统而言要简单得多。数据库管理系统中许多技术难点，如完整性保护、并发控制等，在数据仓库的管理中几乎可以省去。但是由于数据仓库的查询数据量往往很大，所以就对数据查询提出了更高的要求。它要求采用各种复杂的索引技术，同时由于数据仓库面向的是商业企业的高层管理者，他们会对数据查询的界面友好性和数据表示提出更高的要求。

4) 不断变化

数据仓库中的数据不可更新是针对应用来说的，也就是说，数据仓库的用户进行分析处理时是不进行数据更新操作的。但并不是说，在从数据集成输入数据仓库开始到最终被删除的整个数据生存周期中，所有的数据仓库数据都是永远不变的。

数据仓库的数据是随时间的变化而不断变化的。它的时变特征除前页已述及的三点外，这是数据仓库数据的第四个特征。

4.2.2 数据仓库的基本结构

广义地说，基于数据仓库的决策支持系统由四个部件组成：数据源、数据的存储与管理、联机分析处理以及前端工具。

1. 数据源

数据源是数据仓库系统的基础，是整个系统的数据源泉，通常包括企业内部信息和外部信息。内部信息包括存放于 RDBMS 中的各种业务处理数据和各类文档数据。外部信息包括各类法律法规、市场信息和竞争对手的信息等。

2. 数据的存储与管理

数据的存储与管理是整个数据仓库系统的核心。数据仓库的真正关键是数据的存储和管理。数据仓库的组织管理方式决定了它有别于传统数据库，同时也决定了其对外部数据的表现形式。要决定采用什么产品和技术来建立数据仓库的核心，则需要从数据仓库的技术特点着手分析。针对现有各业务系统的数据，进行抽取、清理，并有效集成，按照主题进行组织。数据仓库按照数据的覆盖范围可以分为企业级数据仓库和部门级数据仓库(通常称为数据集市)。

3. OLAP(联机分析处理)服务器

OLAP 服务器是对分析需要的数据进行有效集成，按多维模型予以组织，以便进行多角度、多层次的分析，并发现趋势。其具体实现可以分为：ROLAP(关系型在线分析处理)、MOLAP(多维在线分析处理)和 HOLAP(混合型线上分析处理)。ROLAP 基本数据和聚合数据均存放在 RDBMS 之中；MOLAP 基本数据和聚合数据均存放于多维数据库中；HOLAP 基本数据存放于 RDBMS 之中；聚合数据存放于多维数据库中。

4. 前端工具

前端工具主要包括各种报表工具、查询工具、数据分析工具、数据挖掘工具以及各种基于数据仓库或数据集市的应用开发工具。其中数据分析工具主要针对 OLAP 服务器，报

表工具、数据挖掘工具主要针对数据仓库。

数据仓库系统的体系结构如图 4-3 所示。

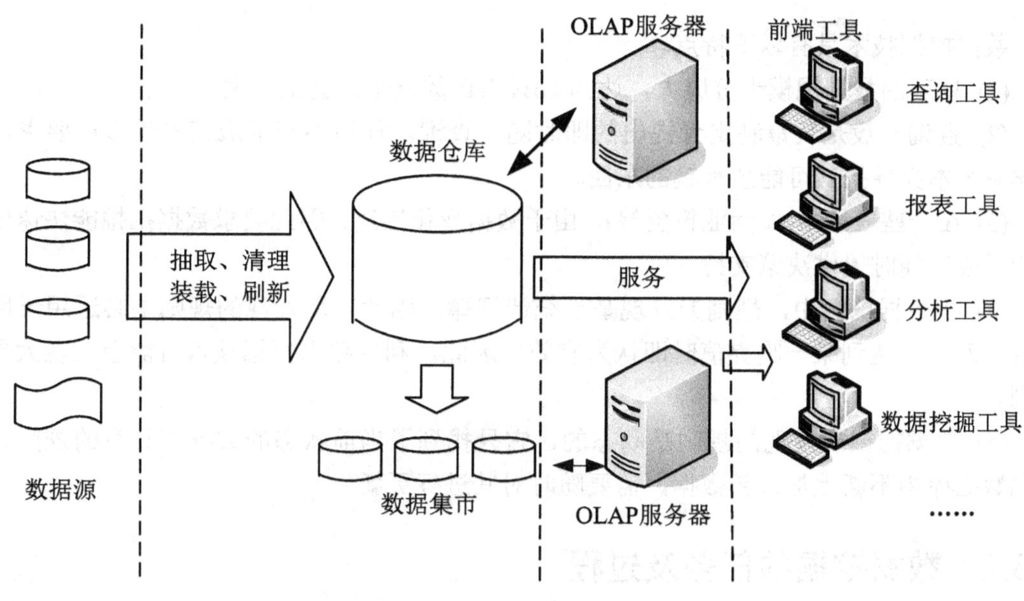

图 4-3　数据仓库系统体系结构

4.3　数据挖掘技术

现代物流系统是一个庞大且复杂的系统，特别是全程物流，包括运输、仓储、配送、搬运、包装和再加工等环节，每个环节的信息量非常大，使企业很难对这些数据进行有条理、有选择性的分析。如何将企业中积累的大量的原始客户数据转化成有用的信息为决策者提供决策支持，已经成为数据库研究中一个很有应用价值的新领域，数据挖掘技术由此应运而生。数据挖掘技术能帮助企业在物流信息管理系统中，及时、准确地搜集有用数据，并对其进行分析，对客户的行为及市场趋势进行有效的分析，了解不同客户的爱好，从而为客户提供有针对性的产品和服务，提升企业的客户满意度，对公司的长远发展有着极大的促进作用。

4.3.1　数据挖掘概述

1. 基本概念

数据挖掘(data ming，DM)就是从大量的、不完全的、有噪声的、模糊的、随机的数据中，提取隐含在其中的、人们事先不知道的，但又是潜在的有用信息和知识的过程。还有很多和这一术语相近的术语，如从数据库中发现知识(KDD)、数据分析、知识抽取、模式分析、数据考古、数据采集、信息收割、商业智能、数据融合以及决策支持等。国内的学者也把 DM 译为数据采掘或数据开采。

2. 主要特点

数据挖掘技术具有以下特点。

(1) 处理的数据规模十分庞大，达到 GB、TB 数据级，甚至更大。

(2) 查询一般是决策制定者提出的即时随机查询，往往不能形成精确的查询要求，需要靠系统本身寻找其可能感兴趣的东西。

(3) 在一些应用中(如商业投资等)，由于数据变化迅速，因此要求数据挖掘能快速做出相应反应以随时提供决策支持。

(4) 在数据挖掘中，规则的发现基于统计规律。因此，所发现的规则不必适用于所有数据，而是当达到某一临界值时即认为有效。因此，利用数据挖掘技术可能会发现大量的规则。

(5) 数据挖掘所发现的规则是动态的，它只找到了当前状态的数据库具有的规则，随着向数据库中不断地加入新数据，需要随时对其进行更新。

4.3.2 数据挖掘的任务及过程

1. 数据挖掘的任务

数据挖掘是数据库研究中的一个新领域，融合了数据库、人工智能、机器学习和统计学等多个领域的理论和技术，把人们对数据的应用从低层次的查询，提升到从数据中挖掘知识、提供决策支持的层级。

从商业角度来看，数据挖掘是一种商业信息处理技术，特点是对商业数据库中的数据进行抽取、转换和分析等，从中提取可用于辅助商业决策的关键数据。数据挖掘的目标是从大量的数据中，发现隐藏于其后的规律或数据间的关系，从而服务于决策。数据挖掘一般有以下几类任务。

1) 分类

分类分析就是通过分析样本数据库中的数据，为每个类别做出准确的描述，或挖掘出分类规则，然后用这个分类规则对其他记录进行分类。

2) 聚类

聚类是把一组个体按照相似性归成若干类别，即“物以类聚”。聚类将没有分类的记录，在不知道应分成几类的情况下，按照数据内在的差异性，合理地划分成几类，并确定每个记录所属的类别。

3) 关联

数据关联是数据库中存在的一类重要的可被发现的知识。若两个或多个变量的取值之间存在某种规律性，就称为关联。关联分析的目的是找出数据库中隐藏的关联网。

4) 预测

预测是根据对象属性之过去观察值来预测该属性之未来值。数据挖掘自动在大型数据

库中寻找预测性信息。

5) 偏差

数据库中的数据常有一些异常记录，称之为偏差。偏差包括很多潜在的知识，如分类中的反常实例、不满足规则的特例等。

2. 数据挖掘的一般过程

数据挖掘过程大体可以分为 4 个步骤：数据准备、数据挖掘、结果的解释和评价、用户界面，如图 4-4 所示。

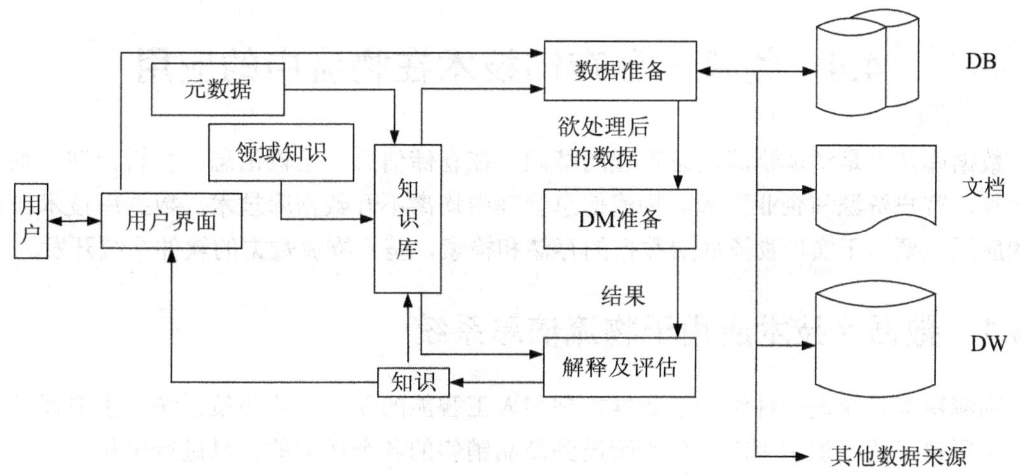

图 4-4　数据挖掘的一般过程

1) 数据准备

数据的选择。搜索所有与业务对象有关的内部和外部数据信息，并从中选择出适用于数据挖掘的应用数据。以物流领域中的仓库管理为例，仓库管理中通常会对货物进行一定的分类，从而有效利用平面，提高空间利用率，同时让工作流程更加高效。在物流上，通常采取 ABC 分类法(即按货物的价值与数量)进行分类。而这些数据多从市场上搜集得来，部分是直接从零售商处取得的。在这种情况下，数据选择应选择那些跟市场销售有更多关联的数据。

数据的预处理。研究数据的质量，为进一步的分析做准备，并确定将要进行的挖掘操作的类型。例如由于某些特殊的原因，导致某产品在特定的短时期内价格有所上升，偏离平时情况。数据预处理则要先把这样的偏离的数据剔走。

数据的转换。将数据转换成一个分析模型。这个分析模型是针对挖掘算法建成的，建立一个真正的适合挖掘算法的分析模型是数据挖掘成功的关键。

2) 数据挖掘

对所得到的经过转换的数据进行挖掘，除了进一步完善挖掘算法外，其余的一切工作都能自动完成。以下一些情况可能影响数据挖掘的效果，就以上述例子为例，出现填写错误的订单；部分重复的订单数据；缺少相应可以实施的功能；挖掘出来的结果缺乏充分的理由；耗时太长等。

3) 结果的解释和评价

解释并评估结果，其使用的分析方法一般应视不同的数据挖掘操作而定。根据最终用户的决策目的对提取的信息进行分析，把最有价值的信息区分出来，并且通过决策支持工具提交给决策者。因此这一步骤的任务不仅是把结果表达出来，还要对信息进行过滤处理，如果不能令决策者满意，需要重复以上数据挖掘过程。

4) 用户界面

用户界面是将分析所得到的知识集成到业务信息系统组织结构中去。

4.4　物流信息存储技术在物流中的应用

数据库技术是实现物流信息管理的基础，在仓储信息、运输信息、物料计划、制造资源计划、客户资源和企业资源等物流信息管理中均离不开数据库技术。数据库技术在物流中的应用主要用于实现物流底层数据的存储和检索，基于物流数据的软件系统开发。

4.4.1　数据库技术应用于物流信息系统

物流决策系统是一种结合了数据挖掘和人工智能的新型经营决策系统，主要通过人工智能对原料采购、加工生产、分销配送到商品销售的各个环节的信息进行采集，并利用数据仓库和数据挖掘对其进行分析处理，确定相应的经营策略。

数据仓库作为数据挖掘的基础，它具有面向主题的、集成的、随时间变化的特性。各个联机事务处理系统作为数据仓库的原始数据源，以文件方式提供企业在日常活动中收集的数据资料和报表，同时还有大量的外部信息等数据。基于数据挖掘的物流信息的体系结构主要由以下几部分组成。

1) 采购进货管理系统

其主要功能是面对供货商的作业，包括向厂商发出订购信息或接收厂商的出货信息、采购决策、存货控制和采购价格管理等信息管理子系统。

2) 销货出货管理系统

其功能是收集客户需求信息、记录客户购买信息、管理销售价格、处理应收货款及退款等业务事项。

3) 库存储位管理系统

该系统包括储存管理、进出货管理、机械设备管理和流通加工等功能子系统，负责相关信息的处理。

4) 财务管理和结算系统

财务管理系统主要功能是对销售管理系统和采购系统所形成的应付、应收账进行会计操作，同时对物流中心的整个业务与资金进行平衡、测算和分析，编制财务报表，并与银行进行转账。结算系统主要功能是利用现有的业务信息管理系统和计算机处理能力，自动

为客户提供各类业务费用信息，为广大物流企业的自动结算提供一套完整的解决方案。

5) 输配送管理系统

该系统包括出货配送管理、运输调度计划和分配计划等功能子系统。

6) 物流分析系统

其主要功能是应用 GIS 技术与运筹决策模型，完善物流分析技术。

7) 物流决策支持系统

此系统的功能是获取内部各系统业务信息，取得外部信息，并结合内部和外部信息编制各种报告，提供分析图表。通过建立决策支持系统，及时地掌握商流、物流、资金流和信息流所产生的信息并加以利用，在数据仓库技术、运筹学模型的基础上，运用数据挖掘工具对历史数据进行多角度、立体的分析，实现对物流中心的资源的综合管理，为决策者提供科学决策的依据。

随着物流信息化水平的提高，物流战略已从内部一体化向外部一体化转变，数据挖掘有效地促进企业的业务处理过程重组，改善并强化对客户的服务，强化企业的资产、负债管理，促进市场优化，加速资金周转，实现企业规模优化，有效地提高企业的竞争力。

4.4.2　数据挖掘技术应用于现代物流

在我国，现代物流是一个新兴的行业。一个关键的问题是虽然伴随着国外物流管理成功经验的传入，很多企业或者专门提供物流服务的 3PL 和 4PL 都意识到了数据挖掘在这个新兴行业中应用的必然趋势和广阔前景，但因现代物流的涵盖之广，如何把数据挖掘应用在其中，发现各方面有意义的知识以供领导决策，仍然是个令多方人士困惑的问题。

数据挖掘是基于数据库和/或数据仓库而进行的，而数据库是基于企业各方面的底层经营资料搭建而成的。数据仓库的组织是面向主题的。现代物流则是一个过程，包含了计划、实施和控制的功能，提供了各种各样的服务。那么，如何将二者结合起来，使数据挖掘技术全面地支撑起其在现代物流中的应用呢？

有一种解决的方法是基于活动的现代物流剖析——ABP(active based paunching)，把现代物流按照其经营活动进行剖析，进而继续细分就可逐渐渗透到企业的底层经营中去，即把物流活动的分析同日常的经营联系起来，从而在现代物流和数据挖掘之间搭建起一座相互沟通的桥梁，这样数据挖掘在现代物流的各个方面都可以得到应用。

依据这种理念，现代物流管理在第一次的剖析中，可以认为包含以下 5 个相互依赖的活动：客户反应、库存计划与管理、供应、运输和仓储。接下来，基于这 5 种活动进行第二次剖析，即：①客户活动剖析；②库存活动剖析；③供应活动剖析；④运输活动剖析；⑤仓储活动剖析。

数据挖掘技术源于物流的直接需求，虽然它在各种领域都存在广泛的使用价值，但是物流领域是数据挖掘的主要应用领域之一。这是因为条形码等技术的发展，物流部门可以利用前端 PC 系统收集、存储大量的进出历史记录、货物进出状况和服务记录等数据。物流业同其数据密集型企业一样积累了大量的数据，这些数据正是数据挖掘的基础。数据挖掘技术有助于识别运输行为，发现配送新模式和趋势，改进运输效率，取得更高的核心竞争力，减少物流成本。同时，我国物流企业已经开始摆脱简单的技术应用阶段，已经从单纯的应用数据库系统和简单 MIS 发展到应用智能决策系统。从传统管理提高到依靠企业市场竞争力的战略角度来实施物流业信息化。然而，在这一过程中，最缺乏的就是对数据的有效利用，即缺乏对数据进行深层次的分析，然后应用分析结果于经营活动中去。数据如果不进行分析，它就只是一种简单的原始数据，不能生成可供企业分析、决策的信息。宏观地说，数据挖掘可以从下面几个方面将各类物流活动进行剖析和相互联系。

(1) 纵览全局，提高物流决策的总体效率。通过分类信息(按货物的种类、数量、地点和日期等)了解每天的运营和财政情况，掌控每一货物的运输成本和库存的变化。在运输货物时，随时检查货物运输结构是否合理，这一点十分重要。

(2) 降低库存成本。通过数据挖掘系统，将运输数据和库存数据集中起来，通过数据分析，决定对哪些货物进行先行发货，以确保合适的库存。数据挖掘系统还可以将库存信息和货物预测信息通过电子数据交换(EDI)系统直接送到客户那里，这样可以定期增加或者减少库存，进而减少自身的负担。

(3) 货物分组布局、运输推荐参照分析。通过从统计记录中挖掘的有关信息，可以发现运输某一种货物的顾客可能运输的其他货物。这类信息可以形成固定的运输推荐，或者保持一定的组合(货物分组布局)，以帮助客户方便地发送货物，打动顾客的心，从而增加营业额。

(4) 市场和趋势分析。利用数据挖掘工具和统计模型对数据库的数据仔细研究，以分析客户的运输习惯和其他战略性信息。通过检索数据库中近年来的物流数据，运用数据挖掘，可以对货物的季节性、运输量、品种和库存等的趋势进行数据挖掘分析，从而可确定风险货物，对物流运作管理做出决策。

(5) 客户细分。客户细分是将消费群体划分为若干小细分群体，同属一个细分群体的消费者彼此相似。客户细分可以使商家以不同的方法区别对待处于不同细分群体中的客户，但这并不意味着服务与质量上的差别。

(6) 交叉盈利。物流企业和客户之间的关系是一种持续不断的发展关系，交叉盈利是建立在业务双方互利原则的基础之上的。客户因得到更多、更好地符合他们需求的服务而获益，企业也因业务增长而获益。在很多情况下，对老客户状况的数据挖掘与对新客户的数据挖掘是一致的。交叉盈利的优势在于，企业可以比较容易地得到关于老客户的比较丰富的信息，大量的数据可以保证数据挖掘的准确性。

本 章 小 结

本章重点讲述的是物流信息存储技术，数据库的产生与发展，数据库系统访问技术，常用数据库简介，数据库设计，数据仓库技术，以及数据挖掘技术的相关知识及其应用。

思　考　题

1．数据库的发展经历了哪几个阶段？

2．数据库系统访问技术有哪几种，其特点分别是什么？

3．简述结构化查询语言的过程。

4．简述企业数据库设计的过程。

5．数据仓库的基本结构有哪些？

6．数据挖掘技术的一般过程是什么？

7．简述数据挖掘的任务。

8．简述数据库技术在现代物流中的应用。

第 5 章　物流信息交换技术

5.1　信息交换技术概述

5.1.1　数据交换概述

1. 数据交换的含义

经编码后的数据在通信线路上进行传输的最简单形式是在两个互连的设备之间直接进行数据通信，但是，直接连接两个设备往往是不现实的，常常是通过有节点的网络来把数据从源地点发送到目的地点，以此实现通信。这些节点并不关心数据内容，只是提供一个交换设备，使数据从一个节点传到另一个节点直至到达目的地为止。交换网络的拓扑结构，如图 5-1 所示。

通常将希望通信的一批设备称为网络站，而将提供通信的一批设备称为节点。这些节点以某种方式用传输链路相互连接起来。每个分支都连接到一个节点上去，把节点集称为通信网络。如果所连接的设备是计算机和终端的话，那么节点集加上一些分支就构成计算机网络。

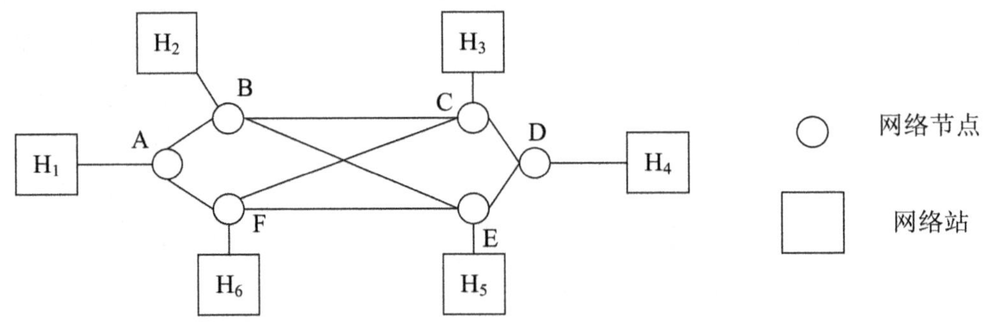

图 5-1　交换网络的拓扑结构

2. 数据交换网络

实现数据通信的交换网有两类：公用交换网和公用数据交换网。

1) 利用公用交换网进行数据交换

在公用交换网上只要附加一些呼叫或应答装置，即可实现用户终端和计算中心设备的数据交换，如图 5-2 所示。

2) 利用公用数据交换网进行数据交换

公用数据交换网要求本身可解决数据交换。在早期的广域网中，数据通过通信子网的交换方式分为两类：线(电)路交换方式和存储转发交换方式，如图 5-3 所示。

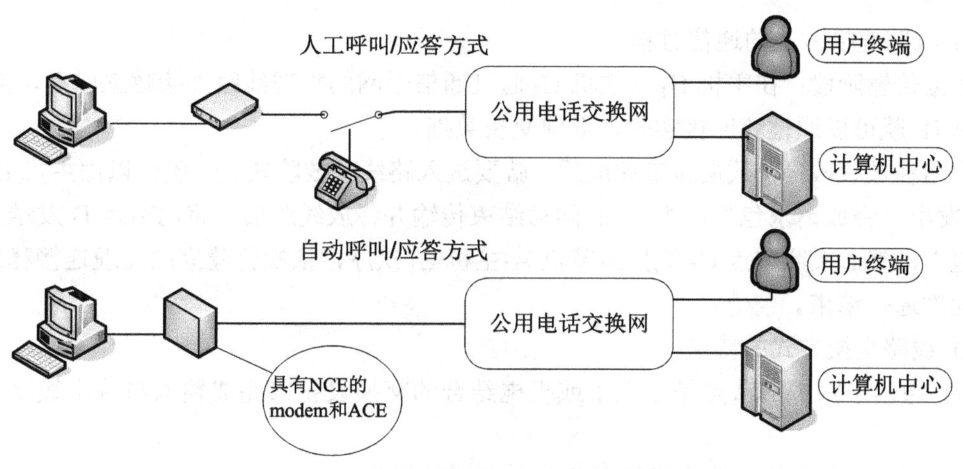

图 5-2 利用公用交换网进行数据交换

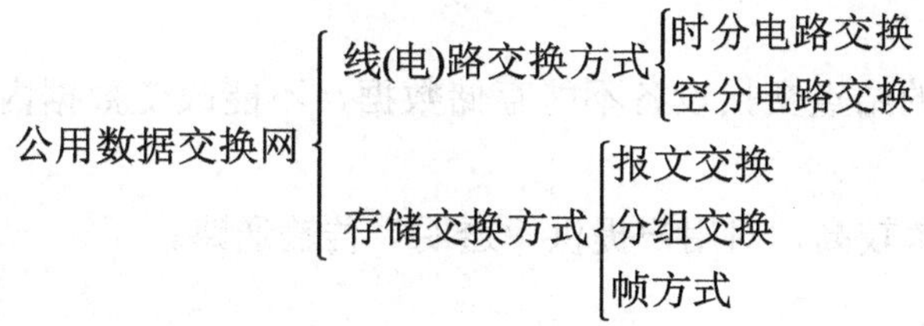

图 5-3　公用数据交换网分类

5.1.2　数据交换方式

1. 线路交换方式

线路交换方式与电话交换方式的工作过程很类似。

两台计算机通过通信子网进行数据交换之前，首先要在通信子网中建立一个实际的物理线路连接，然后再进行数据通信，

在通信中自始至终使用该条链路进行信息传输，而不允许其他计算机和终端同时共享该条链路，如图 5-4 所示。

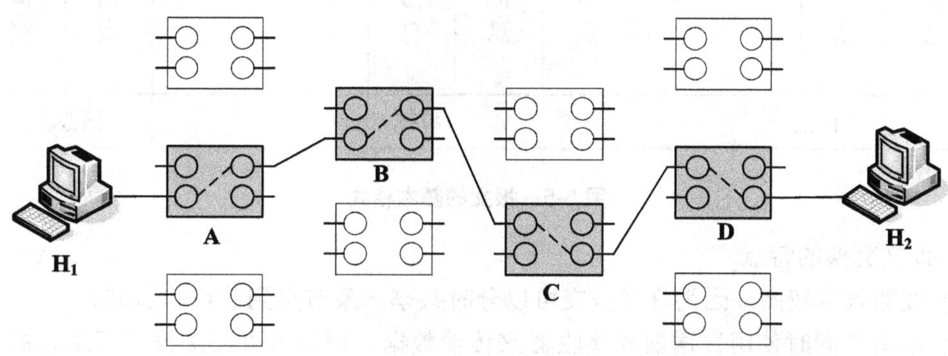

图 5-4　线路交换方式

1) 线路交换方式的通信过程

数据传输阶段：在主机 H_1 与主机 H_2 通过通信子网的物理线路连接建立以后，主机 H_1 与主机 H_2 就可以通过该连接实时、双向交换数据。

线路释放阶段：在数据传输完成后，就要进入路线释放阶段。一般可以由主机 H_1 向主机 H_2 发出“释放请求包”，主机 H_2 同意结束传输并释放线路后，将向节点 D 发送“释放应答包”，然后按照节点 C-节点 B-节点 A-主机 H_1 次序，依次将建立的物理连接释放。这时，此次通信结束。

2) 线路交换方式的特点

(1) 通信子网中的节点是用电子或机电结合的交换设备来完成输入与输出线路的物理连接。

(2) 交换设备与线路分为模拟通信与数字通信两类。

(3) 线路连接过程完成后，在两台主机之间已建立的物理线路连接为此次通信专用，电路利用率低。

(4) 通信子网中的结点交换设备不能存储数据，不能改变数据内容，并且不具备差错控制能力。

(5) 信息传输效率较高，对用户提供“透明”传输通路。

2. 报文交换方式

1) 报文交换的基本原理

报文交换不事先建立物理电路，当发送方有数据要发送时，它把要发送的数据当作一个整体交给中间交换设备，中间交换设备先将报文存储起来，然后选择一条合适的空闲输出线将数据转发给下一个交换设备，如此循环往复直至将数据发送到目的节点。

2) 报文的基本格式

报文的基本格式如图 5-5 所示。

起始标志	信息开始	源节点	目的节点	控制信息	报文信息	……正文……	报文结束	误码检测
信息头			数据部分				信息尾	

图 5-5　报文的基本格式

3) 报文交换的特点

(1) 线路效率较高，因为许多报文可以分时共享一条节点到节点的通道。

(2) 不需要同时使用发送器和接收器来传输数据，网络可以在接收器可用之前，暂时存储这个报文。

(3) 在线路交换网上，当通信量变得很大时，就不能接受某些呼叫。

(4) 报文交换系统可以把一个报文发送到多个目的地。

(5) 根据报文的长短或其他特征能够建立报文的优先权，使得一些短的、重要的报文优先传递，且可以进行速度和代码的转换。

3. 分组交换方式

1) 分组交换的基本原理

分组交换与报文交换的工作方式基本相同，形式上的主要差别在于，分组交换网中要限制所传输的数据单位的长度，一般选 128B。

发送节点首先对从终端设备送来的数据报文进行接收、存储，而后将报文划分成一定长度的分组，并以分组为单位进行传输和交换。接收节点将接收到的分组重新组装成信息或报文。

2) 分组的基本格式

分组的基本格式如图 5-6 所示。

分组头	信息源地址	目的站地址	控制信息	信息编号	分组编号	最末一个信息分组标志	正文	误码检测

图 5-6　分组交换的基本格式

3) 分组交换的实现方式

虚电路方式：两个用户(DTE)在进行通信之前通过网络建立的逻辑上的连接。在同一条物理线路上可以同时建立多个虚电路，包括呼叫建立、数据传输和呼叫释放阶段。

数据报方式：每个分组单独传送，称为数据报，每个数据报都包含源节点和目的节点的地址信息。

二者之间的比较，如表 5-1 所示。

表 5-1　虚电路方式与数据报方式的比较

虚电路方式	数据报方式
I. 传输需连接建立和释放的过程； II. 数据块中仅含少量的地址信息，用户的连续数据块沿着相同的路径，按序到达目的地，接收站点处理方便； III. 如果虚电路中的某个节点或者线路出现故障，将导致虚电路传输失效； IV. 虚电路方式较适合站点之间大批量的数据传输	I. 传输无须连接建立和释放的过程； II. 每个数据报中需带较多的地址信息； III. 用户的连续数据块会无序地到达目的地，接收站点处理复杂； IV. 当使用网状拓扑组建网络时，任一中间节点或者线路的故障不会影响数据报的传输(可以选择不同的路径)，可靠性较高； V. 数据报较适合站点之间少量数据的传输

4) 分组交换的特点

(1) 具有分段差错流量控制功能，传输质量高。

(2) 对线路动态多路复用，传输效率高。

(3) 可在不同种类的终端之间通信。

(4) 服务质量(QOS)可靠，经济性好。

(5) 时延不固定，平均时延较长。

(6) 分组头部增加开销，不适宜传送实时性要求高的数据。

5.1.3 数据交换技术的类型

1. 基于 VAN 的 EDI

所谓增值网(value added network，VAN)，指可提供额外服务(如协议的更改、检错及纠错等)的计算机网络系统。VAN 是目前普遍采用的 EDI 应用模式，它可使不同计算机之间实现数据传输、数据文件转移及远程数据库访问等，克服了“点对点”(point to point)直接专用方式的弊端。基于 VAN 的 EDI 服务安全可靠，贸易伙伴管理交易与确认仲裁技术成熟，在国际贸易、海关通关、交通运输、政府招标、公用事业中应用广泛。但传统的 VAN 本身存在很大缺陷，如贸易伙伴可能选择不同的 VAN，而 VAN 之间因竞争不愿互联，且基于 VAN 的 EDI 操作复杂，服务成本非常高昂，众多 VAN 按传输的比特数收费，中小企业的 SME(small-to-medium enterprises)不可轻易实现，因而限制 EDI 技术的推广应用。同时传统的 VAN 有一致命问题，即其实现了计算机网络下层的联系，相当于 ISO 的物理层、数据链路层及网络层。而 EDI 往往发生于异种计算机的应用软件之间，因此 EDI 软件与 VAN 联系较松散，效率较低。VAN 的中心业务仅将信息从一地传送至另一地，只限于数据交换，因此单纯的 EDI 远远不够。唯有制作图文并茂的电子信息，才可获得事半功倍的商业效应。对传统的 VAN 进行图像传输及变换，无论技术还是成本均无法实现。

2. Web-EDI(Internet)

Wed-EDI 是目前最为流行的 EDI 与 Internet 融合方式，使用 Web 作为 EDI 单证的接口。其目标是允许中小型企业只需通过浏览器和 Internet 连接执行 EDI 交换，此解决方案对 SME 是可行的。

Web-EDI 方式被认为是目前 Internet EDI 中最好的方式。标准 IC 方式的 EDI 不能减少那些仅有很少贸易单证的中小企业的费用，Web-EDI 的目标是允许中小企业只需通过浏览器和 Internet 连接执行 EDI 交换：Web 是 EDI 消息的接口，在典型情况下，其中一个参与者一般是较大的公司。针对每个 EDI 信息开发或购买相应的 Web 表单，改造成适合自己的 IC，然后把它们放在 Web 站点上，此时，表单就成为 EDI 系统的接口。另一个参与者一般为较小的公司，登录到 Web 站点上，选择他们所感兴趣的表单，然后填写它，结果提交给 Web 服务器后. 通过服务器端程序进行合法性检查，把它变成通常的 EDI 消息，此后消息处理就与传统的 EDI 消息处理一样了。

3. 基于 XML 的 EDI

1996 年 11 月波士顿 SGML 世界年会，新一代数据描述语言可扩展标示语言(extensible

markup language，XML)公布于世。XML 是一开放式网络标准，在数据标记、显示风格及超文本链接方面功能强大，可简化互联网与企业网的数据交换。XML 应用所引发的 Web 革命促生新一代的 Internet EDI。

XML 是新一代的互联网信息描述语言，它开放性好，灵活性高，功能强大，并由于允许任何用户根据需要定义用于标识数据的标记(TAG)以及用于解释由此产生的数据的结构和含义的模板(DTD)，极适宜于对结构化的业务数据进行描述与解释，因此得到业界的广泛支持，普遍应用于电子商务领域。XML/EDI 就是将 XML 与 EDI 概念相结合而产生的一项新的 EDI 应用技术，它的核心是用 XML 替代 EDIFACT 语法法则，并将 EDIFACT 基础数据及报文分别映射为 TAG 和 DTD，从而使 EDIFACT 纳入 XML 语境，并使由此产生的业务信息既可用支持 XML 的公共浏览器浏览，又可由支持 XML 的计算机应用处理，因而更易于 EDI 的实施，为中小企业参与 EDI 创造了良好的条件。

XML/EDI 引进了模板概念。模板描述的不是消息的数据，而是消息的结构，以及如何解释消息，能够做到无需编程就可以实现消息的映射。在用户的计算机上，软件代理采用最佳方式解释模板和处理消息，通过软件代理支持的模板，用户可以得到对其环境的最佳集成。如果用户的应用程序实现了 XML/EDI，代理就可以自动完成映射，产生正确的消息。

XMLEDI 着重解决 EDI 最主要的映射问题。XML/EDI 引入模板 Template 概念，模板描述的不是消息的数据，而是消息的结构及如何解释消息，能做到无需编程实现消息的映射。用户容易将文件属性映射至数据结构或对象分级结构中，使在客户端浏览器与数据库间来回传输文件非常可靠，从而解决了 EDI 的最主要问题，即映射于用户计算机上。且软件代理 agent 用最佳模式解释模板与处理信息，若用户应用程序实现了 XMLEDI，则代理可自动完成映射，并产生正确消息。

XML 使 Web 数据结构更易添加数字签名，同时更易对文档或文档的一部分进行加密。W3C(world wide web consortium)数字签名倡议从事的正是 XML 的安全和认证研究。XMLEDI 是对称的 EDI，本身具有操作性，无论大企业还是中小企业均能从中获益。一则是 XML 的结构化和文件类型定义 DTD(document type definition)规范的特点所致；二则是 XML 的多重链接可进一步指定目标找到后的动作。

5.2　EDI 技术

5.2.1　EDI 概述

在供应链过程中，每个供应链成员都要与其贸易伙伴进行通信、交换数据，每天都产生大量的纸张文件。处理纸张文件的低速度、低效率、差错多、非自动化等问题，严重地影响着供应链各环节的效率，于是人们设法用一种电子化的文件来代替纸张文件，即按照贸易伙伴间规定的格式，将纸张文件的内容变成电子文件，然后在贸易伙伴的电子计算机系统之间进行数据交换并自动处理。这就是电子数据交换的雏形。

由于使用这种方法可以减少从生产直到最终消费者过程中的纸面单证，因而又称为

"无纸贸易"。以往全世界每年花在制作文件上的费用达30 000亿美元，所以"无纸贸易"被誉为一场"结构性的商业革命"。

1. EDI的形成和发展

早在20世纪60年代晚期至70年代初期，在EDI这个词尚未出现之前，一些公司在内部各部门之间以专用格式为基础使用了等效的EDI。但是，随着公司对外贸易伙伴以指数速度增长，专用格式的转换费用昂贵，于是一些主要的公司开始制定EDI报文标准。由此，EDI概念产生。

EDI的应用始于20世纪60年代末，最先在美国的航运业使用。1968年，美国运输业许多公司联合成立了一个运输业数据协调委员会(TDCC)，研究开发电子通信标准的可行性。早期EDI是点对点，靠计算机与计算机直接通信完成。

20世纪70年代，随着数字通信网的出现，加快了EDI技术的成熟和应用范围的扩大，出现了一些行业性数据传输标准并建立了行业性EDI。例如，银行业发展的电子资金汇兑系统(SWIFT)；美国运输业数据协调委员会(TDCC)发展了一整套有关数据元目录、语法规则和报文格式，这就是ANSIX12的前身；英国简化贸易程序委员会(SIMPRO)出版了第一部用于国际贸易的数据元目录和应用语法规则。20世纪70年代EDI应用集中在银行业、运输业和零售业。

20世纪80年代，EDI的应用迅速发展，美国国家标准协会(ANSI)与欧洲一些国家联合研究国际标准。1986年，联合国欧洲经济委员会(UN/ECE)下属的第四工作组(WP.4)制定了《用于行政管理、商业和运输的电子数据交换标准》(electronic data interchange for administration，commerce and transport，简称UN/EDIFACT)。依据UN/EDIFACT标准，各企业相互之间通过计算机通信网络进行数据交换与处理，完成以贸易为中心的全部过程。由于使用EDI可以减少甚至消除贸易过程中的纸面文件，因此EDI又被称为"无纸贸易"。

随着增值网的出现和行业性标准逐步发展成通用标准，加快了EDI的应用和跨行业EDI的发展。20世纪90年代出现Internet EDI，使EDI从专用网扩大到因特网，降低了成本，满足了中小企业对EDI的需求。

EDI是现代计算机技术与网络通信技术相结合的产物。它的一个主要目标就是要以最少的人力介入，实现贸易循环，尤其是重复交换中的文件的自动处理，从而减少管理事务，提高管理效率和昂贵的管理费用。EDI自20世纪80年代起得到迅速发展，被广泛地运用于汽车生产、零售、药物、公司设施和食品等领域，政府采购项目中也采用EDI。它是在生产和仓库管理中使用的即时送货系统，以及在食品业和保健业中使用的迅速反应客户需求系统中的重要组成部分。

2. EDI的定义及特点

电子数据交换(electronic data interchange, EDI)是一种利用计算机进行商务处理的方式，在基于互联网的电子商务普及应用之前，曾是一种主要的电子商务模式。EDI是将贸易、运输、保险、银行和海关等行业的信息，用一种国际公认的标准格式，形成结构化的事务

处理的报文数据格式，通过计算机通信网络使各有关部门、公司与企业之间进行数据交换与处理，并完成以贸易为中心的全部业务过程。EDI 包括买卖双方数据交换、企业内部数据交换等。

电子数据交换技术自问世以来，因其技术先进，可大大减少贸易文件及文件处理成本，而受到世界各国的普遍重视，发展迅速。现在，EDI 用户根据国际通用的标准格式编制电文，以机器可读的方式将结构化的信息(如发票、海关申报单、进出口许可证等“经济信息”)按照协议经过通信网络传送，报文接受方按国际统一规定的语法规则对报文进行处理，通过相应的管理信息系统，完成综合的自动交换和处理。EDI 遵循一定的国际标准或行业规则，自动地进行数据发送、传送及处理，不需人工介入，从而实现事务处理或贸易自动化。联合国欧洲经济理事会(UN/ECE)经过多年来的大量工作，于 1987 年公布了一套 EDI 国际标准，命名为 UN/EDIFACT，而国际标准化组织 ISO 为该标准制订了一套语法规则(SYNTAXRUI，ES，ISO9735)。UN/EDIFACT 是联合国推荐的用于行政、商业和运输业的电子交换标准报文格式。EDI 技术发展的重点任务之一是统一报文格式。目前，UN/EDIFACT 标准已占据全球 EDI 标准的主导地位。

EDI 的特点主要有以下几方面。

(1) EDI 的使用对象是不同的组织，EDI 传输的企业间的报文，是企业间信息交流的一种方式。

(2) EDI 所传送的资料是一般业务资料，如发票、订单等，不是一般性的通知。

(3) EDI 传输的报文是格式化的，是符合国际标准的，这是计算机能够自动处理报文的基本前提。

(4) EDI 使用的数据通信网络一般是增值网、专用网。

(5) 据传输由收送双方的计算机系统直接传送、交换资料，不需要人工介入操作；EDI 与传真或电子邮件的区别是传真与电子邮件需要人工的阅读、判断和处理才能进入计算机系统，人工将资料重复输入计算机系统中，既浪费人力资源，也容易发生错误，而 EDI 不需要再将有关资料人工重复输入系统。

3. EDI 的成本与效益

EDI 的成本主要包括硬件成本、软件成本、通信成本，以及其他如人员培训、系统维护等成本。

EDI 的效益主要有：显著降低往来商业文件处理的人工费用；降低纸张作业相关费用；缩短从订货到支付的周期；提高作业效率，降低作业成本，提高企业获益率；提高顾客满意度；提供新的合作机会；提升公司形象；增强企业竞争力等。

4. EDI 的发展趋势

EDI 在实施的过程中存在一些障碍，概括起来就是技术、成本以及习惯等问题。具体主要表现在：系统整合费用较高，中小企业多存观望态度；传统的 EDI 对用户的要求较高，语法规则也过于复杂，企业技术人员对 EDI 掌握起来较为麻烦，推广应用较难；企业计算机化程度较低；传统作业的习惯，如无法放弃对于纸张的依赖等。

随着 Internet 的普及和应用，EDI 的发展呈现如下趋势：传统 EDI 向开放式 EDI 转变；专网 EDI 向基于因特网的 EDI 转变；应用从大企业向中小企业发展等。

5.2.2 EDI 系统

1. EDI 系统的构成

EDI 由计算机应用系统、通信网络和 EDI 标准构成。计算机应用系统是实现 EDI 的前提条件，通信网络是 EDI 实现的基础，EDI 标准化是实现 EDI 的关键。这三方面相互衔接、相互依存，构成 EDI 的基础框架。

1) 计算机应用系统

(1) 硬件。

PC 机、工作站、小型机和主机都可以作为实施 EDI 的计算机平台。可以选择以下四种不同方式实施 EDI。

① 只使用一台 PC 机，在 PC 机上运行所有的 EDI 软件，使其实现全部 EDI 功能。

② 只使用一台主机或小型机，在主机或小型机上运行所有的 EDI 软件，使其实现全部的 EDI 功能。

③ 将 PC 机作为主机的前端处理器。发送 EDI 报文时，先从主机里取出所需的数据，将这些数据传向 PC 机，在 PC 机上将这些数据生成符合 EDI 标准的格式并发送出去。

④ 使用一台中型机平台以及专门化的 EDI 软件建立专用的 EDI 系统。专用的 EDI 软件把 EDI 活动和用户自己的计算机应用系统一体化。

(2) 软件。

EDI 软件是在用户计算机系统上实现 EDI 功能的计算机应用程序，这些程序具有模块化和层次化的特点，并提供与用户应用程序的接口，方便用户自己开发与 EDI 相关的应用程序的嵌入和集成，同时也可以与用户计算机系统中实现其他业务功能的应用程序集成。

EDI 软件的主要作用是将用户数据库系统中的信息，翻译成 EDI 的标准格式以供传输交换。由于不同行业的企业根据自身业务特点来规定数据库的信息格式，因此当需要发送 EDI 报文时，需要将从企业专有数据库中提取的信息，翻译成 EDI 的标准格式才能进行传输。EDI 软件主要包括转换软件、翻译软件和通信软件。

EDI 转换软件的作用是帮助用户将原有计算机系统的文件信息，转换成翻译软件能够理解的平面文件(flat file)，或是将从翻译软件接收到的平面文件，转换成用户计算机系统中的文件。翻译软件将平面文件翻译成 EDI 的标准格式，或将接收到的 EDI 标准格式翻译成平面文件。翻译软件可以说是 EDI 软件的核心。

翻译软件首先检查报文和批处理报文的顺序号和地址，并产生确认信息，然后根据一定的翻译规则、语法、数据字典，将这些信息译成连续的数据流，通过通信协议，将信息包封后进行传送。翻译软件可利用图表和菜单方式对非格式化的 EDI 报文进行 EDI 格式的映射和翻译，由系统传送到指定的接受者的 EDI 信箱，或从用户 EDI 信箱中取回 EDIFACT。

通信软件是将通过翻译软件翻译的标准格式的 EDI 文件外层加上通信信封(envelope)，再传送到 EDI 系统交换中心的邮箱(mailbox)中，或由 EDI 交换中心将接收到的 EDI 格式文件从 EDI 信箱中取出。

2) 通信网络

EDI 方式传输的是电子数据，替代纸面单证的邮政投递过程的是电子通信网络。如果是通过电话线路传输信息，需要使用调制解调器进行信号的调制和解调，完成模拟信号和数字信号之间的转换。如果对传输时效及资料传输量有较高要求，也可以组建自己的网络并租用电信专线实现数据传输，以提高传输的稳定性和快捷性。目前 EDI 的通信网络有使用专网的方式，也有利用互联网方式。

目前 EDI 的通信方式有以下几种。

(1) 点对点方式。

点对点的方式适用于贸易量较少、贸易方不多的情况下。双方都通过安装在各自计算机系统上的 EDI 软件进行 EDI 文件处理，并以点对点的方式与对方计算机系统传输 EDI 文件。这种方式具有较强的地理位置灵活性，但不提供信息的缓冲处理，要求双方在通信往来时进行即时数据交换。

(2) 一点对多点方式。

一点对多点方式适用于较大型企业的分支机构与总部联系的结构，在小范围内，总部通过计算机系统与各分支机构的计算机系统进行 EDI 文件处理和传输。数据传输将以总部为中心，进行各分支机构的数据集中处理，从而便于了解各分支机构的状况，使企业及时做出反应。

(3) 多点对多点方式。

多点对多点方式适用于企业与贸易伙伴间的通信，常与一点对多点方式结合。双向的信息传递增加了信息的反馈。

(4) 增值网络方式。

随着贸易伙伴的增多，当多家企业直接利用计算机通信时，会出现由于通信协议不同以及工作时间不易配合等问题，造成极大的不协调。为此许多 EDI 用户逐渐采用第三方网络与贸易伙伴通信，借助于第三方的设备进行不间断的信息传输，这种第三方网络就称为增值网络(value added network，VAN)。

EDI 的通信机制是信箱间信息的存储和转发，通信双方申请各自的信箱。双方的通信过程就是把文件传到对方的信箱中，或者从自己的邮箱中取出对方投递过来的文件。增值网络在 EDI 中，就好像通信双方的一个邮局。增值网络为通信双方提供单独的 EDI 邮箱，维护发送方和接收方的邮箱，提供信息的存储、转发、通信、协议转换、格式转换和安全管制等服务，并为用户提供极大的信息缓冲能力。用户通过增值网络传送 EDI 文件时，可以大幅度降低企业双方相互传送资料的复杂程度和困难，保证信息的有效存储和可靠传递，大大地提高了 EDI 的效率，如图 5-7 所示。

3) EDI 标准

在整个 EDI 发展的进程中，“标准”扮演了非常重要的角色。可以这样说，如果没有

EDI 的标准，也就没有 EDI 蓬勃发展的今天，EDI 标准的不断发展，又带动着 EDI 进入更高的应用阶段。

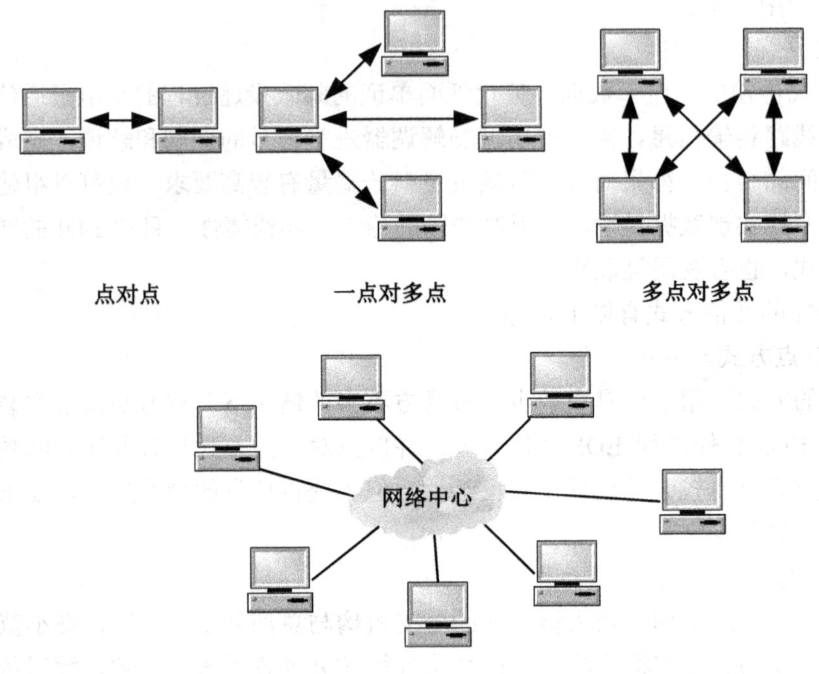

图 5-7 EDI 的通信方式

2. EDI 系统的工作方式

EDI 整个过程无需人工介入或以最少的人工介入，以达到无纸化完成数据交换。EDI 的具体工作方式如图 5-8 所示。用户在现有的计算机应用系统上进行信息的编辑处理，然后通过 EDI 转换软件(mapper)将原始单据格式转换为平面文件(flat file)。平面文件是用户原始资料格式与 EDI 标准格式之间的对照性文件，它符合翻译软件的输入格式，通过翻译格式变成 EDI 标准格式文件。最后，在文件外层加上通信交换信封填充，通过通信软件送到增值服务网络(VAN)或直接传给对方用户。对方用户则进行反向处理，最后转换为用户应用系统能够接受的文件格式，并进行收阅处理。

1) 映射(mapping)

用户应用系统通过 EDI 转换软件，将编辑好的单证或者从数据库中提取的数据，映射成一种标准的 EDI 平面文件，这种过程称为映射。还可以将平面文件映射成为用户应用系统可以识别的单证及数据库存储的数据文件。

平面文件是用户通过应用系统直接编辑、修改和操作的单证与票据文件，可直接阅读、显示和打印输出。

2) 翻译(translator)

翻译是指平面文件转换成 EDI 标准格式文件。EDI 标准格式文件，就是 EDI 电子单证。平面文件通过 EDI 翻译软件被翻译生成 EDI 标准格式文件。EDI 标准格式文件是一种计算

机可读文件，是按照 EDI 标准的要求，将平面文件中的目录项，加上特定的分割符、控制符和其他信息，生成的一种包括控制符、代码和单证信息在内的机器可读文件，一般被称为 EDI 标准报文。

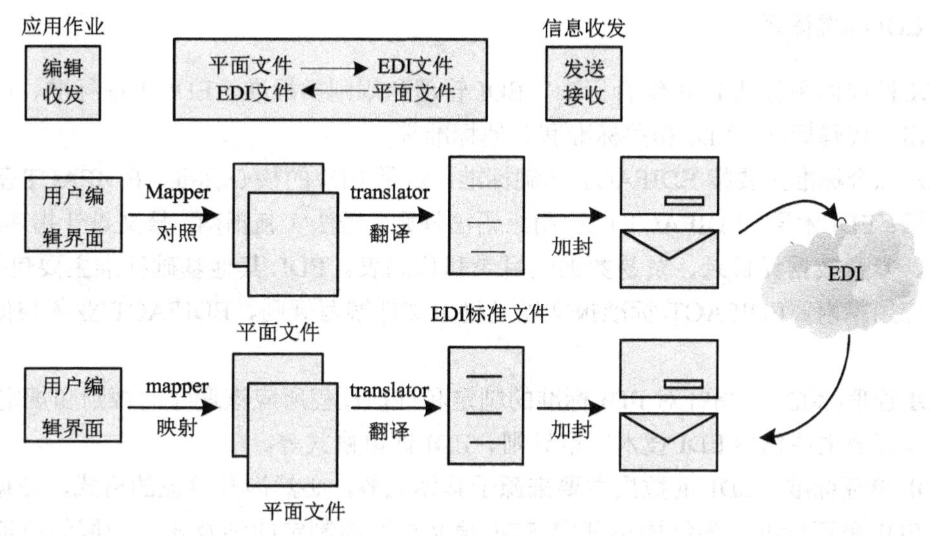

图 5-8 EDI 工作方式示意图

3) 传输通信

传输通信是 EDI 文件的发送、接收和处理。这个过程由计算机通信软件完成。发送时，用户通过通信网络，接入 EDI 信箱系统，将 EDI 电子单证投递到对方的信箱中。EDI 信箱系统则自动完成投递和转接，并按照 X.400(或 X.435)通信协议的要求，为电子单证加上信封、信头、信尾、投送地址、安全要求及其他辅助信息。接收时用户通过通信网络接入 EDI 信箱系统，打开自己的信箱，将 EDI 标准格式文件接收到自己的计算机中，经格式校验、翻译、映射，还原成应用文件，最后对应用文件进行编辑、处理和回复。在实际应用中，这些操作过程都是由 EDI 系统为用户提供的 EDI 应用软件包完成，包括了应用系统、映射、翻译、格式校验和通信连接等全部功能。这种处理过程都由双方的 EDI 系统和双方进行交换的 EDI 中心自动完成，用户可看作是一个“黑匣子”，不需要了解关心过程内的具体操作。

5.2.3 EDI 标准

EDI 之所以能够在较短的时间内被广泛地接受和使用，除了在世界范围的计算机的应用普及和网络技术的迅速发展等因素外，最重要的一点就是 EDI 标准的及时制定，以及这套标准的结构化具有较大的通用性、兼容性和较高的严谨性。

EDI 方式交换数据时，是利用现有的计算机及通信网络，按照统一规定的一套通用标准格式，将数据结构化后，以报文为载体，再在报文上加通信信封，通过通信网络在参与方的计算机系统之间传输。

在 EDI 交换中，报文相当于文章，段如同文章的章节，复合数据元像是词组，数据元和代码则如单字，它们通过语法规则、报文设计指南与规则组合在一起，叙述不同目的的业务内容。

1. EDI 标准体系

EDI 标准体系包括 EDI 综合标准、EDI 管理和规则类标准、EDI 单证标准、EDI 报文标准、EDI 代码标准、EDI 相关标准和其他标准等。

EDI 综合标准主要指 EDIFACT 基础标准，这是 EDI 的核心标准。EDIFACT 基础标准主要包括：EDI 术语、EDIFACT 的应用级语法规则、语法实施指南、报文设计指南与规则、段目录、复合数据元目录、贸易数据元目录和代码表。EDI 其他基础标准主要包括：EDI 标准化应用指南、EDIFACT 标准报文以及目录文件编写规则、EDIFACT 业务与信息建模框架等。

EDI 管理标准：是指针对 EDI 标准的制定和维护过程所应该遵守的规则和规定。目前，EDI 管理标准主要包括 EDI 技术评审导则、EDI 评审格式等。

EDI 单证标准：EDI 的数据主要来源于具体业务，必然涉及单证的格式、数据区域等内容。EDI 单证标准是为纸面单证向 EDI 报文过渡而制定的涉及各个领域的单证格式标准。实施 EDI 首先要进行单证标准化，达到业务重组的目的。

EDI 报文标准：EDI 的数据载体就是报文，所有数据都利用报文传输。EDIFACT 报文涉及行政管理、商业和运输业三大领域。迄今为止，由 UN/ECE/WP.4 制定的报文标准已有近 200 个。

在 EDI 工作环境中，所有数据的传输都是以报文的形式发出或接收。EDI 报文标准是 EDI 标准的实质内容。原先纸面单证所描述的结构需要对应某报文的结构转换为平面文件，相应的内容尽可能地使用代码形式描述，应用特定的语法规则由计算机编制为字符串，再发送交换；或根据相同的报文结构以相反的方向接收、转换数据。因此，对于在采用 EDI 方式作业的环境中，它是标准化方面最重要的内容之一，即任何数据都必须转换为报文的格式才能进行传输。

EDI 体系表如图 5-9 所示。

2. UN/EDIFACT 标准报文

1) EDI 交换(interchange)

EDI 交换是以报文和服务段的结构化集合形式在伙伴间进行的通信。

2) EDIFACT 报文结构

如前文所述，EDI 报文相当于文章，段如同文章的章节，复合数据元像是词组，数据元和代码则如单字，它们通过语法规则、报文设计指南与规则组合在一起，叙述不同目的的业务内容。EDI 报文的结构如图 5-10 所示。

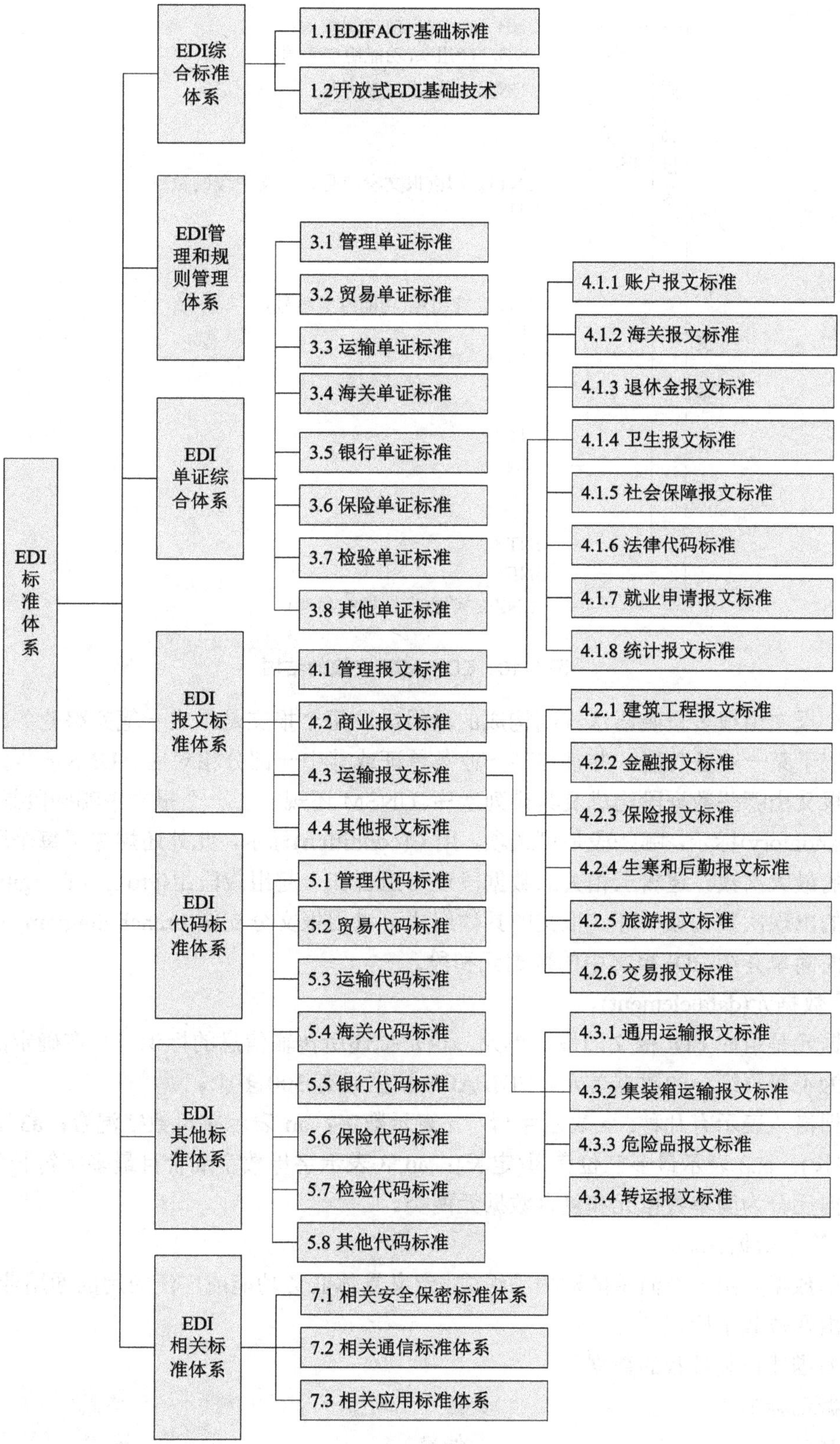
EDI标准体系
EDI综合标准体系
1.1EDIFACT基础标准
1.2开放式EDI基础技术
EDI管理和规则管理体系
EDI单证综合体系
3.1 管理单证标准
3.2 贸易单证标准
3.3 运输单证标准
3.4 海关单证标准
3.5 银行单证标准
3.6 保险单证标准
3.7 检验单证标准
3.8 其他单证标准
EDI报文标准体系
4.1 管理报文标准
4.1.1 账户报文标准
4.1.2 海关报文标准
4.1.3 退休金报文标准
4.1.4 卫生报文标准
4.1.5 社会保障报文标准
4.1.6 法律代码标准
4.1.7 就业申请报文标准
4.1.8 统计报文标准
4.2 商业报文标准
4.2.1 建筑工程报文标准
4.2.2 金融报文标准
4.2.3 保险报文标准
4.2.4 生寒和后勤报文标准
4.2.5 旅游报文标准
4.2.6 交易报文标准
4.3 运输报文标准
4.3.1 通用运输报文标准
4.3.2 集装箱运输报文标准
4.3.3 危险品报文标准
4.3.4 转运报文标准
4.4 其他报文标准
EDI代码标准体系
5.1 管理代码标准
5.2 贸易代码标准
5.3 运输代码标准
5.4 海关代码标准
5.5 银行代码标准
5.6 保险代码标准
5.7 检验代码标准
5.8 其他代码标准
EDI其他标准体系
EDI相关标准体系
7.1 相关安全保密标准体系
7.2 相关通信标准体系
7.3 相关应用标准体系

图 5-9　EDI 标准体系

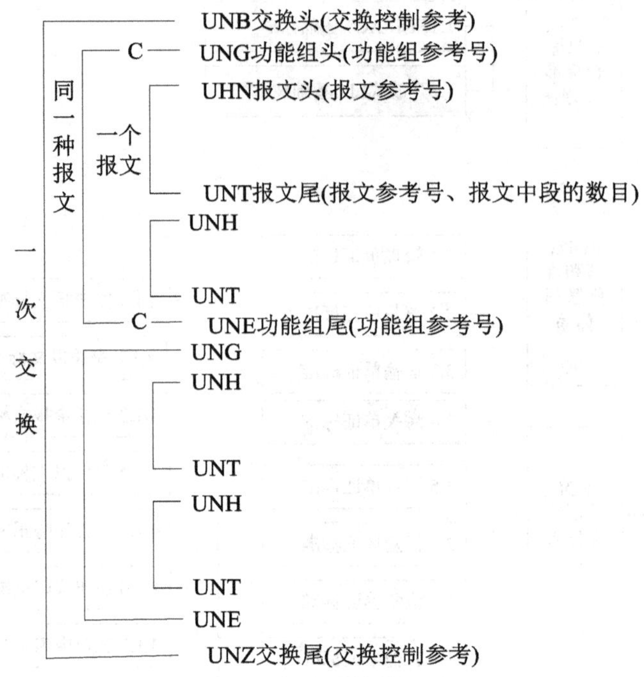

图 5-10　EDIFACT 交换的结构

一个报文由很多按照语法规则构成的段组成。每个报文是组成一笔完整业务的信息载体，适应于某一业务功能，并且与某一业务单证或其中一部分相对应。UNSM 规定了一个具体的报文由哪些数据段构成及其排列次序。UNSM 还规定了一个报文中哪些段是必选项，用 M(mandatory)标示，哪些段是可选项，用 C(condition)标示，此外还规定了每个段可以重复出现的最大次数。逻辑上相关的数据段还可组合在一起组成段组(group of segment)，并以段组的出现次数构成循环。报文的具体组成可以用报文分支图(branch diagram)来表示。

下面简单介绍 EDI 报文中的数据元和段。

(1) 数据元(data element)。

数据元是组成 EDI 报文的最小单元，也是描述所传输信息的标识，是在确定的上下文中被认为不可再细分的数据单元。EDIFACT 数据元有 300 多个。

数据格式表示有几种：a 表示字母；n 表示数字；an 表示字母数字混合；a3 表示三位字母(定长)；a..3 表示最多三位字母(定长)；an..3 表示字母数字混合且最多字符长为 3。

数据元分为简单数据元和复合数据元两类。

① 简单数据元。

简单数据元由一个简单的数据项组成，定义具体业务功能或广泛应用的通用业务功能，数据元由四位数字标识。

例如描述包装件数的数据元：

数据元标记	数据元名称	格式
7224	件数	n...8
8323	运输状态，代码型	an..3

EDIFACT 报文结构如图 5-11 所示：

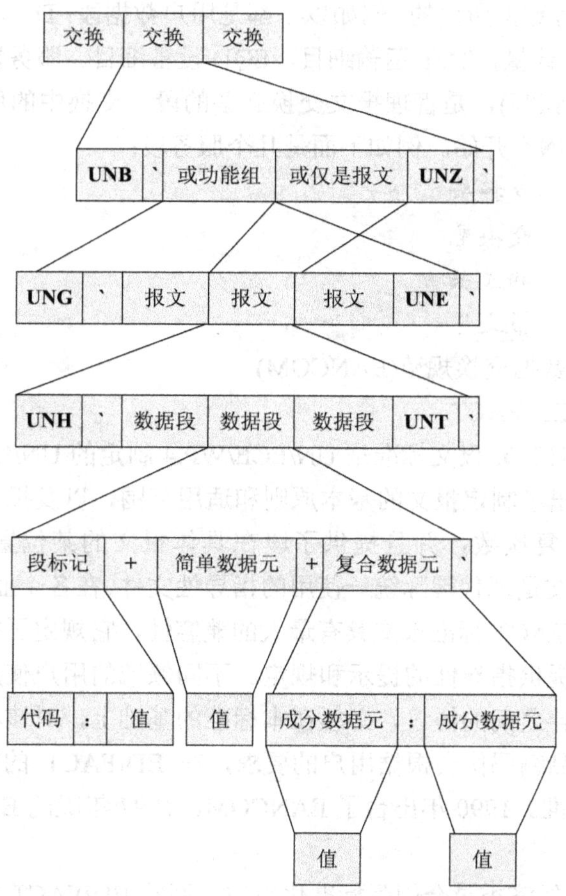

图 5-11　EDIFACT 报文结构

② 复合数据元。

复合数据元由几个简单数据项组成，其中每个数据项称为成分数据元。复合数据元以结构化方式表示相关信息。它由四位字母数字组成，第一位是字母，后三位是数字。当第一位字母是“c”时，表示为用户复合数据元；当第一位字母是“s”时，表示为服务复合数据元。在复合数据元中还规定了成分数据元的状态，即是为必备型的“M”状态，还是条件型的“C”状态。

例如：

数据元标记	数据元名称	格式	状态
C507	日期/时间/期限		M
2005	日期/时间/期限限定符	an..3	M
2380	日期/时间/期限	an..35	C
2379	日期/时间/期限格式限定符	an..3	C

(2) 段(segment)。

段是 EDI 报文中信息媒体的单元，是一组功能相关的数据元标识的集合，并预定了数据元的值。段有用户数据段和服务数据段两种。用户数据段包含业务数据(例如数量、价值等)，是为用户传输业务数据所用的。例如以下都是用户数据段：DTM 日期/时间/期限，LOC 地点/位置标识，MEA 计量，TDT 运输细目，EQD 设备细目。服务数据段包含服务数据元(例如发送方、报文标识等)，是管理报文交换必备的段。交换中的所有服务段都应以专为此保留的两个字母“UN”开始。例如下面是几个服务段：

UNB　　交换头
UNZ　　交换尾
UNH　　报文头
UNT　　报文尾

3) 流通领域电子数据交换规范(EANCOM)

(1) EANCOM 与 EDIFACT。

目前，国际通用的 EDI 报文标准是 UN/ECE/WP.4 制定的 UN/EDIFACTUNTDID 中的报文标准。它主要给出了制定报文的基本原则和适用范围，以及报文中段的嵌套结构、段的状态、段的最大重复次数，并且提供了段在具体报文的某位置上所能描述的内容。UN/EDIFACT 标准报文是现代国际统一使用的指导性文件，在各个业务领域均具有通用性。正因为如此，UN/EDIFACT 标准报文具有最大的兼容性，它规定了报文最大容量的基本框架结构，没有对使用提供指导性的提示和规定。不同领域的用户使用时，应根据具体业务需求或依据与贸易伙伴之间的协议，必须在本标准的基础上，对该标准的条件性内容进行适当的删减。国际物品编码协会根据用户的要求，在 EDIFACT 的基础上开发了一个国际性的、实用的 EDI 标准。1990 年出台了 EANCOM，1997 年版的 EANCOM 为该标准的第四版。

EAN 组织与欧洲经济委员会国际标准化组织、西欧 EDIFACT 委员会以及一些行业的 EDI 组织保持着密切的合作，因此 EANCOM 的内容较好地描述了商业贸易过程中各环节的具体业务内容，EANCOM 在商业 EDI 的应用中起着举足轻重的作用。应用户的需求，EANCOM 报文也从交易类开发到金融类、运输类等。虽然 EANCOM 中引用了一些自己特定的原则，但是它完全符合 EDIFACT 的规则，并与 EDIFATC 的报文兼容，是 EDIFACT 的实用的、可操作性较高的子集。尤其是在零售业，EANCOM 有广泛的影响。欧洲与亚洲乃至美洲的许多国家直接采纳 EANCOM 作为商业 EDI 的标准，一些软件开发商更是将其作为软件开发的依据。EANCOM 的内容详细、严谨，因而在全球范围内得到了广泛采用。

(2) EANCOM 的组成。

EANCOM 的第一部分为 EANCOM 与 EDIFACT。在这部分解释了 EANCOM 的目标、组成，EDIFACT 内容的综述，以及 EANCOM 编码标识系统的标准内容、特定规划等。第二部分为报文，包括交易类、运输类和通用服务类报文 40 多个。第三部分为数据元和代码目录，给出了 EANCOM 报文涉及的 EDIFACT 数据元与代码表中的内容，以及 EANCOM 自己制定和负责维护的代码。在 EANCOM 中，标识物品时，推荐使用 EAN 物品编码；标识位置、部门时建议使用 EAN 位置码。

EANCOM 的报文根据具体业务的需求，依据 EDI 报文设计指南的规则对一些不常使

用的 UN/EDIFACT 报文中的条件型段和段组做了删减，并以完整的文本形式详细地给出了报文各段描述的内容，以及必备型和条件型的段、段组的最大重复次数，并且给出了相应的使用说明、解释、使用建议和具体示例，提供了数据元适用的代码，包括适用的 EAN 代码。因此，可操作性较强，内容详尽，比较实用，无论是 EDI 软件开发者还是 EDI 终端用户都能够较好地理解和使用。

我国 EDI 用户还处于起步阶段，标准的编制如果仅有 EDIFACT 报文的内容，用户将难以深入理解和正确实施 EDI 报文。EANCOM 报文对于条件型段、段组依据实际业务需求做了删减，并把条件型细化为几种具体形式。这样，报文用户既可直接使用 EANCOM 报文，也可依据 EANCOM 报文的裁减和细化的方式，根据自己的业务需求或与贸易伙伴之间的协商条件进一步裁减、细化报文，使之更贴近实用。因此，EANCOM 报文还具有报文裁减和细化的提示或示范的作用，对于起草国家 EDI 报文标准具有较高的参考和指导价值。

4) EDIFACT 标准报文举例

在 UN/EDIFACT 报文目录中，列出了现有的所有报文类型，以六个英文字母作为唯一标识，报文类型标识区分了这一报文适用于某种类型的事务处理。下面是一个报文类型举例，以了解报文的内容和形式。

在贸易过程中，发票是关键单证之一。下面是发票的报文，包含了实际纸面发票中的所有信息，左边栏中是报文数据，右边是对报文的描述，表 5-2 为报文类型举例。

表 5-2　报文类型举例

报文数据	对报文的描述
UNH+1002+:INVOIC:96:UN:CSBTS’	报文头，报文参考号 1002
BGM+380+950S274F’	发票号 950S274F
DTM+137:19950424:0930:203’	报文发送时间 1995 年 4 月 24 日 9 点 30 分
DTM+137:19950424:102’	发票日期 1995 年 4 月 24 日
IMD+F:DRYWALLSCREYS (BLACK PHOSPHATE)’	商品为墙壁紧固体
FTX+TDX+1+SHIPMENT FROM SHANGHAI TO HAMBURG BY VESSEL THEN WITH TRANSIT TO TEPLICE’	运输从上海至汉堡转至 TEPLICE，用轮船
FTX+PAG+1+1000PCS.BOX(NOPRINT),INTO CARTONS，　ON PALLETS’	包装信息：一盒装 1000 个墙壁紧固件(盒上不标)。用箱子包装放于托盘上
DTM + 270: BEFORE THE END OF APRIL，1995’	运输期限是 1995 年 4 月 24 日
RFF+CT:95GS1472035CZ-F’	合同号 95GS1472035CZ-F
NAD+II+GHINANATIONAL METAL PRODUCTS IMPORT &: EXPORT CO BLDG.15，BLOCK4，: BEIJING: CHINA’	卖方名称地址
CTA+AE’	合同联系人
COM+010−64916967+TE’	电话 ×××
COM+010−74916967+FX’	传真 ×××

续表

报文数据	对报文的描述
COM+22864 MIMET CN+TL’	电报 ×××
NAD+IV+FOSTA P.S.O’	买方姓名
COM+001-909-8601201+TE’	电话 ×××
COM+001-909-8602080+FX’	传真 ×××
CUX+1:USD:4’	发票货币为美元
PAT+1++95:3:D:30’	自提单日起 30 日内到期的付款条件
PAI+153:GB’	信用证付款
TDT+20++1+13’	远洋运输船
LOC+5+:139:SHANGHAI’	启运地点是上海
LOC+8+:TEPLICE’	目的地是 TEPLICE
LOC+3+CIF’	交货条是 CIF
PAC+25++PE’	货物包装 25 个托盘
MEA+WT++KGM:18798’	货物总重量为 18 798 千克
PCI+23+4579:FORSTA:HAMBURG/TEPLICE:1-25’	整张发票的运输标志
GIN+AT+1-25’	运输包装组码 1～25
LIN+1’	第一种规格
IMD+F:M3.5X25’	型号
QTY+47:4330.000：MPCS’	数量 4320.000 千件
MOA+146:4.100’	单价 4.100 美元
MOA+203+17712.100’	该项金额 17 712.00
LIN+2’	第二种规格
IMD+F+++:::M3.5X55’M3.5X55’	型号
QTY+47:48000.000：MPCS’	数量 48 000.000 千件
MOA+146:5.100’	单价 5.100 美元
MOA+203+24480.00’	该项金额 24 480.00
LIN+3’	第三种规格
IMD+F:M3.5X55’M3.5X55’	型号
QTY+47:960.000：MPCS’	数量 960.000 千件
MOA+146:8.029	单价 8.029 美元
MOA+203+7707.84’	该项金额 7707.84
UNS+S’	细目节与汇总节分隔符
CNT+2:3’	报文中分项数量为 3
CNT+8:10080.000：MPCS’	货物散件总数 10 080.000 千件
CNT+7:18798：KGM’	总毛重 18 798 千克
CNT+11:25：PE’	货物包装总件数 25 个托盘

续表

报文数据	对报文的描述
MOA+39:49899.84：USD’	总金额：49 899.84 美元
UNT+52:1002’	报文结束，该报文共有 52 个段，报文参考号为 1002

5.3　物流信息交换技术在物流管理中的应用

5.3.1　应用概述

1. 物流公司的 EDI 应用

物流公司是供应商与客户之间的桥梁，它对调节产品供需、缩短流通渠道、解决不经济的流通规模及降低通信成本有极大的作用。

物流公司引入 EDI 可改善作业流程。物流公司引入 EDI 出货单后可与自己的拣货系统集成，生成拣货单，这样就可以加快内部作业速度，缩短配货时间；在出货完成后，可将出货结果用 EDI 通知客户，使客户及时知道出货情况，也可尽快处理缺货情况。

对于每月的出货配送业务，物流公司可引入 EDI 催款对账单，同时开发对账系统，并与 EDI 出货配送系统集成来生成对账单，从而减轻财务部门每月的对账工作量，降低对账的错误率，以及减少业务部门的催款人力。

除改进数据传输及改善作业流程外，企业可以用 EDI 为工具进行企业再造。

2. 制造商的 EDI 应用

制造商与其交易伙伴间的商业行为大致可分为接单、出货、催款及收款作业，其间往来的单据包括订购单、出货单、催款对账单及付款凭证等。

引入 EDI，可直接接收客户传达来的 EDI 订购单报文，不需要为配合不同供应商而使用不同的电子订货系统；不需要重新输入单据，节省人力和时间，同时减少人为错误。

EDI 可改善企业作业流程。若订单以 EDI 方式传送就不需要重新输入，从而节省订单输入人力，同时保证了数据的正确；开发核查程序，核查收到订单是否与客户的交易条件相符，从而节省核查订单的人力，同时减低核查的错误率；与库存系统、拣货系统集成，自动生成拣货单，加快拣货与出货速度，提高服务质量。

在出货前事先用 EDI 发送出货单，通知客户出货的货品及数量，以便客户事先打印验货单并安排仓位，从而加快验收速度，节省双方交货、收货的时间；EDI 出货单也可供客户与内部订购数据进行比较，缩短客户验收后人工输入计算机数据的时间，减少日后对账的困难；客户可用出货单验货，使出货单成为日后双方催款对账的凭证。

对于催款结账单采用 EDI 方式，开发对账系统，并与出货系统集成，从而减轻财务部门每月对账的工作量，降低对账错误率，减少业务部门催款的人力和时间。

实现了与客户的对账系统后，可考虑引入银行的EDI转账系统。由银行直接接收EDI汇款，再转入制造商的账户内，这样即可加快收款作业，提高资金运用的效率。转账系统与对账系统、会计系统集成后，除实现自动转账外，还可将后续的会计作业自动化，从而节省了人力。

企业为改善作业流程而引入EDI时，必须有相关业务主管积极参与，才可能获得成果。例如，对制造商来说，退货处理非常麻烦，退货原因可能是因商品瑕疵或商品下架。对有瑕疵的商品，退货只会增加处理成本；对下架的商品，如果处理及时，还有机会再次销售。因此，引入EDI退货单并与客户重新拟定策略，对双方都有好处。

3. 批发商的EDI应用

批发商的相关业务包括向客户提供产品以及向厂商采购商品。

批发商如果引入EDI，可将采购进货单转换成EDI报文传给供应商，从而不需要为配合不同厂商而使用不同的电子订货系统；供应商提早收到订单，及时处理，加快送货系统。

批发商可接收客户的EDI采购进货单，从而不需要为配合不同客户而使用不同的电子订货系统；不需要重新输入订单数据，节省人力和时间，同时降低人力错误。

EDI也可改善接单、出货、催款的作业流程以及订购、验收、对账和付款的作业流程。

4. 运输商的EDI应用

运输商以其强大的运输工具和遍布各地的营业点而在流通中扮演了重要的角色。

若运输商引入EDI进行数据传输，就可接收托运人传来的EDI托运单报文，从而可以事先得知托运货物的详情，包括箱数、重量等，以便调配车辆，不需重新输入托运单数据，节省人力和时间，减少人为错误。

引入EDI可改善托运、收货、送货、回报、对账和收款等作业流程：可事先得知托运货物之详情，调配车辆前往收货；托运人传来的EDI托运数据可与发送系统集成，自动生成发送明细单；托运数据可与送货的回报作业集成，将送货结果及早回报给托运人，提高客户服务质量；此外，对已完成送货的交易，也可回报运费，供客户提早核对；可运用EDI催款对账单向客户催款。

5.3.2 企业实施EDI系统的过程

EDI是企业间相互交流的方式，在企业决定实施EDI时，要考虑几个方面的因素：EDI和企业内部信息系统以及数据库的交互，企业间的协议和各自的角色以及标准问题。

1. 实施EDI的可行性研究

通过调查，实施EDI的障碍依次是系统成本、安全性、标准、资金的流动损失、缺乏培训和公司态度，其中最大的障碍就是公司态度和缺乏培训。因此需要在这几个方面进行详尽的分析，看是否有实施EDI的需求和基础，是否有相关保障措施使EDI成功实施。

1) 系统成本

实施 EDI 的成本和使用计算机的成本直接相关，它并不比实施其他信息系统投资更大。实施 EDI 最低的投入可以从一台 PC、一台拨号上网设备开始，这是一家小公司或者只有有限设施的公司可以接受的成本。如果企业既需要微机又需要翻译软件、通信网卡、协议软件，这些成本也并没有昂贵到难以承受的程度，对一家小公司实现 EDI 应该算是很好的解决方案。一家大公司或者一个计划广泛实施 EDI 的公司，希望在大型平台上实施 EDI，采用中等规模的 EDI 翻译器与微机版的翻译器功能相比，处理速度快，功能强。对于希望设计新贸易过程和应用系统的公司，EDI 设备的成本还仅仅是一小部分。是否选择实施 EDI，除了系统成本，更重要的是企业的商务活动是否迫切需要，企业客户是否要求。实施 EDI 的一部分成本会在改善工作效率、争取更多客户的情况下得到回报。

2) 安全性

各种安全措施和数据访问权限都被设计在 EDI 系统中；访问数据时，需要使用用户的 ID 和口令登录。含有贸易内容的数据文件需要在发送过程中加密，这样可以保证发送过程中即使数据偶尔被人看到也不容易理解其含义；还可以使发送期间的任何改变要求都要经过接收方的检测。EDI 是传输过程，不会对贸易双方内部管理信息系统数据造成泄密的影响。

3) 标准

目前 UN/EDIFACT 已经非常完善，保证了多行业的贸易数据交换的稳定，企业不需要担心交换的非标准化障碍，唯一的问题在于通用的 UN/EDIFACT 为保证大范围内有效导致标准十分复杂，在使用时需要根据自身需求进行裁剪，并需要贸易双方对关键问题事先协商，制定协议。

4) 资金的流动损失

EDI 实施后，贸易双方的资金流动是电子方式的。电子支付时，一旦收到银行授权就可支付，买方授权支付可在具体的日期进行，也允许与实际的支付在同一天进行。某些公司在实施电子金融汇兑后要求重新谈判他们的支付期，供应商可能会选择扩大折扣期的天数来补偿 2～3 天的清账期。这对企业在资金流动方面的影响也是需要考虑的问题。

5) 缺乏培训

通常公司的职员对 EDI 知之甚少，因此需要使用功能强大的 EDI 翻译器解决这类问题。但由于 EDI 标准中缺乏业务处理需要的功能，即了解 EDI 标准的人员不懂得业务，懂业务的人员不懂 EDI 标准，这可能是实现 EDI 的真正障碍。因此公司有实施 EDI 的需求时，应该专门培训相关的懂 EDI 标准的业务人员和技术人员，尤其是真正从事业务工作的人员。

6) 公司态度

EDI 的实施需要企业上层决策部门的支持，提供资金和人员，为此需要使决策层了解 EDI 为贸易提供了机会，EDI 实施成功的企业需要把 EDI 当作一个有价值的工具作用于整个公司的相关工作并得到所有人员的有力支持。因此要使企业决策人员了解实施 EDI 能提高服务水平、争取更多的贸易伙伴、降低内部成本等重要作用。

2. 实施 EDI 的步骤

实施 EDI 的步骤如下。

1) 分析 EDI 应用对企业业务流程的影响

EDI 应用将会对传统的贸易过程和管理进行业务流程的简化与重组。EDI 的快速高效使供应链中供求双方关系更加紧密，供方成为了需求方的后勤部门。通过 EDI 应用，贸易过程中每个环节完成对应的 EDI 报文传输，这样促使贸易过程规范化，所有 EDI 报文体现了贸易的全过程。所以实施 EDI 时应该充分考虑到 EDI 对业务过程和管理方式的影响，及时调整以适应 EDI 应用后的变化。

2) 对企业内部信息系统的影响与连接

EDI 是企业信息系统间的数据交换，因此 EDI 应用系统与企业计算机应用系统(EDP)之间需要很好地连接。首先 EDI 报文能够从 EDP 中采集数据，而 EDI 报文中的数据也应该能够进入 EDP。和 EDI 中翻译软件到平面文件的映射一样，从 EDP 到 EDI 也需要映射。实施 EDI 时需要考虑标准报文子集以及 EDP 的数据库或计算机应用程序的数据和格式，为每一种所使用的报文子集建立从 EDI 到 EDP 的映射参考，以实现数据的对应。

3) EDI 应用系统软硬件选择

实施 EDI 时，要根据实施要求选择硬件设备，如果已有计算机应用系统，则不一定重新购置计算机，PC、工作站、小型机和主机等都可以利用。

通信线路可以选择电话线，如果对传输时效及资料传输量有较高要求，可以考虑租用专线。根据所选择的通信线路，确定购置调制解调器或通信网卡。如果是大型企业，贸易伙伴种类多，通信协议和数据格式各不相同，数据量大，则可以选择 VAN 的方式，其数据的安全保密性高，而且可通过增值网提供的各种服务减少企业内部以及与各贸易伙伴之间的数据处理。

实施 EDI 时，可以自行开发或者购买商品化软件，一般都以购买现成的软件为主。购买现成的软件的优点主要是周期短、成本低、投入的技术人员少、包含多种 EDI 标准等，自主开发的优点是后续的维护容易、扩充性强等。在购买 EDI 用户软件时，需要适合自身应用环境，同时根据软件开发商情况、软件本身的系统界面、系统功能、通信接口、配置与维护、对标准的支持以及成本等比较各种软件的性能，最终确定购买什么软件。

4) 标准执行

实施 EDI 时主要考虑单证和代码的标准化。在国际贸易过程中从贸易合同签订、组织发货到客户收货为止，每一环节都需要单证的编制、处理、交接和传递，以满足商业、运输、银行、保险、商检、海关以及政府机关等多方面的需要。国内商业贸易过程中，也需要各种单证，例如合同、提货单和发票等。EDI 中传送的每一个报文，和贸易过程中的单证一一对应。EDI 报文具有严格的格式，因此在实施 EDI 前就需要将贸易单证规范化、标准化，向实施 EDI 过渡。而组成 EDI 报文的大部分数据元都需要使用代码，这些代码都需要采用统一的国际或国家制定的标准化代码，如果没有则需要选择行业标准或制定伙伴间统一使用的代码标准。

5) 人员培训

为了更有效地实施 EDI，需要对企业的业务人员、技术人员以及其他相关人员进行 EDI 知识、应用以及技术培训。

经过上述步骤确定系统的总体设计方案，进行系统设计开发，完成系统测试，最终完成 EDI 应用系统的实施。

5.3.3　EDI 实施案例

EDI 是贸易伙伴实施电子商务的工具，如果能够很好地利用，那就不仅仅是为企业经营管理工作提供方便，而且会从根本上重组企业的业务流程，改变企业的经营模式，使企业提高竞争力。这一切体现于几个方面：其一，单证流转效率提高加速业务和资金周转过程，赢得更多客户和商机；其二，扩大企业对外联系范围，与供应商和客户联系更密切，原材料和销售市场信息更多；其三，使企业商务过程更透明，与外部市场联系更密切，可以及时根据市场和需求变化调整企业业务和经营策略，同时与客户、供应商和消费者共同培育市场。

下面介绍我国海关 EDI 通关系统的应用。该系统的应用经过了调研、决策、研制开发到实施几个阶段。

1. 调研培训阶段

在调研培训阶段进行 EDI 应用的调研，通过相关人员广泛参加国际性工作会议、研讨会，跟踪研究全球 EDI 应用现状和发展动态，了解 EDI 应用的关键要素，成立由包括海关总署在内的相关部委、相关单位组成中国 EDI 工作组，对实施 EDI 通关的方法、手段、技术及工程管理等方面的课题进行研究。

2. 研制开发阶段

EDI 通关系统正式立项，成立 EDI 工程领导小组，由计算机专家与海关业务专家组成 EDI 工程组。该工程组首先制定了 EDI 通关系统的 15 个 EDIFACT 标准报文子集，然后相继完成系统总体技术方案设计、用于普通货物进出口通关的软件设计、用于快递物品通关的软件设计；根据实际需要又完成了微机版普通货物进出口通关软件设计。

3. 试点应用阶段

系统开发完成后首先在北京首都机场海关运行，然后在上海浦东外高桥保税区海关运行；首先是空运普通货物和保税区进出口货物的通关运行，随着系统的开发成功，随后又分别在上海虹桥机场和北京首都机场运行快递货物 EDI 通关系统。

4. 局部推广阶段

EDI 通关系统在两个试点海关获得成功后，开始在全国的部分海关局部推广应用。到 1996 年年底由北京、天津、上海、广州、九龙、杭州和宁波等共 8 个海关开始 EDI 通关处

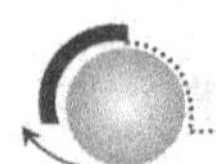

理，通关用户达 350 家，日平均处理的普通货物报关单 5600 余份。EDI 通关系统有基于 ALPHA 小型机和微机的版本，有适用于海运、空运、快递货物的版本，有仅用于货物申报环节的版本，也有用于申报、审单和放行等多业务环节的版本。在实施 EDI 通关系统工程时，在与用户的计算机联网方式上，也保证能适应与不同用户开展计算机通信，可以是微机对微机系统、微机对主机系统、主机对主机系统；在通信方面，则可接受 DDN、X.25、普通拨号线、微波等，这样做的好处是能最大限度地推广应用该系统，无论是业务量大的企业，还是业务量小的企业，也无论其有没有计算机应用的基础，最简单的只要配置一台微机、一台调制解调器和一条电话线，就能得到 EDI 货物通关的便利。EDI 的应用要求业务制度、作业流程的规范化和数据代码、单证报表的标准化。在实施 EDI 通关系统的同时，研究修订了有关业务规章制度。

5. “九五”期间海关 EDI 应用进一步发展

在上面实施 EDI 通关系统应用的基础上，海关总署的“九五”EDI 应用发展规划，将进一步扩展 EDI 通关系统功能，开发和应用货物舱单核销等六个 EDI 应用系统，并研究建立贸易通关 EDI 服务中心，进一步扩展 EDI 通关系统功能，提高无纸通关程度。该项规划在国家科技部作为“现代商贸 EDI 关键技术开发与应用示范”项目的攻关课题。在这一阶段中，进一步扩展 EDI 通关系统的功能，使与报关业务有关的舱单核销、税费缴库、许可证核销、保税加工货物监管、转关运输监管和出口退税等业务也实现 EDI 方式管理。这样进出口货运就实现了舱单核销的计算机联网作业，进一步缩短运输工具滞港时间和货物驻留仓库时间，提高港口效率和物流速度；在进出口贸易管理方面，实现对许可证商品、出口退税商品、保税加工贸易货物、转关运输货物等的计算机联网核销，从而减少了逃税、骗税及走私等违法行为；同时也提高海关征税环节的业务处理速度和国税入库速度。

这一阶段完成了 EDI 舱单管理系统、EDI 许可证管理系统、EDI 出口退税管理系统、EDI 保税货物管理系统、EDI 征税管理系统以及 EDI 转关货物管理系统共六个系统的开发和应用。

EDI 舱单管理系统。使用 UN/EDIFACT 报文标准的 EDI 舱单申报报文格式及海关回执报文格式，通过与船代、货代、港务、民航等部门联网，获得 EDI 舱单电子数据，系统核销的基本功能是在报关时，首先核销舱单以保证报关货物实际进口。系统还提供对未核销舱单、闸口放行、码头、场站和仓库等管理功能，以加强对进口货物的管理。

许可证核销管理系统是以全国海关联网及海关总署与外经贸部联网为基础，实现许可证电子数据传输与核销。使用 UN/EDIFACT 报文标准的 EDI 许可证备案报文格式及海关回执报文格式，外经贸部按照报文格式把全国签发的许可证的原始电子数据当日传送到海关总署，由总署将其下发至直属海关。各海关以电子数据结合许可证书面证件进行审单、放行工作，同时核销许可证数据。各关通过网络把许可证核销数据上报总署，再由总署反馈给外经贸部。系统由总署数据收发、网络传送、现场核销、日常管理、查询和统计等子系统组成。

出口退税管理系统。使用 UN/EDIFACT 报文标准的 EDI 出口舱单申报报文格式及海关

回执报文格式，通过与船代、货代、港务、民航等部门联网，获取 EDI 舱单电子数据，通过出口报关单与出口清舱单的核销管理，确保货物实际出口，然后进行结关处理。在此基础上，海关打印国家税务局、外汇管理局所需的出口货物证明联，并形成底账，传送至海关总署，由海关总署汇总，传送国家税务总局、国家外汇管理局。

保税加工业务管理系统。使用 UN/EDIFACT 报文标准的 EDI 保税加工合同备案报文及海关核注核销回执报文格式，该系统是对保税加工从前期合同备案、建立保证金台账，到报关单中期核注、中期下厂核查以及后期核销进行全程管理的计算机系统。

EDI 征税管理系统。使用 UN/EDIFACT 报文标准的 EDI 缴款通知书格式及海关与国库银行之间税款委收书和税款对账单，在 EDI 通关系统征税系统的基础上，通过海关、企业、银行的联网，实现海关征收的税费的电子划款。业务流程是对与海关签有电子划款协议的 EDI 通关优惠企业，海关在打印缴款书的同时，向用户发送缴款通知，并向银行发送税费扣款通知；海关在接收到银行发送的扣款回执通知后，如扣款成功，自动核销税款，否则通知用户，要求其缴款。EDI 用户不必再到海关取凭证及到银行缴款，海关也不必再对这些税单进行手工核销。

EDI 转关货物管理系统。使用 UN/EDIFACT 报文标准的进出口转关运输申请单及相关的海关回执报文格式。由指运地(或起运地)和进境地(或出境地)海关分别输入转关运输的有关数据，通过卫星网络，以总署转发的方式相互传递数据，达到完成对转关运输货物监管的目的，同时为海关的统计、稽查等工作提供有效的数据。

本 章 小 结

本章介绍了物流信息交换技术的相关知识，首节介绍了信息交换技术的类型及方式，第二节开始着重介绍了电子信息交换技术 EDI，并介绍了其在物流管理中的应用。

思 考 题

1. 数据交换网络有哪两种交换方式？
2. 简述数据交换的三种的交换方式的特点分别是什么？
3. 数据交换技术的三种类型分别是什么？
4. 简述 EDI 的工作方式。
5. 简述 EDI 的特点。
6. EDI 的通信方式有哪些？
7. 简述企业实施 EDI 的步骤。
8. 数据通信中的电路交换的优缺点是什么？
9. 企业实施 EDI 系统的过程是什么？
10. 请为一个制造企业实施 EDI 系统提出建设性的意见。

第 6 章　物流信息跟踪技术

以 GIS、GPS 和 ITS 技术为核心的物流信息动态跟踪技术的应用，使物流企业对运输车辆及在途物资进行 24h 监控，从而实现远程指挥、在途调控、及时搜援等目的，能大大提高车辆的利用效率，同时也满足客户对货物进行跟踪和货物状态分析的要求。

6.1　地理信息系统

地理信息系统(geographic information systems, GIS)技术是近些年迅速发展起来的一门空间信息分析技术，在资源与环境应用领域中，它发挥着技术先导的作用。GIS 技术不仅可以有效地管理具有空间属性的各种资源环境信息，对资源环境管理和实践模式进行快速和重复的分析测试，便于制定决策、进行科学和政策的标准评价，而且可以有效地对多时期的资源环境状况及生产活动变化进行动态监测和分析比较，也可将数据收集、空间分析和决策过程综合为一个共同的信息流，明显地提高工作效率和经济效益，为解决资源环境问题及保障可持续发展提供技术支持。

6.1.1　地理信息系统概述

1. 产生与发展

1) 产生的原因

地理信息系统(GIS)产生和发展的历史背景和原因可归纳为以下三条。

(1) 信息大爆炸。

(2) 交叉科学的发展。

(3) 由于社会的进步，人类对自然资源的开发利用，已逐步由掠夺性、毁灭性的开发，转向可持续性的利用，把开发和保护相结合，采用科学的管理、进行定量分析和预测方式。

2) 发展的阶段

GIS 的发展依赖于计算机技术的发展，尤其是计算机图形学的发展。从 GIS 的发展历史来看，每十年上一个台阶，具体发展经历了如下几个时间段。

19 世纪以来应用的地图和专题图是一种模拟式的地理信息系统。

1956 年，奥地利测绘部门首先利用电子计算机建立了地籍数据库。

20 世纪 60 年代：20 世纪 60 年代为地理信息系统开拓发展阶段，机助制图、量算分析，注重于空间数据的地学处理，许多与地理信息系统有关的组织和机构纷纷建立。

20 世纪 70 年代：20 世纪 70 年代为巩固阶段，大容量、图形化人机交互，计算机硬件和软件技术的飞速发展，为空间数据的录入、存储、检索和输出提供了强有力的手段。加

拿大的 CGIS 全面投入运行与使用；从 1970 年至 1976 年，美国地质调查局就建成 50 多个信息系统；20 世纪 70 年代大约有 300 多个软件系统投入使用。包括美国环境系统研究所(ESRI)的 ARC/INFO 地理信息系统。

20 世纪 80 年代：突破阶段，微机 GIS 软件产品、应用扩展，20 世纪 80 年代是 GIS 普及和推广应用的阶段。与卫星遥感技术相结合，GIS 开始用于全球性问题，例如全球沙漠化，全球可居住区的评价，厄尔尼诺现象及酸雨、核扩散及核废料，以及全球变化与全球监测。20 世纪 80 年代为地理信息系统技术大发展时期，注重于空间决策支持分析。许多国家制定了本国的地理信息系统发展规划，启动了若干科研项目，建立了一些政府性、学术性机构。

20 世纪 90 年代：社会化阶段，空间信息产业、WebGIS，地理信息系统产业化和数字化信息产品在全世界的普及，投入使用的地理信息系统每 2～3 年就翻一番，地理信息系统市场增长率接近 40%，主要厂家的年销售量增长幅度都在 100%以上。各行业地理信息系统的国际性会议、刊物、学科、研究中心遍及全球并有蔓延的趋势。

1998 年 1 月美国副总统戈尔在加州 Losangeles 科学中心作的“数字化地球：了解我们 21 世纪的地球”报告，数字化地球在全球全面展开。数字化地球是地理信息系统发展的必然结果，是空间技术、信息技术、网络技术、通信技术及应用发展的产物，是可持续发展的必然要求。

21 世纪：空间信息基础设施、数字城市、数字地球。数字化地球可以把关于人类星球的原始数据转换成可理解的信息，这种信息不仅包括地球的高分辨率卫星图像、数字地图，也包括经济、社会和人口信息，而且要使高速网络与数字地球相连接，并通过互联网络进行更高层次的访问。

3) GIS 技术在中国的四个发展阶段

在我国，GIS 技术及其软件的开发和应用目前已经引起有关方面的高度重视，取得了一些重要成果，但从整体来看，GIS 的应用及其产业的发展水平与发达国家相比，差距还很大，而且缺乏有效的宏观调控，至于把 GIS 应用于物流研究中，迄今为止还处于起步阶段。

第一阶段：从 1978 年到 1980 年为准备和起步阶段，主要进行舆论准备，正式提出倡议，开始组建队伍、组织个别实验研究，主要特征是机助制图和遥感应用。

第二阶段：从 1981 年到 1985 年为试验阶段。这一阶段主要是对地理信息系统进行理论探索和区域性实验研究，并在此基础上制定国家地理信息系统规范，建成了 1∶100 万国土基础信息系统和全国土地信息系统、1∶400 万全国资源和环境信息系统、及 1∶250 万水土保持信息系统。

第三阶段：从 1986 年到 20 世纪 90 年代中期为初步发展阶段。地理信息系统的研究被列入我国“七五”攻关课题，并且作为一个全国性的研究领域，已逐步和国民经济建设相结合，并取得了重要进展和实际应用效益。

第四阶段：从 20 世纪 90 年代末期起，中国地理信息系统科学随着数字地球的提出而进入规划、设计和建设数字国土时代，数字农业、生态省建设也进入试验实施阶段。

2. 基本概念

GIS 技术即地理信息系统技术，就是具有采集、存储、查询、分析、显示和输出地理数据的功能，为地理研究和地理决策服务的计算机技术系统。地理信息系统是一种以地理坐标为骨干的信息系统。其中地理信息是指人对地理现象的感知，其内容包括地理系统诸要素的分布特征、数量、质量、相互联系和变化规律等。其具有区域性、多维性和动态性等特征。

GIS 是多种学科交叉的产物，它以地理空间为基础，采用地理模型分析方法，实施提供多种空间和动态的地理信息，是一种为地理研究和地理决策服务的计算机技术系统。其基本功能是将表格型数据(无论它来自数据库、电子表格文件或直接在程序中输入)转换为地理图形显示，然后对显示结果浏览、操作和分析。其显示范围可以从洲际地图到非常详细的街区地图，现实对象包括人口、销售情况、运输线路以及其他内容。

3. 关键特征

综上所述，GIS 具有如下特征。

(1) 具有系统管理、分析和以多种方式输出地理空间信息的能力，具有空间性和动态性，GIS 的数据必须具有空间分布特征，具有一个特定投影和比例的参考坐标系统，基于共同的地理基础。

(2) 为管理和决策服务，以地理模型方法为手段，具有区域空间分析、多要素综合分析和动态预测能力，产生决策支持信息及其他高层地理信息。

(3) 由计算机系统支持进行地理空间数据管理，并由计算机程序模拟常规的专门地理分析方法，作用到空间数据之上产生有用信息，完成人类难以完成的任务。计算机系统的支持使得 GIS 具有快速、精确并能综合地对复杂的地理信息进行空间动态分析。

6.1.2 地理信息系统的基本构成

一个实用的 GIS 系统，要支持对空间数据的采集、管理、处理、分析、建模和显示等功能，其基本构成一般包括以下五个主要部分：系统硬件、系统软件、空间数据、应用人员和应用模型。

1. 系统硬件

计算机与一些外部设备及网络设备的连接构成了 GIS 的硬件环境，用以存储、处理、传输和显示地理信息或空间数据。

(1) 计算机是 GIS 的主机：它是硬件系统的核心，包括从主机服务器到桌面工作站，用作数据的处理、管理与计算。

(2) GIS 外部设备：包括各种输入和输出设备，主要的输入设备有图形跟踪数字化仪、图形扫描仪、解析和数字摄影测量设备等。主要输出设备有各种绘图仪、图形显示终端和打印机等。

(3) GIS 的网络设备：包括布线系统、网桥、路由器和交换机等。具体的网络设备将根据网络计算的体系结构来确定。

(4) 数据存储与传送设备，即磁带机、光盘机、活动硬盘和硬盘阵列等。

2. 系统软件

系统软件关系到 GIS 软件和开发语言使用的有效性，是 GIS 软硬件环境的重要组成部分。系统软件主要是计算机的操作系统以及各种标准外设的驱动软件，目前流行的有 DOS、Windows 98/NT/2000/XP、UNIX 等。基础软件包括数据库软件和图形平台。数据库软件用来管理空间数据，包括图形数据和属性数据。流行数据库软件主要有 Oracle、Sybase、Informix、DB2、SQL Server、Ingress 等。目前 GIS 软件中主要采用关系数据库管理属性数据。一个有发展前景的模型是面向对象数据模型，可实现图形和属性数据的联合管理。图形平台如 AutoDesk 公司开发的基于 AutoCAD 的 AutoMap GIS 软件、Intergraph 公司的基于 MicroStation 的 MGE GIS 软件。

3. 空间数据

地理信息系统的操作对象是地理数据，它具体描述地理实体的空间特征、属性特征和时间特征。

(1) 空间特征：是指地理实体的空间位置及相互关系。

(2) 属性特征：表示地理实体的名称、类型和数量等。

(3) 时间特征：指实体随时间而发生的相关变化。

根据地理实体的空间图形表示形式，可将空间数据抽象为点、线和面三类元素，它们的数据表达可以采用矢量或者栅格两种组织形式，分别称为矢量数据结构和栅格数据结构。

4. 应用人员

应用人员包括系统开发人员，GIS 技术的最终用户。

5. 应用模型

应用模型的构建和选择是系统应用成败的重要因素。虽然 GIS 为解决各种现实问题提供了有效的基本工具，但对于某一个专门应用问题的解决，仍然必须通过构建专门的应用模型才得以实现。

例如：土地利用适宜性模型，公园选址模型，洪水预测模型，森林增长模型等。

6.1.3　地理信息系统的基本功能

由计算机技术与空间数据相结合而产生的 GIS 这一高新技术，不仅包含了处理地理信息的各种高级功能(数据采集、管理、处理、分析和输出)，而且依托这些基本功能，通过空间分析技术、模型分析技术、网络技术、数据库技术和二次开发技术等，以及各种技术的集成技术，演绎丰富的应用功能，以满足社会和用户的广泛需求。

1. 数据采集与编辑

地理信息系统的数据通常抽象为不同的专题或层，数据采集与编辑功能就是保证各层实体的地物要素按顺序转化为X、Y坐标及对应的代码并输入到计算机中。

1) 数据采集

数据采集是地理信息系统研究的重要内容，它是把现有的资料转换为计算机可处理的形式，按照统一的参考坐标、统一编码、统一的标准和结构组织到数据库中的数据处理过程。

2) 数据编辑

数据编辑是指对地理信息系统中的空间数据和属性数据进行数据组织、修改等。针对数据的不同，数据编辑可分为空间数据编辑和属性数据编辑。

2. 数据存储与管理

数据存储与管理是数据集成的过程，涉及空间数据和属性数据的组织方式。

1) 空间数据组织方式

(1) 矢量模型。

(2) 栅格模型。

(3) 栅格/矢量混合模型。

2) 属性数据组织方式

(1) 关系数据结构。

(2) 层次结构。

(3) 网状结构。

在空间数据组织与管理中，其关键是如何将空间数据和属性数据融合为一体。一般将两者分开存储，利用标识码来连接。

3. 数据处理与变换

数据处理与变换的具体内容包括以下三点。

1) 数据变换

数据变换指对数据从一种数学状态转换为另一种数学状态，包括投影变换、比例尺缩放、误差改正和处理等。

2) 数据重构

数据重构指对数据从一种几何状态转换为另一种几何状态，包括数据拼接、数据截取、数据压缩和结构转换等。

3) 数据抽取

数据抽取指对数据从全集到子集的条件提取，包括类型选择、窗口提取、布尔提取和空间内插等。

4. 空间分析

GIS系统的空间分析功能，强调空间分析和模拟的重要性，具体内容如下。

1) 空间数据几何量测

空间数据几何量测包括长度、面积和分布中心等的计算。

2) 空间集合分析

空间集合分析是按照两个逻辑子集给定的条件进行布尔逻辑运算。

3) 叠加分析

叠加分析是指通过将同一地区的两个不同图层的特征相叠合，不仅建立新的空间特征，而且能将输入的特征属性予以合并，易于进行多条件的查询检索、地图裁剪、地图更新和应用模型分析等。

4) 缓冲区分析

缓冲区分析是指根据数据库的点、线、面实体，自动建立各种要素的缓冲多边形，用以确定不同地理要素的空间接近度或邻近性。

5) 网络分析

网络分析是指对地理网络(交通网络)、城市基础设施网络(电力线、电话线)进行地理分析和模型化。

6) 数字地形分析

GIS 提供了构造数字高程模型及有关地形分析的功能模块，包括坡度、坡向、地表粗糙度、立体图和透视分析等，为地学研究、工程设计和辅助决策提供重要的基础属性数据。

7) 空间数据统计

空间数据统计是指进行地理参数的统计计算与分析。

5. 产品制作与显示

GIS 为用户提供了许多用于显示地理数据的工具，其表达形式可以在计算机屏幕上显示，也可以是诸如报告、表格和地图等硬拷贝图件，尤其强调的是 GIS 的地图输出功能。

6. 二次开发与编程

为使 GIS 技术广泛应用于各个领域，满足各种不同的应用需求，它必须具备二次开发功能。

6.2 全球定位系统

全球定位系统(GPS)技术是一项高科技，具有在海、陆、空进行全方位实时三维导航与定位能力。GPS 全球卫星定位系统在供应链管理中的应用主要有：用于汽车自定位、跟踪调度、陆地救援；用于内河及远洋船队最佳航程和安全航线的测定、航向的实时调度、监测及水上救援；用于空中交通管理、精密进场着陆、航路导航和监视；用于铁路运输管理等。

6.2.1 全球定位系统概述

1. 含义

全球定位系统(global positioning system, GPS)是美国从 20 世纪 70 年代开始研制，历时 20 年，耗资 200 亿美元，于 1994 年全面建成，具有在海、陆、空进行全方位实时三维导航与定位能力的新一代卫星导航与定位系统。全球定位系统是美国第二代卫星导航系统。由空间部分、地面监控部分和用户接收机三大部分组成。

2. 特点

全球定位系统技术的特征有以下几点。

(1) 全球覆盖。

(2) 全天候工作。

(3) 定位精度高。

(4) 观测时间短。

(5) 功能多、应用广。

(6) 执行操作简便。

另外，GPS 信号还具有以下特点。

卫星发射两个载波无线信号，L_1=1517.42 MHz，L_2=1227.6 MHz，在 L_1 载波上调制有 1.023 MHz 的伪随机噪音码(称为粗码或 C/A 码)、10.23 MHz 的伪随机码(称为精码或 P 码)，以及 50b/s 的导航电文 D 码，在 L_2 载波只调制有精码 P 码和导航电文，C/A 码可用测距并过渡到捕获精码，精码用于精密测距。由于美国政府对精码加密，所以一般用户只能用 C/A 码。GPS 提供两种精度水平的导航服务，即精密定位服务(PPS)和标准定位服务(SPS)。PPS 主要提供军用和特殊部门，并使用美国指定生产的具有对 P 码解密功能的用户接收机，所以一般用户只能使用 SPS。

GPS 卫星的核心是一个高质量的振荡器，它产生两个相关的波，即 L 频段的 L_1(1.575 42 GHz)和 L_2(1.2276 GHz)。GPS 的信息是由相位调制技术加载在上述两个频段上发射的。这些信息包括所谓的 C/A 码(只在 L_1 上)和 P 码，或复合成 Y 码(在 L_1 和 L_2 上都有)。在播发的载于 L_1 上的信息，可以使用户在任何时刻获得 GPS 卫星的近似位置(广播星历)和 GPS 卫星在 GPS 时间框架中播发上述讯号的时间，GPS 用户就可以由此确定自己的位置。所有 GPS 用户都可以收到 C/A 码，其设计的实时定位精度一般在 30m 左右，但在目前 SA 影响下，只有 100m 左右。P 码(Y 码)只给军用，可以有至少高于 10 倍的精度。

6.2.2 全球定位系统的组成

卫星不间断地发送自身的星历参数和时间信息，用户接收到这些信息后，经过计算求出接收机的三维位置、三维方向以及运动速度和时间信息。

海上、陆地和空中设施要求高精度导航和定位而建立了新一代卫星导航系统，系统从

1973 年开始设计研制，在经过了方案论证、系统试验后，于 1989 年开始发射工作卫星，1993 年全部建成并投入使用。GPS 系统的组成可分为三部分：一是空间卫星星座部分；二是地面监控部分；三是用户设备部分。前两部分是用 GPS 进行定位的基础，用户只有借助于用户设备才可达到定位的目的。

1. 空间卫星星座

1993 年，GPS 就全面进入正式运行。该系统由 21 颗卫星组成，分别沿 6 个轨道平面运行，还有 3 颗卫星一直处于热备份状态，总计 24 颗。但在轨道上运行的 GPS 卫星总数实际上是变动的，在 1998 年就有 27 颗 GPS 卫星在轨道上运行。若从与赤道面 55° 倾角算第一个轨道面，则其他 5 个轨道面均以此为基础，彼此各以 60° 角度相交。每个轨道面上有 4 颗卫星，卫星轨道为圆形，远行周期为 11h58min，这样的卫星分布，可保证全球任何地区、任何时刻有不少于 4 颗卫星以供观测。卫星的高度为 2×104km。连同设在美国本土的地面监测部分和采用伪随机码测跨技术的接收机，满足了提供全球范围从地面到 9×103km 高空之间任一载体高精度的三维位置、三维速度和系统时间信息的要求。

GPS 卫星的这种空间分布使得同一观测点上每天出现的卫星分布图相同，只不过每天的时间提前约 4min，并且每颗卫星每天约有 5h 在地平线以上，同时出现于地平线以上的卫星数目最少为 4 颗，多达 11 颗，随时间和地理位置而异。因卫星信号的传播和接收不受天气影响，故 GPS 是一种全球性全天候的连续实时定位系统。

从 1979 年开始至今已有三代 GPS 卫星，分别为 Block Ⅰ、Block Ⅱ和 Block Ⅲ。第一代(Block Ⅰ)为 GPS 实验卫星，现已停用；第二代(Block Ⅱ)为 GPS 工作卫星，至 1994 年已发射完毕；第三代(Block Ⅲ)正在设计中。GPS 卫星的主体呈圆柱形，直径为 1.5m，重约 774kg(包括 310kg 燃料)，两侧设有两块双叶太阳能电磁板，它能自动对日定向，以保证卫星工作供电。每颗卫星装有 4 台高精度原子钟，为 GPS 定位提供高精度的时间标准。GPS 卫星的基本功能为：①接收和储存由地面监控站发来的导航信息，接收并执行监控站的控制指令；②卫星上设有微处理机，进行部分必要的数据处理工作；③通过星载的高精度铷钟和铯钟，提供精密的时间标准；④向用户发送定位信息；⑤在地面监控站的指令下，通过推进器调整卫星的姿势和启用备用卫星。

2. 地面监控系统

地面监控部分包括五个监控站、一个主站和三个注入站，并从战略角度上考虑，全部用于美国境内，监控部分的主要任务是监测每颗卫星的运行情况，并通过注入站及时修正卫星的有关参数。

卫星监测站设有双频 GPS 接收机，高精度原子钟，计算机和环境(气象)数据传感器。该站在主控站直接控制下自动采集数据，对 GPS 卫星连续观测，并监控卫星工作状况。观测资料经初步处理后存储并传送给主控站，以便确定卫星的轨道。

主控站设在美国，除协调和管理所有地面监控系统外，其主要任务是：①由本站及其他监控站的所有观测资料，推算编制各卫星的星历、卫星钟差和大气层的修正参数等，并把这些数据传送到注入站；②提供全球定位系统的时间基准；③调整偏离轨道的卫星并使之沿预定轨道运行；④启用备用卫星以代替失效的工作卫星。

注入站由分设在印度洋的DiegoGarcia，南大西洋的Ascencion和南太平洋的Kwa-jalein三个站组成。其主要设备包括天线(直径3.6m)，C波段发射机和计算机。注入站的作用是在主控站的控制下，将主控站推算和编制的卫星星历、钟差、导航电文和其他控制指令等注入到相应卫星的存储系统中，并监测所注入信息的正确性。

3. 用户设备

用户设备主要是GPS接收机，它接收卫星发射的信号并利用本机产的伪随机噪音码取得距离观测量和导航电文，根据导航电文提供的卫星位置和钟差改正信息计算位置。用户接收机按使用环境可分为低动态用户接收机和高动态用户接收机。

随着GPS应用领域的日益扩大，用户设备依用途不同而异，主要由GPS接收机硬件，数据处理软件，微处理机及其终端设备组成。硬件又分为主机、天线和电源。

6.2.3 全球定位系统的定位原理

GPS定位按照测量方法分为伪距测量法、多普勒测量法和载波相位测量法等，其中伪距测量法应用比较普遍。

测量学中的交会法测量里有一种测距交会确定点位的方法。与其相似，GPS的定位原理就是利用空间分布的卫星以及卫星与地面点的距离交会得出地面点位置。简而言之，GPS定位原理是一种空间的距离交会原理。

载波相位是指接收到的具有多普勒频移的载波信号与接收机产生的参考载波信号之间的相位差。由于无法直接测定载波信号在传播路线上的相位变化的整周数，故存在整周不定性问题。另外由于观测环境等影响因素，其中还会产生整周跳变，因而与伪距观测定位相比，数据处理变得复杂，往往难以实现单次观测定位。不过由于相位观测量的精度比伪距观测值的精度高得多，而且不受P码保密政策的影响，因而广泛应用于高精度定位。

积分多普勒测量所需观测时间一般较长，精度并不很高，故未获得广泛应用。

6.2.4 网络GPS

1. 定义

网络GPS就是指在互联网上建立起来的一个公共GPS监控平台，它同时融合了卫星定位技术、GSM数字移动通信技术以及国际互联网技术等多种目前世界上先进的科技成果。网络GPS综合了Internet与GPS的优势与特色，取长补短，解决了原来使用GPS所无法克服的障碍：首先，其可降低投资费用。网络GPS免除了物流运输公司自身设置监控中心的大量费用，其不仅包括各种硬件配置，还包括各种管理软件。其次，网络GPS一方面，利用互联网实现无地域限制的跟踪信息显示，另一方面，又可通过设置不同权限做到信息的保密。

2. 作用

网络 GPS 的主要作用包括以下七项。

(1) 实时监控功能。

(2) 双向通信功能。

(3) 动态调度功能。

(4) 运能管理。

(5) 数据存储、分析功能。

(6) 可靠性分析。

(7) 服务质量跟踪。

6.3　智能交通系统

6.3.1　智能交通系统概述

1. 智能交通系统的产生与发展

应用现代高新信息技术，将人、车辆和道路综合起来，系统地解决交通运输问题的探索，产生了智能交通系统(intelligent transport system, ITS)。

智能交通系统的产生背景有以下几点。

(1) 交通对人类生活环境与安全的危害日益严重。

(2) 大城市交通堵塞造成极大的社会经济损失。

(3) 单独从车辆方面或道路方面考虑，难以有效解决城市交通问题。比如说增加道路供给或者大力发展公共交通都有其局限性。

(4) 传统的交通工程方法(如采用道路可变信号、在交通高峰期改变车道的方向等)在一定程度上缓解了交通拥挤状况。但是，这些方法不能对交通阻塞做出实时的动态反应，也不能根据具体情况迅速改变交通处理方案。

(5) 限制小汽车发展政策，使汽车工业面临极大的挑战。

智能交通系统的发展，最早可以追溯到 20 世纪七八十年代的一系列车辆导流系统新技术的开发和应用。1991 年美国通过“地面交通效率法”(interm odal surface transportnation efficiency act, ISTEA)，俗称“冰茶法案”，从此美国的研究开始进入宏观运作阶段。1994 年，美国将 IVHS 智能汽车高速公路系统(intelligent vehicle high speed highway system, IVHS)IVHS 更名为 ITS。之后，欧洲、日本等也相继加入了这一行列。经过 30 多年的发展，美国、欧洲和日本成为世界 ITS 研究的三大基地。

(1) 20 世纪 70 年代末开始从事交通工程，开始应用电子信息技术。

(2) 80 年代开始进行城市交通管理的研究预应用，并开始引进国外的交通控制系统(如英国 SCOOT，澳大利亚的 SCAT 系统)，80 年代起高速公路开始应用监控通信收费系统。

(3) 90 年代开始应用 GPS、GIS 等技术，90 年代末开始关注和重视 ITS 的研究。

(4) 21 世纪开始将国内外成熟的 ITS 技术应用于城市及高速公路的示范工程中。

目前，另外一些国家和地区的 ITS 研究也有相当大的规模，如澳大利亚、韩国、新加坡、香港等。可以说，全球正在形成一个新的 ITS 产业，难以计数的大小项目正在开展，发展规模和速度惊人，以“保障安全、提高效益、改善环境、节约能源”为目标的 ITS 概念正逐步在全球形成。

ITS 的发展是现代社会经济发展的客观要求，交通运输是国民经济和现代社会发展的基础。由于现代社会城市化速度越来越快、国民经济的高速增长、全球经济的一体化进程加快、个人旅行与休闲时间的不断增加以及人们对交通需求越来越高，ITS 便成为现代社会经济发展的客观要求。

我国 ITS 的发展起步较晚，20 世纪 70 年代以来，从国外引进、消化了一些项目，并进行了一些 ITS 或类 ITS 基础项目的研究和应用。70 年代中至 80 年代初，主要是进行城市交通信号控制试验研究，80 年代中至 90 年代初，在一些大城市引进和消化城市交通信号控制系统，实现了一些(高速)公路监控系统、高等级公路电子收费系统和路边信息服务系统。20 世纪 90 年代中期以来，开始研究部门 ITS 发展战略和 GIS、GPS、EDI 在交通中的应用等，重视交通信息网络的建设，公路和桥梁管理基础数据库，道路交通量以及气象数据采集等经过多年的努力，也已取得明显的进展。

应用现代高新信息技术，将人、车辆和道路综合起来，系统地解决交通运输问题的探索，产生了智能交通系统(ITS)。

2. 智能交通系统的概念

智能交通系统(ITS)，是将先进的信息技术、计算机技术、通信技术、自动控制技术和人工智能等有效地综合运用于交通运输领域的一项新兴技术和产业。通过加强车辆、道路和使用者三者之间的联系，从而形成定时、准确、高效的综合运输系统。ITS 是 20 世纪 80 年代中期迅速发展起来的一门新学科，它研究 21 世纪的新型交通运输模式，是当前交通运输大学科的一个前沿领域，是 21 世纪交通运输专业的基础性课程。

智能交通系统(ITS)在较完善的道路设施基础上，将先进的电子技术、信息技术、传感器技术和系统工程技术集成运用于地面交通管理所建立的一种实时、准确、高效、大范围、全方位发挥作用的交通运输管理系统。它是充分发挥现有交通基础设施的潜力、提高运输效率、保障交通安全、缓解交通拥挤的有力措施。

对 ITS 的理解，还应该注意以下几点。

(1) ITS 不是信息技术的简单叠加，而是运用高科技改善道路交通运输的一项复杂的系统工程。

(2) ITS 的通过对交通信息的采集、融合、提炼与发布，达到对诸如交通流的有效控制，使出行者由被动地遵守交通管制，变为主动地选择出行。先进的交通管理系统与先进的出行者信息系统是 ITS 的基础。

(3) 形成定时、准确、高效的综合运输系统，实现智能车辆与智能公路是 ITS 的最终目的。

(4) ITS 是 21 世纪主要的新兴产业之一。

6.3.2　智能交通系统的组成

1. 先进的交通信息服务系统

先进的交通信息服务系统(TIS)是建立在完善的信息网络基础上的。交通参与者通过装备在道路上、车上、换乘站上、停车场上以及气象中心的传感器和传输设备，向交通信息中心提供各地的实时交通信息；先进的交通信息服务系统得到这些信息并通过处理后，实时向交通参与者提供道路交通信息、公共交通信息、换乘信息、交通气象信息、停车场信息以及与出行相关的其他信息；出行者根据这些信息确定自己的出行方式、选择路线。更进一步，当车上装备了自动定位和导航系统时，该系统可以帮助驾驶员自动选择行驶路线。

2. 先进的交通管理系统

先进的交通管理系统(TMS)有一部分与 TIS 共用信息采集、处理和传输系统，但是 TMS 主要是给交通管理者使用的，用于检测控制和管理公路交通，在道路、车辆和驾驶员之间提供通信联系。它将对道路系统中的交通状况、交通事故、气象状况和交通环境进行实时的监视，依靠先进的车辆检测技术和计算机信息处理技术，获得有关交通状况的信息，并根据收集到的信息对交通进行控制，如信号灯、发布诱导信息、道路管制、事故处理与救援等。

3. 先进的公共交通系统

先进的公共交通系统(PTS)的主要目的是采用各种智能技术促进公共运输业的发展，使公交系统实现安全便捷、经济、运量大的目标。如通过个人计算机、闭路电视等向公众就出行方式和事件、路线及车次选择等提供咨询，在公交车站通过显示器向候车者提供车辆的实时运行信息。在公交车辆管理中心，可以根据车辆的实时状态合理安排发车、收车等计划，提高工作效率和服务质量。

4. 先进的车辆控制系统

先进的车辆控制系统(VCS)的目的是开发帮助驾驶员实行本车辆控制的各种技术，从而使汽车行驶安全、高效。先进的车辆控制系统包括对驾驶员的警告和帮助、障碍物避免等自动驾驶技术。

5. 电子收费系统

电子收费系统(ETC)是目前世界上最先进的路桥收费方式。通过安装在车辆挡风玻璃上的车载器与在收费站 ETC 车道上的微波天线之间的微波专用短程通信，利用计算机联网技术与银行进行后台结算处理，从而达到车辆通过路桥收费站不需停车而能交纳路桥费的目的，且所交纳的费用经过后台处理后分给相关的收益业主。在现有的车道上安装电子不停车收费系统，可以使车道的通行能力提高3～5倍。

6. 紧急救援系统

紧急救援系统(EMS)是一个特殊的系统，它的基础是ATIS、ATMS和有关的救援机构和设施，通过ATIS和ATMS将交通监控中心与职业的救援机构联成有机的整体，为道路使用者提供车辆故障现场紧急处置、拖车、现场救护和排除事故车辆等服务。

智能交通系统的组成如图6-1所示。

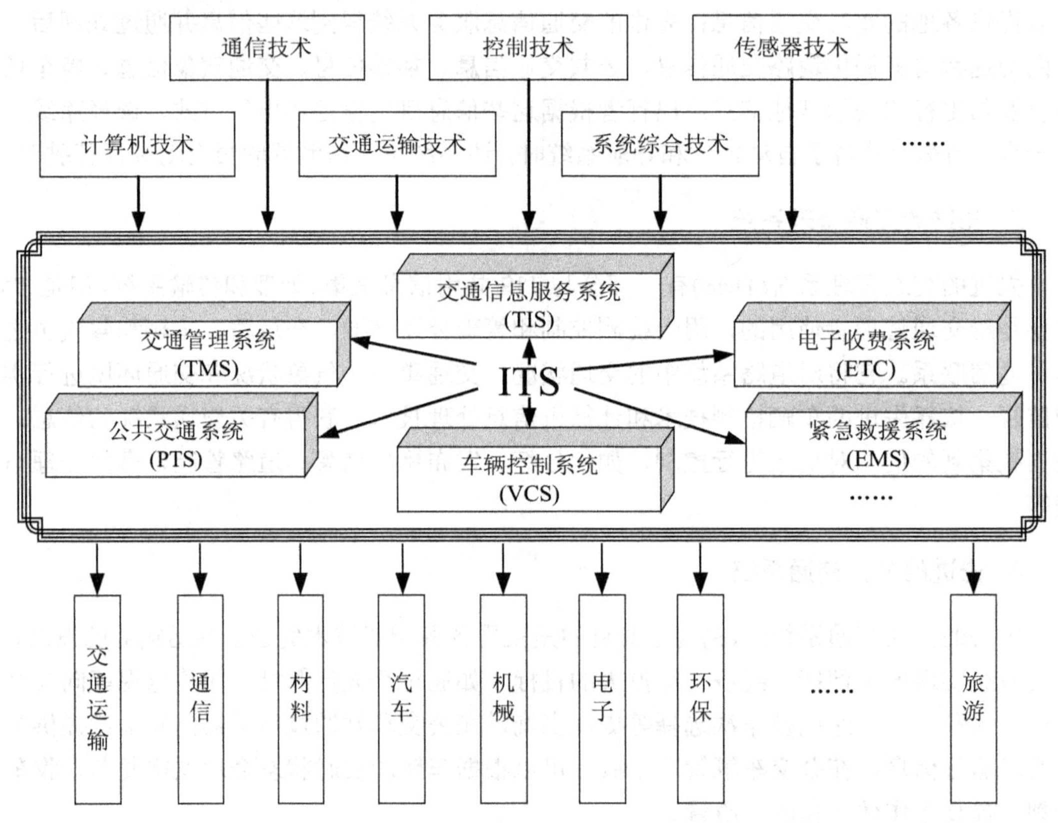

图6-2　智能交通系统

6.3.3　智能交通系统的主要功能

1. 出行者信息服务

在家中或在任何地方的人均可使用个人出行帮助系统来获得自己所需的相关信息，以帮助他选择出符合其出行预算和时间要求的交通工具与出行路线。

在行程中，导航系统将引导司机到达目的地，司机将不断地接收到前方有关交通状况的信息。司机与外界完全相通，出行变得容易、安全和舒适。交通信息数字化很容易与其他服务系统一体化，在进入一城市前，司机被预先告之停车场位置以及如何与公交相接，他可以预定停车位；其移动通信可以直接进入Internet网，自动访问所选择服务(如餐厅、

旅馆等)的站点。

另外，通过与相邻交通区域信息的交互、交通管理水平将会有很大提高。

2. 高效的快速应急服务

在出现紧急状况时，ITS 可以对事故发生地进行迅速与精确的定位，并且可以根据出事车辆传感器所提供数据，选择合适的应急设备，从而最大限度地拯救人的生命。

3. 安全行车服务

在车辆行驶过程中，车内的各种传感器可自动告诉司机所处行车环境的各种信息，及时向司机提出警告并帮助司机摆脱潜在的危险。在交通拥挤地段，车辆只能顺序行驶，以减少碰撞与交通事故；在学校、居民区等地段，司机可以通过按动车内的车速自动控制按钮，将行驶车速控制在允许的范围之内。

4. 减少交通阻塞，提高交通安全

与 ITS 控制中心相连的路况监控设备对路网交通状况进行实时监控，借助人工智能的帮助，控制中心将所连续监控的路网信息进行整合处理，从而提出整个路网的优化运行方案。与此同时，司机接收到与路网优化运行方案相应的引导信息。他可以根据引导信息选择行车路线，从而大幅度提高现有路网基础设施的使用效率和安全性。

5. 高质量低成本的快货运输

ITS 强大的网络效能可以给整个社会提供高质量低成本的快货运输。一方面，运营者可以运用 ITS 综合不同的运输模式，选择出能够及时运抵货物的最低成本的承运方案，并据此向货主提供承运报价；另一方面，货主可以根据不同运营者各自的承运方案与报价进行合理选择。

另外，在承运过程中，被运货物始终由电子标签进行追踪，同时，承运者还可以根据货主需要随时改变货运路线及其目的地。

6. 方便快捷的支付手段

作为无现金社会的扩展，交通运输服务要求实现更加方便快捷的电子支付手段。智能卡将被广泛用来支付过路费及停车费等，从而代替现金支付。当车辆处于行驶过程中时，可以通过用户与 ITS 支付中心可靠的无线通信来完成交易。

6.4　物流信息跟踪技术在物流中的应用

6.4.1　GIS 技术在物流中的应用

GIS 技术是一个具有集中、存储、操作和显示地理参考信息的计算机信息系统，它能够为人们提供多种方式的地理信息，在供应链管理中也有很广泛的应用，有着巨大的发展

应用前景。目前，国内已开发出利用 GIS 技术为供应链管理提供分析的工具软件、GIS 技术物流分析软件，这些软件集成了车辆路线模型、最短路径模型、网络物流模型、分配集合模型和设施定位模型等。这些模型既可以单独使用，解决某些实际问题，也可以作为基础，进一步开发适合不同需要的应用程序。在供应链管理中的现代物流所需解决的最大的问题，是如何用最优的成本完成物料运输，也就是说如何节约运输成本，如何应用 GIS 技术强大的地理数据信息功能来完善物流分析技术，降低运输费用，优化物流配送系统的运输线路。

1. 建立车辆路线模型

车辆路线模型是用于解决在一个起点、多个终点的货物运输问题中，降低操作费用并保证服务质量，决定使用多少车辆，每个车辆经过什么路线的问题。通常在一对多收发货点之间存在着多种可供选择的运输路线，以货物运输的安全性、及时性、低费用为原则，要选择合理最优的运输方式和运输路线。

在实际工作中，建立车辆路线模型还应该考虑很多影响因素，例如，仓库的数量和位置、仓库与商店对货物数量和时间要求、发货时间及交通管制、路况及车站和码头的服务时间、验货与检查及装卸搬运时间等，以便建立最优化的车辆路线模型。

2. 建立设施定位模型

设施定位模型用于确定一个或多个设施的位置，例如，仓库、医院、零售商店、加工中心等位置，以便建立最优化的设施定价模型，提高服务质量，降低操作费用，使企业利润最大化。在物流系统中，仓库和运输线共同组成物流网络，仓库处于网络的节点上，节点决定着线路，如何根据供求的实际需要并结合经济效益原则，确定在既定区域内设立多少个仓库、每个仓库的位置、每个仓库的规模、仓库之间的物流关系以及所有相关的设施位置等问题，运用此模型都能够较容易地得到解决。

3. 建立网络物流模型

网络物流模型用于解决寻求最有效的分配货物配送路径问题，也就是物流配送网点布局问题。如将货物从 N 个仓库运往到 M 个商店，每个商店都有固定的需求量，因此需要确定由哪个仓库提货送给那个商店，所耗的运输代价最小。在考虑线路上的车流密度前提下，把不同空间的车辆从所在位置调到货物所在位置，做到及时配送，网络物流模型都能有效的解决。

4. 建立分配集合模型

分配集合模型可以根据各个要素的相似点把同一层上的所有或部分要素分为几个组，用以解决确定服务范围和销售市场范围问题。如某公司要设立 X 个分销点，要求这些分销点要覆盖某一地区，而且要使每个分销点的顾客数目大致相等。充分考虑各个网点规模与地理位置，合理划分网点的服务范围，确定其供应半径，以便实现宏观平衡与费用最低。

建立分配集合模型可以把这些复杂而宏大的事情很简单地加以处理。

6.4.2　GPS 技术在物流中的应用

GPS 技术广泛应用于许多领域，特别是供应链管理中的交通运输企业成为当前 GPS 技术最大的应用领域。随着 GPS 全球定位系统的不断改进，硬件设备和软件系统的不断完善，车载终端设备也将日益丰富，在物流配送行业中的应用空间会更加广泛。

1. 汽车运输定位与跟踪调度

随着汽车工业的飞速发展，汽车 GPS 应用正逐渐发展成熟，GPS 车辆跟踪系统和导航系统的应用也迅速普及。据丰田汽车公司的统计和预测，日本车载导航系统的市场平均每年增长 35%以上，全世界在车辆导航上的投资将平均每年增长 60.8%，因此，车辆导航将成为未来全球卫星定位系统应用的主要领域之一。

2. 铁路运输管理方面

铁路运输部门开发的基于 GPS 技术的计算机管理信息系统，可以通过 GPS 与计算机网络实时收集全路列车、机车、车辆、集装箱及所运货物的动态信息，以实现列车、货物追踪管理。只要知道货车的车种、车型、车号，就可以立即从近 10 万 km 的铁路网上流动着的几十万辆货车中找到该货车，还能得知这辆货车现在在何处运行或停在何处，以及所有的车载货物发货信息。铁路部门运用这项技术可大大提高其路网及运营的透明度，为货主提供更高质量的服务。

3. 军事物流方面

GPS 全球卫星定位系统首先是因为军事目的而建立的，在军事物流中，如后勤装备的保障等方面应用相当普遍，尤其是在美国，在世界各地驻扎的大量军队无论是在战时还是在平时都对后勤补给提出很高的要求，在战争中，如果不依赖 GPS 技术，美军的后勤补给就会变得一团糟。美军在 20 世纪末的地区冲突中依靠 GPS 技术和其他顶尖新技术，以强有力的后勤保障，为赢得战争做出了巨大的贡献。因此，我国也高度重视，军事部门正在全方位研制和运用 GPS 技术。

6.4.3　ITS 技术在物流中的应用

1. ITS 和现代物流的关系分析

智能交通系统技术是目前提高交通运输效率和安全性的主要手段，也是交通运输行业发展的科学方向。其产生的背景就是为了解决道路交通日益拥挤、路网通行能力不能满足交通量增长的需要、交通事故率居高不下、能源浪费和环境污染严重等问题。智能交通系统作用的主要对象是驾驶员、车辆和道路，最重要的是它把这三者作为一个整体紧密地联系在一起，使传统的交通控制与管理变得更为有效，大大地提高了交通的机动性和安全性，同时也使交通拥挤得到了明显的缓解。

运输和配送是现代物流消除空间和时间隔离的基础，在物流活动中始终处于核心地位，据统计，运输费用在物流费用中占的比例最大(占 44%)，并且在整个物流活动中所占用的时间也较多。由此看来，实现运输和配送的安全快速化对降低物流成本和提高物流的服务水平有着十分重要的作用。而智能交通系统技术肩负着实现运输现代化的使命，正是这一要求使智能交通系统技术和现代物流活动紧密地联系在一起，并且 ITS 技术的应用为现代物流的发展提供了技术支持和保障。

2. ITS 技术对现代物流的作用

通过 ITS 技术的应用，对现代物流的作用主要有以下几个方面。

(1) 实现物流的畅通。

(2) 实现物流能耗的降低和物流快速化。

(3) 实现物流的安全性。

(4) 有利于提高物流效率。

3. 基于 ITS 技术构建现代物流体系

根据现代物流的流通过程，结合 ITS 技术对物流的影响，提出了在 ITS 技术条件影响下的现代物流体系。该体系着重体现了现代物流中心、运输、配送、用货单位、产货单位以及社会交通监控中心之间的作业关系，并且也体现了现代物流在 ITS 技术条件下的信息流程。它将对现代物流业的发展具有一定的指导意义和实践意义。

本 章 小 结

本章从地理信息系统(GIS)的基本概念出发，主要介绍了 G1S 的概念，GIS 系统的组成、功能及其在物流系统中的应用，然后介绍了 GPS 的概念、系统构成、GPS 的定位和工作原理，并重点介绍了 GPS 在物流领域中的应用，如物流过程的跟踪监控、运载工具的动态调度等，最后介绍了智能交通系统的发展和应用。

思 考 题

1．与一船的管理信息系统相比，GIS 具有哪些特征？

2．简述 GIS 系统的五个构成部分。

3．简述 GPS 系统的特点。

4．简述 GIS 系统开发的六个阶段。

5．简述地理信息系统(GIS)的空间分析三个层次的内容。

6．GPS 包括哪几个部分？各部分的作用是什么？

7．简述 GPS 的特点。

8．简述网络 GPS 的功能。

9．简述网络 GPS 的特点。

10．简述 ITS 技术的现代物流体系是如何建立的。

第三篇　系　统　篇

第 7 章　物流管理信息系统概述

现代物流作为一个相当复杂的社会大系统工程，其运作的前提是要有一个与之相适应的物流信息系统。物流信息系统在不同类型、不同规模的企业中不尽相同，不存在一个固定的系统模式和构成方式，但是，这并不等于物流信息系统在现代物流体系中不重要，相反，没有一个发达完善的物流信息系统，就没有真正意义上的现代物流系统。

7.1　管理信息系统简介

7.1.1　管理信息系统的概述

1. 管理信息系统的概念

信息技术是指研究信息如何产生、获取、传输、变换、识别和应用的科学技术。信息系统是一个人和机器共同组成的系统，它主要利用计算机技术将一组相关的部件组合起来，用于收集、处理、存储、检索和发布信息，是以人为核心的，以促进和提高企业或组织的管理水平和业务决策水平的系统。

著名的管理学教授德劳顿(Delawton)说：“管理信息系统(management information system，MIS)是基于信息技术对环境提出的挑战、组织和管理的解答。”面对客观环境对于企业的挑战，管理人员要想成功地实现企业的经营管理，首先要在管理信息技术的支持下拥有一个管理信息系统作为他的支撑平台。随着信息技术不断地前进和环境不断地变化，管理信息系统也要不断地发展变化，即管理信息系统是逐步发展的。

《中国企业管理百科全书》中对管理信息系统的定义是：“一个由人、计算机等组成的能进行信息收集、传递、存储、加工、维护和使用的系统。管理信息系统能实测企业的各种运行情况，利用过去的数据预测未来，从企业全局出发辅助企业进行决策，利用信息控制企业行为，帮助企业实现其规划目标。”

管理信息系统的定义提出了这样一种观点，即管理信息系统是管理人员把自己对于企业怎么管理、对企业的希望和梦想体现在管理信息当中的一种方式。所以，我们应该对管理系统进行全面的理解，它是支持管理人员的一个人机系统。

根据以上分析，管理信息系统是一个以人为主导，应用计算机技术、网络通信技术、

数据库技术等，进行信息的收集、传输、存储、加工、更新和维护，为企业或组织的管理、决策提供信息服务，以增强企业竞争能力和提高效率为目的的、集成化的人机系统。

2. 管理信息系统的特点

由上述管理信息系统的定义可看出管理信息系统具有下述特点。

1) 面向管理决策

管理信息系统是继管理学的思想方法、管理与决策的行为理论之后的一个重要发展，它是一个为管理决策服务的信息系统，必须能够根据管理的需要及时提供所需要的信息，帮助决策者作出决策。

2) 综合性

从广义上来说，管理信息系统是一个进行全面管理的综合系统。一个企业或部门在建立管理信息系统时，可根据需要逐步应用个别的子系统，然后进行综合，最终达到综合管理的目的。

3) 人机系统

管理信息系统的目的在于辅助决策，而决策只能由人来做，因而管理信息系统必然是一个人机结合的系统。在管理信息系统开发中要根据这一特点，界定人和计算机在系统中的地位和作用，充分发挥各自的长处，使系统整体性能达到最优。

4) 现代管理方法和手段相结合

管理信息系统要发挥其在管理中的作用就必须要与先进的管理手段和方法结合起来，在开发管理信息系统时要融入现代化的管理思想和方法。

5) 多学科交叉的边缘学科

管理信息系统作为一门新学科，产生较晚，其理论体系尚处于发展和完善过程中。早期研究者从计算机科学与技术、应用数学、管理理论、决策理论和运筹学等相关学科中抽取相应的理论构成管理信息系统的理论基础，从而形成一个有鲜明特色的边缘科学。

随着数据库技术、网络技术和科学管理方法的发展，信息系统也得到了长足的发展。以麻省理工学院的斯柯特·莫顿(S. Morton)为代表，在管理信息系统的基础上又提出了决策支持系统(decision supporting system，DSS)的概念。决策支持是 MIS 的一项重要内容，因此 DSS 是 MIS 的重要组成部分，它以管理信息系统为基础，是管理信息系统功能上的延伸，可以认为 DSS 是管理信息系统发展的新阶段。管理信息系统是一个不断发展的概念，自 20 世纪 90 年代以来，DSS 与人工智能、计算机网络技术等结合，形成了智能决策支持系统(intelligent DSS，IDSS)和群体决策支持系统(group DSS，GDSS)。相信随着数据库技术、网络技术和科学管理方法的进一步发展，管理信息系统也会得到进一步发展。

7.1.2　管理信息系统的结构和功能

1. 管理信息系统的结构

管理信息系统实现对整个企业或组织的各种活动的管理控制，功能复杂，由诸多模块组成，各部分间的关系也错综复杂，所以要对管理信息系统全面了解。管理信息系统的结构是指系统中各组成部分之间的相互关系和构成框架，可分为概念结构、层次结构、功能结构、硬件结构和软件结构。

1) 管理信息系统的概念结构

从概念上看，管理信息系统可以分为 4 大部件：信息源、信息处理器、信息用户和信息管理者。其中信息源是信息的产生地，可以是市场需求报告、人力资源情况报告、生产能力报告及库存报告等；信息处理器负责信息的传输、加工、储存等业务，这一部分我们多采用计算机硬件对特定系统的运行支持来实现；信息用户是企业或组织中信息管理系统的最终使用者和决策者；信息管理者则负责信息系统的设计和实现、运行与维护、应用与协调等环节，如图 7-1 所示。

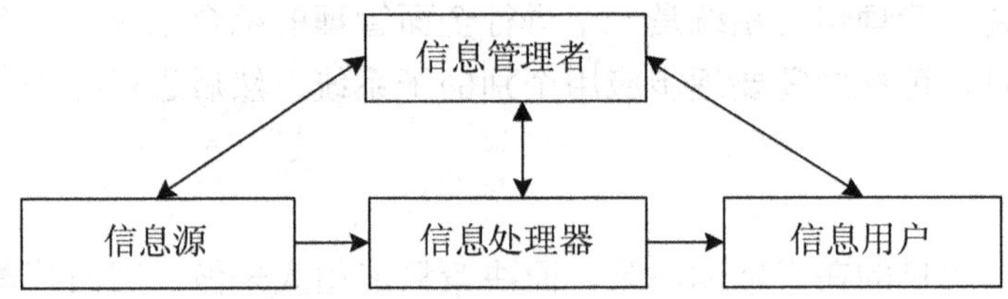

图 7-1　管理信息系统总体结构

一个完善的管理信息系统具有以下 4 个标准：确定的信息需求、信息的可采集与可加工、可以通过程序为管理人员提供信息、可以对信息进行管理。具有统一规划的数据库是 MIS 成熟的重要标志，它象征着 MIS 是软件工程的产物。

2) 管理信息系统的层次结构

由于管理信息系统要应用于企业与组织的管理，企业的管理具有层次性，即决定了管理信息系统的层次结构。一个企业的管理活动一般分为 3 个层次，即战略计划、管理控制计划和业务计划的控制。业务发生过程中各层管理的分布情况，如图 7-2 所示。

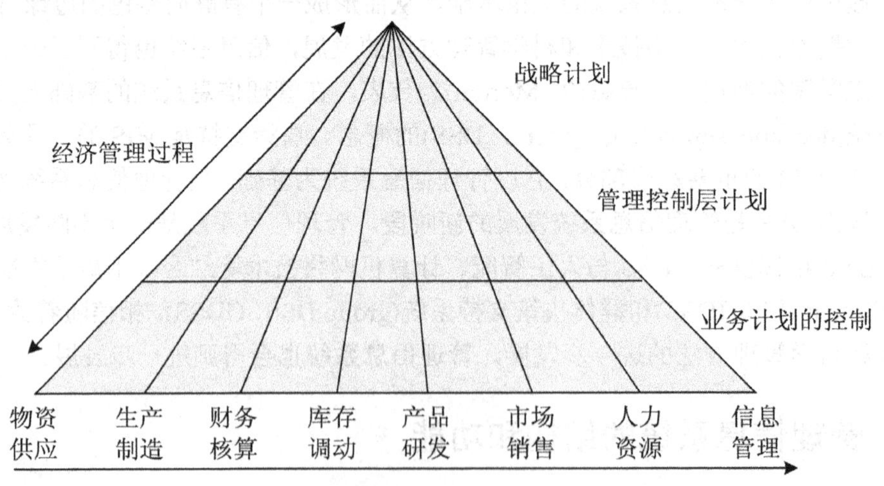

图 7-2　企业的管理层次示意图

图 7-2 反映了企业的高、中、低 3 个层次的管理人员在管理中的分工，反映了对企业在营销功能、制造功能、信息服务功能、人力资源管理功能和财务管理功能等管理功能上各个层次的支持与合作。各个层次的管理中都需要不同的信息加以支持，下面为各个层次对于管理信息的具体要求。

(1) 各层管理人员在管理中需要的信息来源不同。因为要制定企业发展战略规划，高层管理人员即战略规划层的管理人员，不仅需要知道企业内部的信息，而且需要知道外部环境的信息，即要了解竞争对手的信息，合作伙伴的信息，政府所有的政策、法规变化的信息。而企业内部运作层的人员所需要的信息来源主要是企业的内部。

(2) 信息综合程度不同。高层的管理人员管理综合性高，各个方面要求的信息量大。而对于具体的操作控制人员来说，只要负责局部管理的具体工作，要求的信息综合程度就要低一些。

(3) 信息的加工方法不同。因为高层管理人员所面临的决策问题多种多样，不同的问题就需要用不同的加工方法来处理信息，所以对于战略规划层来说信息加工的方法是不确定的。而对于操作控制层人员来说，由于业务比较固定，加工方法是相对确定的。例如，库存人员要处理的库存方面的信息无非是某一时间段内仓库里面收了多少货物？发出去了多少物料？收了多少物料？然后进行相应的数据统计并打印报表。这些都是非常固定的加工方法。

给不同层次的管理人员提供的信息，是否适用于他们管理工作的需要，这是管理信息系统设计中需要解决的问题。因此，应针对不同的需要来对不同的信息内容做不同的加工，采用不同的方法来满足各个层次的要求。与之对应，管理信息系统也分为 3 个层次，即决策层、管理层和业务处理层，如图 7-3 所示。

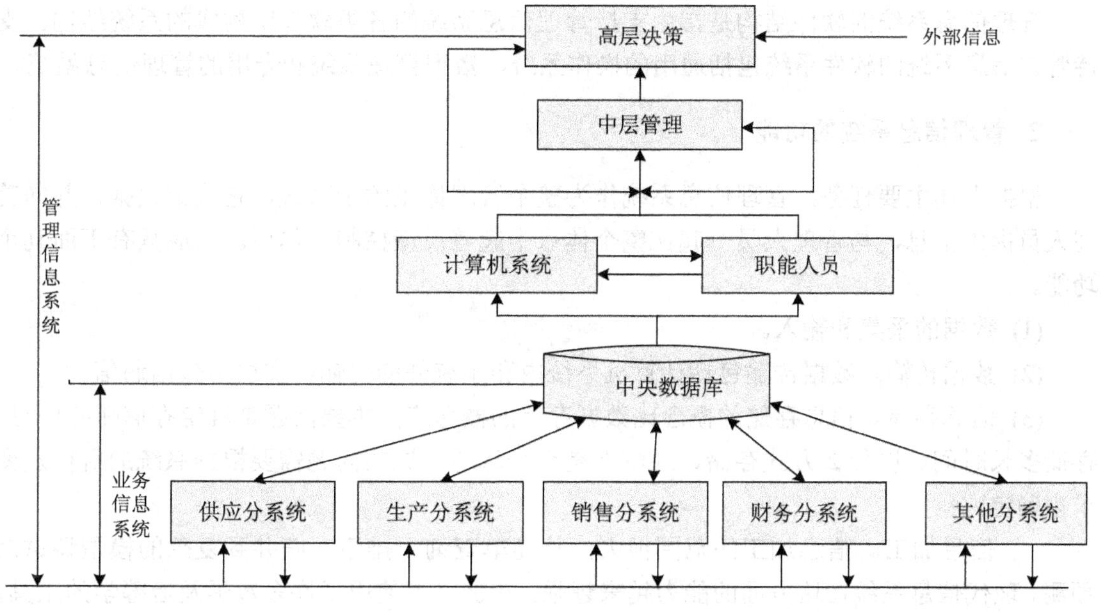

图 7-3　管理信息系统的层次结构

在管理信息系统中，将 3 个层次中各个部分有机地结合在一起，实现了对企业各层次员工工作的有力支持。

3) 管理信息系统的功能结构

一个管理信息系统要实现多种功能，各种功能之间通过信息的交流相互关联，最终组成一个有机的整体。因此对管理信息系统可以按照所实现的功能，划分为若干个组成部分，每个部分实现一定的功能。对管理信息系统的功能结构划分，通常按职能部门的业务范围划分，如一个企业管理信息系统的功能结构可用图 7-4 描述。

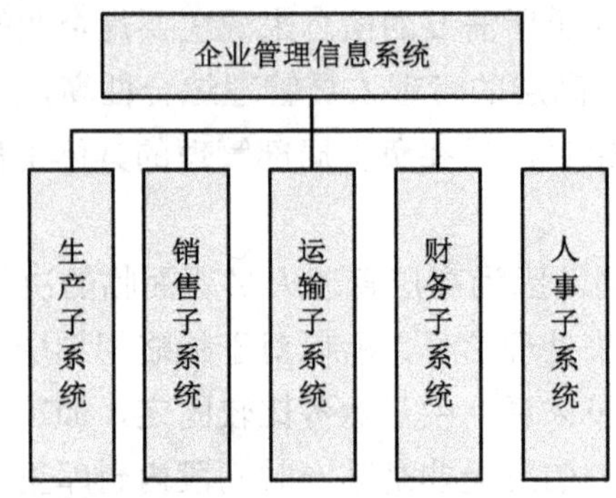

图 7-4　管理信息系统的功能结构

4) 管理信息系统的硬件结构

管理信息系统的硬件结构主要是指管理信息系统的硬件组成及其网络结构。管理信息系统的运行必须要有相应硬件结构来支持，各个软件功能部分的运行都通过在一定硬件设备上的分工来实现。一定程度上系统的硬件结构决定了软件的开发和运行模式。

5) 管理信息系统的软件结构

管理信息系统的软件结构是指由支持管理信息系统的各类软件所构成的系统结构。支持管理信息系统的软件系统包括通用的操作系统、数据管理系统和专用的管理信息系统。

2. 管理信息系统的功能

根据上述主要任务，管理信息系统作为整个管理体系的子系统，它收集数据，并向管理人员提供信息，与管理人员一起在整个体系中起着反馈控制的作用。它应具有下面几个功能。

(1) 数据的采集和输入。

(2) 数据传输。数据传输包括计算机系统内和系统外的传输，实质是数据通信。

(3) 信息存储。信息存储的概念比数据存储的概念广，主要问题是确定存储哪些信息、存储多长时间、以什么方式存储、经济上是否合算等。这些问题需要根据系统的目标及要求来确定。

(4) 信息加工。信息加工的范围很大，从简单查询、排序、归并到复杂的模型调试及预测。现代信息系统在这方面的能力越来越强，在加工中使用了许多数学及运筹学的工具，涉及许多专门领域的知识，如数学、运筹学、经济学和管理科学等。

(5) 信息维护。保持信息处于合用的状态叫信息维护。其狭义上包括经常更新存储器中的数据，使数据保持合用状态；广义上包括系统建成后的全部数据管理工作。其主要目的在于保证信息的正确、及时、安全和保密。

(6) 信息的使用。信息的使用主要是高速度和高质量地为用户提供信息，进一步来讲是实现信息价值的转化，提高工作效率，利用信息进行管理控制、辅助管理决策等。

7.1.3 管理信息系统的任务和作用

1. 管理信息系统的任务

管理信息系统辅助完成被管理体系的日常结构化的信息处理任务，一般认为管理信息系统的主要任务有下述几方面。

(1) 对基础数据进行严格的管理，要求计量工具标准化、程序和方法的正确使用，使信息流通渠道顺畅。要明确的是：必须保证信息的准确性、一致性。

(2) 确定信息处理过程的标准化，统一数据和报表的标准格式，以便建立一个集中、统一的数据库。

(3) 高效低能地完成日常事务处理业务，优化分配各种资源，包括人力、物力和财力等。

(4) 充分利用已有的资源，包括现在的和历史的数据信息等，运用各种管理模型，对数据进行加工处理，支持管理和决策工作，以便实现组织目标。

2. 管理信息系统的作用

企业或组织采用管理信息系统对企业的生产和经营进行管理与控制，并对企业管理者提供决策辅助，将极大地增强企业的竞争力，提高企业的效率。关于管理信息系统的作用，具体可总结为如下几个方面。

1) 辅助企业或组织对市场做出快速反应

与纯人工的信息处理模式相比，管理信息系统可以快速地进行数据收集、信息的加工与处理、定制系统内的自动化反馈与处理机制、缩短信息处理周期，使得企业能够迅速安排物资计划、查清库存情况、缩短交货期，并可及时给出报价，对市场做出快速反应。

2) 缩短企业生产周期

通过管理信息系统对企业生产过程的规范化管理与控制，可以及时掌握产品的生产、销售和库存情况，发现问题并解决问题；将人工的加工模式与人工合作关系，改变为有机的整体；加强生产中工作人员的交流与沟通，将组织内的沟通时间有效地缩短，优化生产流程，缩短生产周期。

3) 降低企业生产成本

利用管理信息系统辅助企业与组织管理，尤其是生产管理，可以对原材料和产品的库存情况等进行有效控制，做到心中有数，做到企业资源的最佳利用，最大限度地减少不必要的库存；通过管理信息系统的数据分析与统计功能的支持，可以使得企业经营者不因盲目追求生产数量，造成经营决策方面的错误，而真正做到以经济效益为中心的“优质、高效、低成本”生产与经营，制订出合理科学的生产计划和作业计划。

4) 使企业及时掌握市场信息

企业的生存和发展要受经济、技术等各种环境因素的影响，为了使企业在市场竞争中立于不败之地，企业可以通过对互联网的使用及时了解外部环境和竞争对手的信息，及时掌握市场的最新动向，掌握市场竞争的主动权，使企业有长远的发展。所以通过目前大多数管理信息系统所采用的网络化信息管理模式，可使得企业及时全面地进行信息收集与汇总，真正做到企业的信息化。

7.2 物流管理信息系统的概念和特点

7.2.1 物流管理信息系统的概念

物流管理信息系统(logistics management information system, LMIS)是指在一定时间空间内，由人员、设备和程序组成的，为物流管理者执行计划、实施、控制等职能提供信息的交互系统。它与物流作业系统构成了现代物流系统的两大组成部分，是物流企业针对环境带来的挑战而做出的基于信息技术的解决方案。

物流管理信息系统既是现代物流系统当中的一个独立的子系统，又是现代物流系统中的“血液系统”或“中枢神经”系统。它是通过对与物流相关信息的加工处理来达到对物流、资金流的有效控制和管理，并为企业提供信息分析和决策支持的人机系统。这个系统以人为主体，对企业的各种数据和信息进行收集、传递、加工和保存，将有用的信息传递给使用者以辅助企业的全面管理。物流信息系统具有实时化、网络化、系统化、规模化、专业化、集成化和智能化等特点。

物流管理信息系统的运作流程是通过输入社会需求文件信息和供应商货源文件信息，形成产品生产计划、生产能力计划、送货计划和订货进货计划、运输计划、仓储计划、物流能力计划，并进行成本核算。要使这样一个纵深庞杂、涉及面广的物流体系快速、高效和经济地运行，没有信息这一“润滑剂”的作用是不可想象的。现代物流信息在物流活动中起着“中枢神经系统”的作用，“牵一发而动全身”。

7.2.2 物流管理信息系统的特点

作为辅助物流企业进行事务处理，为管理决策提供信息支持的信息系统，物流信息系统具有以下一些基本特点。

1. 人机系统

利用计算机强大的信息处理能力和存储能力，既是管理现代化的客观要求，也是管理信息系统的基本特点。现代信息技术，为系统提供了物质保障，同时，要发挥物质技术系统的效率，还需要人的管理与操作，一个好的管理信息系统，必然是一个人机协调、高效率的系统。

2. 综合系统

物流信息系统的综合性反映在以下几个方面：一是多学科交叉，系统开发是一个综合运用系统论、信息论、控制论、行为科学、管理科学、计算机技术和通信技术的过程；二是多种个人才结合。多学科交叉决定了系统开发是多方面人才结合、相互渗透的过程，也是一个培养复合型人才的过程；三是软件和硬件的集成，管理信息系统从表面上看是计算机硬件系统与应用软件系统的集成，而实际上是一个软技术(包括思想、方法、机构和观念等方面)和硬技术(包括企业生产、工艺等方面)的集成。

3. 动态系统

物流管理信息系统开发从系统请求开始，经过系统调查、可行性分析、系统分析、系统实施、系统运行和维护等阶段进入实用状态。随着环境的变化，系统又会产生新的需求，从而导致新系统的开发。因此，系统维护与开发处在连续不断的动态过程之中，否则系统就没有生命力。

物流过程是一个动态的过程，随着时间空间的变化，物流条件、环境也在变化，如何把这些动态信息反映在物流中，对物流过程实施控制，这就要求物流管理信息系统要具有实时动态处理能力。

7.3　物流管理信息系统的组成和分类

7.3.1　物流管理信息系统的组成

物流管理信息系统的构成要素包括硬件系统、软件系统、数据库和数据仓库、人员等。

1. 物流管理信息系统的硬件系统

物流管理信息系统的硬件系统包括计算机、必需的通信设施和安全设施等，它构成了系统运行的硬件平台，如图 7-5 所示。

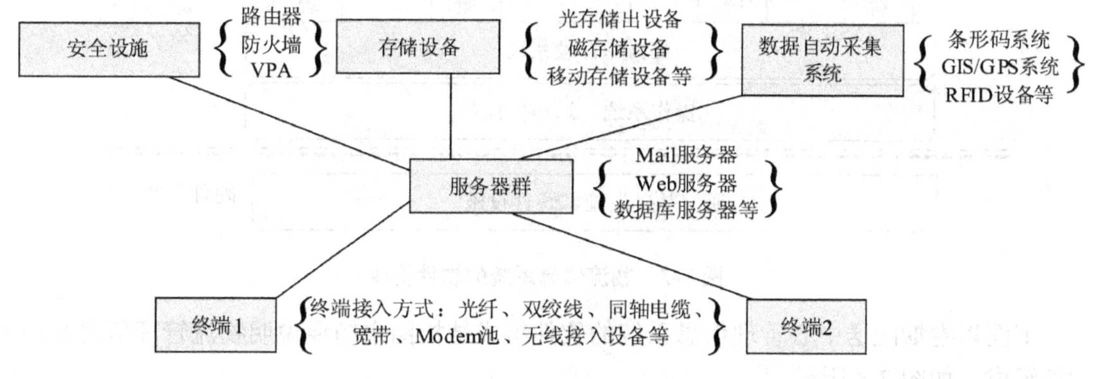

图 7-5　物流管理信息系统的硬件构成

下面将以现代物流配送中心管理信息系统的硬件构成为实例说明物流管理信息系统的硬件组成。物流配送中心管理信息系统的硬件构成如图 7-6 所示。

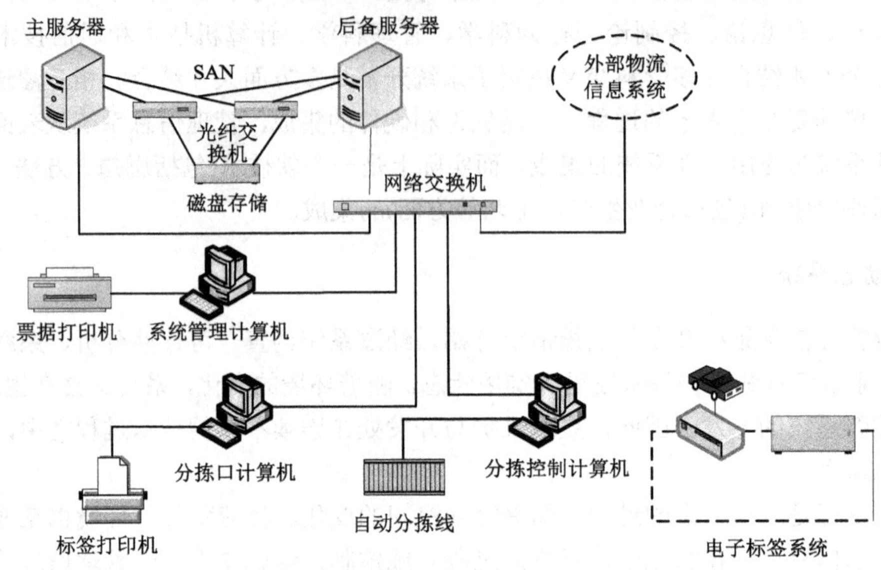

图 7-6　物流配送中心管理信息系统的硬件构成

2. 物流管理信息系统的软件系统

物流管理信息系统的软件系统包括操作系统、通信协议、业务处理层系统等。运行于底层的网络硬件设施与各种物流工具之上。这部分又可分为物流企业子系统、运输工具子系统、现场子系统、用户管理子系统和行业管理子系统等多个子系统，如图 7-7 所示。

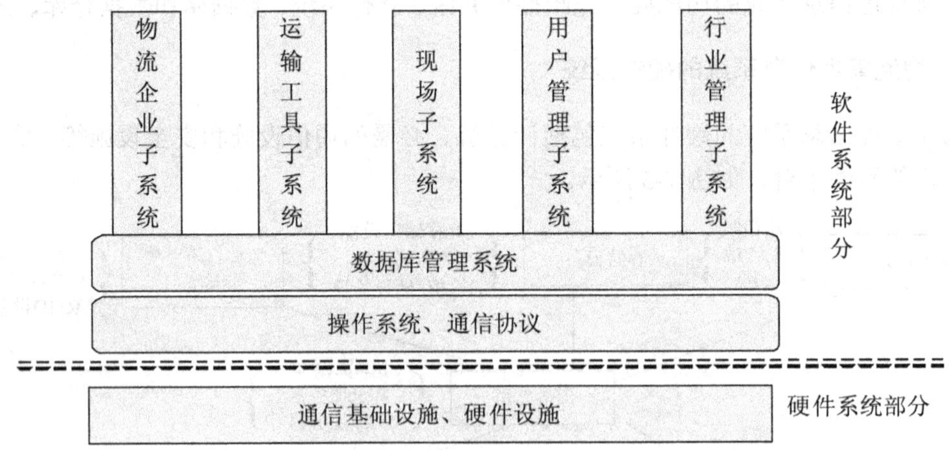

图 7-7　物流信息系统的软件构成

下面以卷烟配送中心管理信息系统的软件组成结构图来简要说明物流管理信息系统的软件组成，如图 7-8 所示。

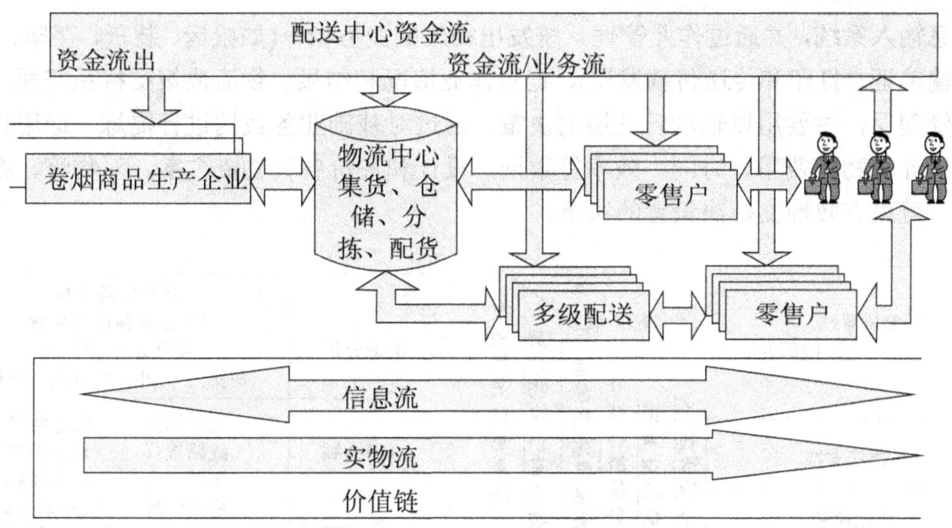

图 7-8　卷烟配送中心的软件构成

3. 数据库与数据仓库

数据库技术将多个用户、多种应用所设计的数据，按一定的数据模型进行组织、存储、使用、控制和维护管理，数据的独立性高、冗余度小、共享性好，能进行数据完整性、安全性、一致性的控制。数据库系统是面向一般的管理层的事务性处理。

数据仓库是面向主题的、集成的、稳定的、不同时间的数据集合，用以支持经营管理中的决策制定过程。基于主题而组织的数据便于面向主题分析决策，它所具有的集成性、稳定性及时间特征使其成了分析型数据，为决策层提供决策支持。数据仓库也是一个管理系统，它由三部分组成：数据仓库、数据仓库管理系统和数据仓库工具。

4. 人员

系统的开发涉及多方面的人员，有专业人员，有领导，还有终端用户，例如企业高层的领导(CEO)、信息主管、中层管理人员、业务主管、业务人员，系统分析员、系统设计员、程序设计员和系统维护人员等是从事企业物流信息资源管理的专业人员。

7.3.2　物流管理信息系统的分类

1. 物流管理信息系统分类

下面，我们从不同的角度对物流管理信息系统进行分类，各分类情况如图 7-9 所示。

1) 按管理决策的层次

按管理决策的层次，物流管理信息系统可以分为物流作业管理系统、物流协调控制系统和物流决策支持系统，如图 7-10 所示。

物流作业管理系统面向企业的作业层，主要实现物流业务各环节的基本数据输入输出处理，解决将手工作业电子化的问题。例如，客户向物流企业发出委托信息，物流企业将委托信息输入系统，并通过作业管理系统发出相应的业务指令(如搬运、装货、存储、交货、签发运输单证、打印和传送付款发票)、记录作业情况和结果。物流决策支持系统面向企业的高级管理层，主要用以辅助管理层的决策。通过对基础业务数据进行提炼，运用相应的模型分析计算物流费用、时间、效率等数据，设计和评价各种物流方案，对物流、存货进行预测，可以有效地支持决策者的决策。

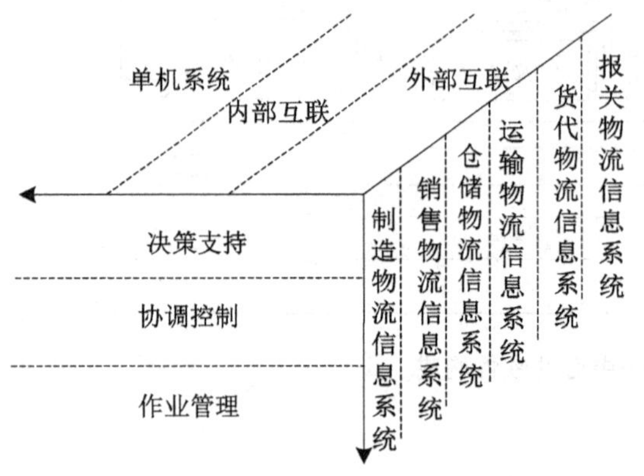

图 7-9　物流管理信息系统的分类

决策分析	客户服务分析 网络/设施选址配置 存货水平和管理 与第三方/外源的垂直一体化
协调控制	仓储调度　动态陪在 线路选择　设备调度 车辆调度　成本控制 资产管理　生产率衡量
作业管理	订单受理记录　出入库管理 货物库存管理 货物加工管理 货物运输管理 车辆在途监控

图 7-10　按管理决策的层次分类

2) 按系统的应用对象分类

根据在供应链上发挥的作用和所处的地位，物流管理信息系统可以分为面向制造企业的物流管理信息系统，面向零售商、中间商、供应商的物流管理信息系统，以及面向物流企业的物流管理信息系统。

3) 按系统采用的技术分类

物流管理信息系统的实现有多种形式。根据其采用技术的不同，可以分为单机系统、内部网络系统以及与合作伙伴和客户互联的系统。总之可以从不同的角度对其进行分类，而它们之间不是完全独立的，而是相互重叠、相互结合的。

2. 几种典型的物流管理信息系统

1) 决策支持系统

决策支持系统(decision support system，DSS)是一个能对决策提供支持的交互式计算机系统。

一般情况下，决策支持系统可分为智能决策支持系统、分布决策支持系统和群体决策支持系统。

2) 运输信息系统

运输信息系统主要处理各种运输问题，它应当支持多网点、多机构、多功能作业的立体网络运输，特别对于网络机构庞大的运输体系，运输管理信息系统能够协助管理人员进行资源分配、作业匹配、路线优化等操作。

运输信息系统还应有基本资料的管理(包括车辆信息、行驶路线信息等基本资料的维

护)、油料管理、物料管理和成本管理。

3) 库存信息系统

库存信息系统是物流信息系统中应用较为广泛的系统，也可以说是各类型物资及物流管理信息系统的基础系统。无论进行何种管理，库存信息都是首先要掌握和收集的。

库存信息系统主要有以下几个应用方面的目的：一是便于掌握各分销地点的库存量及生产企业库存量；二是对具体的某一仓库进行库存管理；三是在高层货架仓库中建立库存信息分系统等。

4) 配送信息系统

配送信息系统有一定的综合性，同时配送信息系统也是物流信息系统的重要功能，配送的成败决定着企业和经营部门对市场的占有和控制。

配送信息系统的主要目的是：向各分销点或营业点提供配送物资的信息，根据订货查询库存及配送能力，发出配送指令，发出结算指示及发货通知，汇总及反馈配送信息等。

5) 订单处理系统

一个企业从发出订单到收到货物的时间称为订货提前期，对于供货方而言，这段时间称为订货周期。

在订货周期中，企业要相继完成 5 项重要活动：订单准备、订单传输、订单录入、订单履行和订单状况报告。这就是订单处理的流程。

7.4　物流管理信息系统的结构和功能

7.4.1　物流管理信息系统的基本结构

物流管理信息系统的基本结构主要有概念结构和层次结构。

1) 物流管理信息系统的概念结构

物流管理信息系统的概念结构由 4 个部分组成，如图 7-11 所示。

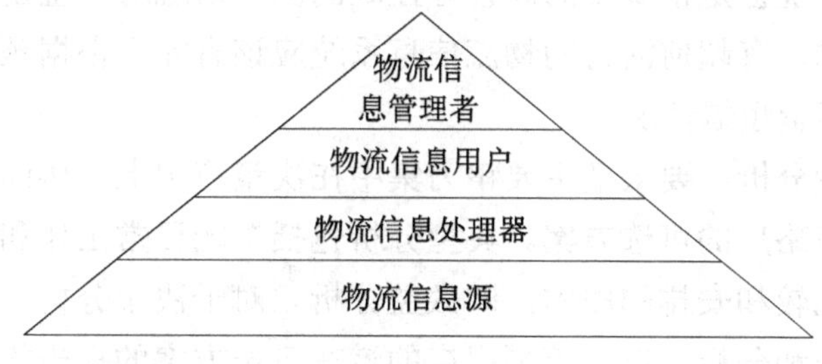

图 7-11　物流管理信息系统的概念结构

物流信息源是物流信息的产生地，也是物流管理信息系统的基础。物流信息处理器主要负责物流信息的传输、加工、存储等任务。物流信息用户是指物流管理信息系统的服务对象，他们利用所得到的物流信息进行决策。物流信息管理者负责物流管理信息系统的设计与实现，并负责物流管理信息系统的运行和维护。

2) 物流管理信息系统的层次结构

根据处理的内容及决策的层次，物流管理信息系统可划分为不同的层次。一个完善的物流管理信息系统主要由战略规划、决策分析、管理控制与交易系统四个层次组成，如图 7-12 所示。

图 7-12 物流管理信息系统的层次结构

第一层次是交易系统，是用于启动和记录个别的物流活动的最基本的层次。交易系统包括记录订货内容、安排存货任务、作业程序选择、装货、定价、开发票及消费者查询等。交易系统的特征是：格式规则化、通信交互化、交易批量化及逐日化。结构上的各种过程和大批量交易相结合主要强调了信息系统的效率。物流管理信息系统的管理控制、决策分析及战略计划制订者需要以交易系统作为基础。

第二层次是管理控制，要求把主要精力集中在功能衡量和报告上。功能衡量对于提供有关服务水平和资源利用等的管理反馈来说是必要的。因此，管理控制以可估价的、策略上的、中期的焦点问题为特征，它涉及评价过去的功能和鉴别各种可选方案。普通功能的衡量包括金融、顾客服务、生产率及质量指标等。作为一个例子，特殊功能的衡量包括单位货物的运输和仓储成本(成本衡量)、存货周转(资产衡量)、供应比率(顾客服务衡量)、每工时生产量(生产率衡量)及顾客的感觉(服务质量衡量)。

当物流信息系统有必要报告过去的物流系统功能时，物流系统是否能够在其被处理的过程中鉴别出异常情况也是很重要的。管理控制的例外信息对于鉴别潜在的顾客或订货问题是很有用的。例如，有超前活力的物流信息系统应该有能力根据预测的需求和预期的入库数来预测未来的存货短缺情况。

第三层次是决策分析，要求把主要精力集中在决策应用上，协助管理人员鉴别、评估经比较物流战略和策略后的可选方案。典型分析包括车辆日常工作和计划、存货管理、设施选址及有关作业比较和安排的成本，即效益分析。对于决策分析，物流信息系统必须包括数据库维护、建模和分析，以及范围很广的潜在可选方案的报告构件。与管理控制层次相同的是，决策分析也以策略上和可估计的焦点问题为特征，其主要精力集中在评估未来策略上的可选方案，并且，它需要相对松散的结构和灵活性，以便做范围很广的选择，因此用户需要有更多的专业知识和能力去利用它。既然决策分析的应用比较少，那么物流信息系统的决策分析趋向于更多地强调有效性(针对无利可图的账户，鉴别出有利可图的品目)，而不是强调效率(利用更少的人力资源实现更快的处理或增加交易量)。

第四层次是制定战略规划，要求把主要精力集中在信息支持上，以期开发和提炼物流战略。这类决策往往是决策分析层次的延伸，但通常更加抽象、松散，并且注重长期性。作为战略计划的例子，决策中包括通过战略联盟使协作成为可能、厂商的能力和市场机会的开发和提炼，以及顾客对改进的结果所做出的反应。

但是，据调查，目前我国的物流企业除了少数大型企业外，绝大多数的物流企业对计算机的应用还仅仅限于办公文字处理和财务管理等很少的几个方面。而在国外物流企业中普遍采用的计算机辅助决策等方面的应用，在我国的物流企业中可谓少之又少，许多物流企业的信息化建设的重点主要集中在基础网络建设及应用软件系统建设的初级阶段。至于业务流程和操作的优化，如集中采购、集中库存及大型配送中心的计算机管理，尚处于起步和摸索阶段。

7.4.2 物流管理信息系统的功能结构

物流管理信息系统的功能结构包含两大子结构：计划及协调信息流及作业信息流，如图 7-13 所示。

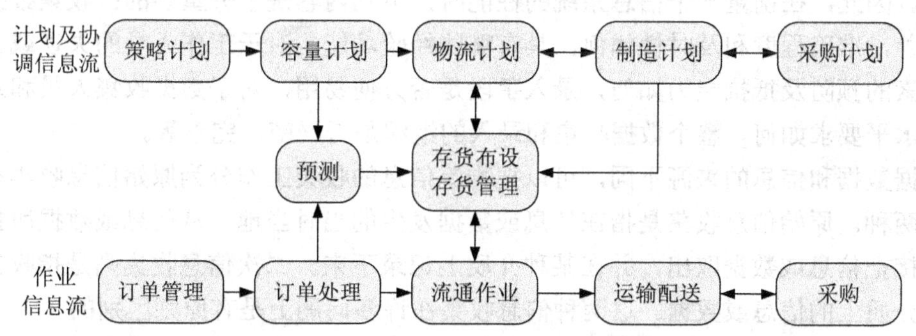

图 7-13 物流管理信息系统的功能结构

1) 计划及协调信息流

物流管理信息系统的计划协调工作包含企业内外的物料及成品计划，其主要组成包含以下几方面。

(1) 策略目标。

(2) 容量限制。

(3) 物流需求。

(4) 制造需求。

(5) 采购需求。

2) 作业信息流

物流信息系统作业的信息活动包含顾客订单的接收、处理、运送，以及采购单的到货接收协调等，其主要组成包括以下几方面。

(1) 订单管理。

(2) 订单处理。

(3) 流通作业。

(4) 运输与配送安排。

(5) 采购。

7.4.3 物流管理信息系统的功能

1. 基本功能

为了满足物流管理者的信息需求，物流管理信息系统需要完成大量的信息处理工作。虽然各种类型的信息系统在具体内容和侧重点上有很大差别，但其基本功能均可概括为 6 个方面：数据收集、数据存储、数据传输、数据加工、信息解释和信息输出。

1) 数据收集

任何信息系统，如果没有实际的数据，那么它理论上的功能再强，也是没有任何实用价值的。物流管理信息系统的首要任务是把分散在企业内外各处的数据收集并记录下来，整理成物流管理信息系统要求的格式和形式。数据的收集和录入是整个物流管理信息系统的基础。因此，在衡量一个信息系统的性能时，下列内容是十分重要的：收集数据的手段是否完善，准确程度和及时性如何，具有哪些经验功能，对于工作人员的失误或其他各种破坏因素的预防及抵抗能力如何，录入手段是否方便易用，对于数据收集人员和录入人员的技术水平要求如何，整个数据收集和录入的组织是否严密、完善等。

根据数据和信息的来源不同，可以把物流信息的收集工作分为原始信息收集和二次信息收集两种。原始信息收集是指在信息或数据发生的当时当地，从信息或数据所描述的实体上直接把信息或数据取出，并在某种介质上记录下来。二次信息收集则是指收集已记录在某种介质上的信息或数据。这两种信息收集在许多问题上是有原则区别的。

原始信息收集的关键是完整、准确、及时地把所需要的物流管理信息收集起来、记录下来，做到不漏、不错、不误时。二次信息收集则是在不同的信息系统之间进行的，其数据实质是从别的信息系统得到企业物流管理信息系统所需要的关于某种实体的信息(实际上往往不只是两次传递，而是经过多次传递)，其关键在于两个方面，即有目的地选取或抽取所需信息和正确地解释所得到的信息。

2) 数据存储

物流管理信息系统必须具有存储信息的功能，否则它就无法突破时间与空间的限制，发挥提供信息、支持决策的作用。即使以报告与输出为主要功能的通信系统，也要有一定的记忆装置。简单地说，物流管理信息系统的存储功能就是保证已得到的物流信息能够不丢失、不走样、不外泄、整理得当且随时可用。

无论哪一种物流管理信息系统，在涉及信息的存储问题时都要考虑存储量、信息格式、存储方式、使用方式、存储时间和安全保密等问题。数据的存储首先应考虑数据的组织，其目的是为了数据的处理和检索。数据的存储包括物理保存及逻辑组织两个方面。数据保存是指安排适当的地点，寻找合适的介质来存放信息。逻辑组织则是指按照信息的内在逻辑联系及使用方式，把大批信息组织成合理的结构，从而提高查找的速度，为使用物流信

息的人员提供方便。在各类信息系统中，存储的要求是不同的。物流业务信息系统中需要存储的信息格式往往比较简单，存储的时间比较短，但是数量往往很大。物流管理信息系统与决策支持系统中的信息格式比较复杂，要求存储比较灵活，存储的时间也较长，因此信息存储的难度较大。

3) 数据传输

为了收集和使用物流信息，需要把物流信息从一个子系统传送到另一个子系统，或者从一个部门传送到另一个部门，即所谓的数据通信。信息的传递并不只是一个简单的交换问题。物流管理信息系统的管理者与计划者必须充分考虑所需要传递的信息的种类、数量、频率和可靠性要求等因素。

现代化的通信技术是以计算机为中心，通过通信线路与近程终端或远程终端相连，形成联机系统，或者通过通信线路将中、小、微型计算机联网形成分布式系统。衡量数据传输的指标是传输速度和误码率。在信息系统中存在着人工数据传输过程，这些数据是以各种单据、报表和计划等形式进行传递的。此外还有一种介于计算机传输和人工传输的形式——盘片传输。各子系统之间的计算机网络尚未连成而又需要数据传送时，可采用软盘传送，以取代书面报表传送。实践证明，这种方法在某些场合是行之有效的，是人工传输过渡到网络传输的应变手段。

4) 数据加工

系统需要对已经收集到的物流信息进行某些处理，以便得到某些更加符合需要或更能反映本质的物流信息，或者使物流信息更适合于各级管理人员使用，这就是数据的加工。

计算机的数据加工涉及范围很广，从简单的查询、排序、合并到模型的仿真、预测、优化计算等。这些功能的强弱是反映从物流管理计算一直到复杂的物流信息系统能力的重要方面。现代的物流管理信息系统在这方面的功能越来越强，信息系统在加工中使用了许多数学及运筹学的工具，特别是面向高层管理者的物流管理信息系统具有相当强的功能。为了使计算机有较强的处理能力，现在许多大的处理系统备有 3 个库，即数据库、方法库和模型库。方法库中备有许多标准的算法数据，而模型库中存放了针对不同问题的模型，数据库中备有要用的二次数据，这样应用起来十分方便。

信息加工的种类很多。从加工对象的不同来看，可分为数值运算和非数值处理两大类。数值运算包括简单的算术与代数运算、数理统计中的各种统计量的计算及各种检验、运筹学中的各种最优化算法计算及预测方法等。非数值处理包括排序、归并、分类及文字处理等。

5) 信息解释、输出

物流管理信息系统的服务对象是物流管理者，因此它必须具备向物流管理者提供信息的手段或机制，否则它就不能实现自身的价值。经过解释的物流信息，根据不同的需要，以不同的形式进行输出，有的直接提供给人使用，有的提供给计算机进一步处理。物流管理信息系统的输出结果是否易读易懂，应该是评价物流管理信息系统的主要标准之一。信息输出的手段是物流管理信息系统与物流管理者的接口或界面，它的情况应由双方的情况来定，即需要向使用者提供的信息情况及使用者自身的情况。

从提供的信息来看，决策支持系统的复杂程度及灵活性要求最高，因此对话式的用户接口比较适宜，而固定的例行服务方式往往难以满足要求。物流业务信息系统和物流管理信息系统一般倾向于提供固定的例行信息服务。对于这两种信息系统，由于使用者主要是中下层的管理人员，信息输出方式的简明易用是十分重要的。系统的设计者应当利用各种方法，避免误解，提高清晰程度，以便保证信息的正确理解与使用。在具体的物流管理信息系统中，它们的实现机制是不同的，在设计时考虑的先后次序也因系统而异。

2. 主要功能

物流管理信息系统以数据库为中心，以计算机网络为支撑，主要完成物流企业操作层的 数据处理和结构化的决策，是企业的信息源和企业信息系统的基础。由于管理信息系统主要应用于企业业务层的日常工作，与企业的管理模式关系密切，因此这类系统受企业管理模式和运作方式的影响和制约，是一类较难开发但又非常必需的信息系统。在我国的企业中，物流信息化目前主要针对这一类信息系统的某些部分。

物流管理信息系统的主要功能是：物流业务处理功能、信息查询功能、信息分析功能及决策支持功能。

1) 物流业务处理功能

物流业务处理是对物流作业和物流活动的相关事务进行处理。实现原始数据的收集，提供相应的合同、票据、报表、订单管理及输入输出的手段和功能，及时处理订单管理、配货管理、运输管理、仓储管理、采购管理、流通加工和财务管理等企业相关业务，反馈和控制企业基层的日常生产和经营工作的信息。同时，将收集、加工后的物流信息存储在数据库中，以便满足信息查询与分析的需求。

2) 信息查询功能

信息查询以检索数据库中的现存信息或简单加工后的信息为主，以文字、表格或图形等形式显示相关信息，满足企业和客户相关物流信息的查询需求，提供对物流系统状况和货物、车辆的监视与跟踪功能，并为顾客提供所需的网上查询和信息服务手段。

3) 信息分析功能

信息分析是根据用户的要求，采取适当的计算方法和模型，对数据库、数据仓库中存储的数据进行加工、分析，产生相关的分析报告，帮助企业经营管理者对企业的运行状况进行分析、评估。

4) 决策支持功能

决策支持是对物流活动和物流业务进行评估和成本——收益分析，主要包括业务量分析、经营成本分析、业务机构效益分析、利润增长点分析、保险与理赔分析、库存优化、配载优化及客户行为分析、重点客户发现和市场性能评估等功能，为企业高层领导及管理人员提供相应的优化及辅助决策功能服务。

因此，物流管理信息系统的主要用户是物流企业操作层的各类业务人员和管理人员，根据其信息查询、信息分析功能的强弱，企业战术层、战略层的管理者也可能成为该类系统的用户。

3. 强化功能

物流管理信息系统的强化功能如下。

(1) EDI 技术解决数据的有效通信。EDI 技术在配送中应用的优点在于整个配送供应链组成的各方基于标准化信息格式和处理方法，通过 EDI 共同分享信息、提高流通效率、降低物流成本，如环环相扣的配送信息校核，能减少作业的差错率，节省订单商品检验的时间和成本。

(2) 智能数据技术解决多种数据的有效集成。智能数据处理的解决方案是基于万能数据接口(ETL 工具)、数据仓库(DW)、在线分析(LAP)和数据挖掘(DM)等信息技术构建的智能化数据管理工具，能够适时对不同单位、不同部门、不同区域、不同信息系统中的数据进行采集、抽取、整合和转化，并按维度与层次对主题建立数据分析模型，进行多深度分析，寻找隐藏在数据与数据之间的潜在关系，在预测模型的基础上对未来作出判断，同时通过丰富的图形和立体报表灵活地展现数据，做出实用性选择。

(3) GIS/GPS 解决：车辆监控、提供配送行车路线的智能规划和导航、信息查询、指挥调度和紧急救援。

7.5 物流管理信息系统的现状及发展趋势

7.5.1 我国物流管理信息系统的现状

目前，对我国的物流行业领域来说，在信息技术、流程设计和优化、供应链管理三个层次的需求上正由浅入深地稳步发展，企业越来越追求对流程和管理的了解和掌握，对解决方案的要求也越来越超出 IT 商目前所能提供的服务。三个层次的需求在我国表现为物流信息系统的三个发展阶段。

1. 第一阶段：业务流程信息化

用少量的投资解决业务各流程的信息化问题，建立决策要依赖信息的机制，其中特别是将财务核算深入到各业务环节中去。中国物流与采购联合会的有关专家认为，从总体上来看，我国绝大部分企业，特别是中小企业仍处于第一个阶段，从中国物流采购与联合会征集的案例来看，此类需求占市场的主体，占 80%以上。

2. 第二阶段：业务流程优化和运作

少部分基础较好的企业已经进入了第二层需求，即优化流程设计和运行操作。这样的企业应有较好的经营管理机制和较好的信息化基础，可以为流程再造提供制度保证和数据基础。此类需求占市场份额虽然还不大，但增长比较快。企业在利益机制的驱动下不断追求降低成本和加快资金周转，将系统论和优化技术用于物流的流程设计和改造，并融入新的管理制度之中。此时的信息系统作用有二：其一是固化新的流程或新的管理制度，使其得以贯彻执行；其二是在规定的流程中提供优化的操作方案，例如仓储存取、运输路径的优化方案等。因此，信息系统是固化的管理和优化的操作。流程改造和运行优化的需求多数是从流程的某些局部环节提出的。在中国物流与采购联合会征集的案例中，以流程改造为主、具有较强操作优化功能的比重占 15%左右，其中多数是在供应链的一些关键环节上突出表现出来，例如集中采购、集中库存和运输优化管理等。一般来说，流程的改造必然会涉及企业组织结构和制度的变革，难度比较大，所以经常是一个个环节分步实施、逐步完善的。

3. 第三阶段：供应链管理

我国企业进入第二阶段的目前还是凤毛麟角。

物流信息系统的发展，是有连续性的，后一阶段往往是以前一阶段的基础为起点，即流程改造和过程的优化控制是要有信息化基础为起点的。而供应链的形成和供应链管理又要以各企业流程设计和运行优化为基础。

7.5.2 物流管理信息系统的发展趋势

随着社会经济的发展、科技的进步，物流管理信息系统正在向信息分类的集成化、系统功能的模块化、信息采集的实时化、信息传输的网络化、信息处理的智能化以及信息处理界面的图形化等方向发展。

1. 集成化

集成化是指物流管理信息系统将业务逻辑上相互关联的部分连接在一起，为企业物流活动中的集成化信息处理工作提供基础。例如，订单系统生成的订单信息是运输及配送系统最重要的信息输入，那么，在系统开发过程中，上述三个系统的数据库设计、系统结构以及功能的设计等都应该遵循统一的标准、规范和规程，并按照统一的格式设计输入/输出接口和界面，使物流信息的处理系统化、集成化，以避免出现“信息孤岛”现象。

2. 模块化

模块化是指将一个复杂的物流管理信息系统分解成为许多相对简单并具有独立功能的子系统模块，这些模块可以满足企业内部不同部门的业务需要。同时，这些模块在统一的输入/输出接口的衔接下无缝集成，在共同系统平台的基础上组合构成物流管理信息系统的整体功能，达到了对系统的可扩展性和易维护性的要求。

3. 实时化

实时化是指借助于编码技术、自动识别技术、GPS 技术、GIS 技术等物流信息技术，对物流活动进行准确实时的信息采集；采用计算机网络与通信技术，实时地进行数据处理和传送；通过 Internet/Intranet 的应用将供应商、分销商和客户按业务关系连接起来，使整个物流管理信息系统能即时地共享业务链中不同环节的信息。

4. 网络化

网络化是指通过 Internet 将分散在不同城市、不同国家的物流节点(如物流企业、供应商、客户等)连接起来，形成一个复杂且紧密联系的信息网络，各节点商在物流管理信息系统这一信息平台的管理下完成物流运作。

5. 智能化

智能化是物流管理信息系统发展的方向，先进的物流系统应当能够帮助企业决策者作出快速而正确的决策，物流专家系统或决策支持系统的发展不但有赖于智能技术的提高，也必须建立在对物流规律充分透彻研究的基础上不断发展。

本章小结

本章主要阐述管理信息系统和物流管理信息系统的概念、特点、组成、结构、主要任务、功能以及我国物流管理信息系统发展的现状和趋势，要求学生掌握管理信息系统和物流管理信息系统的基本内容。

思考题

1. 简述管理信息系统的概念和结构。
2. 管理信息系统的主要任务和基本功能是什么？
3. 管理信息系统对管理方法和管理手段有何影响？
4. 简述物流管理信息系统和管理信息系统的区别。
5. 简述物流管理信息系统的组成和分类。
6. 物流管理信息系统的发展趋势是怎样的？

第 8 章　物流管理信息系统的开发

8.1　物流管理信息系统开发概述

在开发管理信息系统的过程中，常见的一个问题是物流企业管理者缺乏有关开发方法和过程的知识，到开发结束时，不但未达到预期的效果，反而花费了巨额的资金，造成了重大的损失。每一个开发商都会介绍自己公司的技术实力，但这并不意味着他们能保质、保量地满足物流管理的要求。历史的经验说明，开发信息系统不只是需要先进的技术，更需要开发商懂得物流企业的业务和管理，如果深刻理解了物流企业的业务，即使用过时的一些技术也能开发出适合物流管理所需要的物流管理信息系统；反之则完全不能发挥技术的作用。这就要求物流企业管理者一方面要对信息系统的开发方法和开发过程有所了解，另一方面也要采用恰当的运作方法和开发商合作，保护自身的权益。

以往对信息系统开发的讨论基本集中在方法论上，过于理论化的方法论与实践很难结合，因此，对现实的信息系统开发并不具有指导意义。

物流管理信息系统开发过程中应当考虑的重要事项有 4 个方面：物流管理信息系统开发的组织和运作形式，物流业务活动，开发方法和开发工具，系统集成。

8.1.1　物流管理信息系统的开发目标

信息系统是物流系统的中枢神经，起到支持保障的作用，它的任务是实时掌握物流的动态，从货物网上的订单托运，到第三方物流公司所控制的一系列环节的协调，再到将货物交到收货人手中，使得物流供应链尽量做到透明化。第三方物流要赢得货主的信任，完善的物流供应链和先进的信息系统是必不可少的。物流信息系统的总体目标可设为：适应当前基于 Internet/Intranet 的网络信息结构，以 E-business 为发展方向，根据现代物流的发展特点，借鉴发达国家同类物流企业的经验，开发出与客户相连、具有决策支持功能的管理信息系统。

在建设信息系统时，还必须在总体管理功能的目标下设定 7 个具体目标。

第一，实现对物流全过程的监控。在发生地收集资料，将分散在发货人、收货人、物流仓储中心、承运人等处的信息有机地集成，适当地在整个作业流程中收集资料。货主输入所有相关资料，系统自动把所有资料传送到卡车操作、货舱操作、运输操作中，然后传到船东，成为船代、港务局和海关的资料。利用条形码或电子标签，完整地跟踪产成品从生产车间到零售货架的各个环节，使客户能够通过 Internet 查询快速了解即时的销售动态，以便确定进一步的生产计划、销售计划和市场策略。

第二，库存统一控制。物流公司可以将各地的仓库(自己拥有的或公共的)和运输方式的舱位视为虚拟的统一仓库进行集中管理或调拨。

第三，有效地支持门到门的物流服务。无论经过多少运输方式、中转环节，是否进行拼装箱操作，都要确保对同一票货的识别，保证运输、仓储等各个环节之间的协调一致，准确及时地完成包括多个环节的门到门的物流指令。

第四，有效地支持配送、包装和加工等物流增值服务。物流服务商可以针对多个客户的不同要求设计多种增值业务模式。

第五，反映所有非正常业务中的问题。随时了解每一笔延期签收、残损和退货等非正常业务的具体信息，以便动态定位找到原因。

第六，将新的管理理念、先进的管理技术与信息系统相结合。

第七，加强市场营销与客户关系管理。

8.1.2　企业对物流管理信息系统的要求

1. 企业对物流管理信息系统功能的要求

建立物流管理信息系统可以从经营和管理两个方面提升企业能力，从根本上改变物流企业的发展方式。

1) 物流管理信息系统必须是广泛的信息交流渠道

物流管理信息系统可以统一信息的交流渠道，有效地促进物流企业各部门之间的协作，实现物流企业经营管理方式的转变，可以进一步改善管理，改变物流企业与客户、物流企业各级决策者与业务人员以及业务人员之间的信息交流方式。

2) 物流管理信息系统必须是企业融入商务网络的基础

物流管理信息系统的应用，在加强企业内部物流信息处理的同时，也为企业进入贸易、金融、信息等网络打下了基础。管理信息系统的应用是实施电子商务的基础。

2. 企业对物流管理信息系统建设的要求

从企业管理功能和业务发展的角度，企业物流管理信息系统建设的需求主要体现在 5 个方面。

(1) 改善管理信息工作的要求。物流管理信息系统应能改善企业物流信息交流方式，满足业务部门对信息处理和共享的需求，在企业管理和物流业务过程中，使物流信息有效地发挥作用。

(2) 提高办公自动化水平。物流管理信息系统应能提高工作效率，降低物流管理成本，提高企业在市场上的竞争能力。

(3) 决策支持。物流管理信息系统通过实现对每项物流业务的跟踪监控，使得企业的各层管理者可以实时了解物流业务进展情况，掌握第一手资料；通过信息交流，为决策提供数据支持，使得管理者及时掌握经营管理数据，增强对业务的控制。

(4) 加强企业对员工的管理。物流管理信息系统使企业能够合理调度物流人力资源，提高企业管理水平。

(5) 技术的综合利用。物流管理信息系统的建设应综合利用计算机技术、通信技术和信息技术，系统建成后应该实用、稳定、可靠、高效，能充分体现新技术并能满足企业主要物流业务处理的需求。同时，在完成信息查询、加工、汇总和分析等工作方面也要体现出技术进步的效果。

8.2 物流管理信息系统开发方法

目前常用的系统开发方法有：生命周期法、原型方法、面向对象方法和case方法等。

8.2.1 结构化系统开发方法(生命周期法)

结构化系统开发方法亦称SSA&D(structured system analysis and design)或SADT (structured analysis and design technologies)，是目前自顶向下结构化方法、工程化的系统开发方法和生命周期方法的结合，是迄今为止开发方法中应用最普遍、最成熟的一种。

1. 结构化系统开发方法的基本思想

结构化系统开发方法的基本思想是：用系统工程的思想和工程化的方法，按用户至上的原则，结构化、模块化，自顶向下地对系统进行分析与设计。具体来说，就是先将整个信息系统开发过程划分出若干个相对独立的阶段，如系统规划、系统分析、系统设计、系统实施等。在前三个阶段坚持自顶向下地对系统进行结构化划分，在系统调查或理顺管理业务时，应从最顶层的管理业务入手，逐层深入至最基层。在系统分析、提出新系统方案和系统设计时，应从宏观整体入手，先考虑系统整体的优化，然后再考虑局部的优化问题。在系统实施阶段，则应坚持自底向上地逐步实施。也就是说，组织力量从最基层的模块做起(编程)，然后按照系统设计的结构，将模块一个个拼接到一起进行调试，自底向上、逐渐地构成整体系统。

2. 结构化系统开发方法的特点

结构化系统开发方法主要强调以下特点。

(1) 自顶向下整体性的分析与设计和自底向上逐步实施的系统开发过程。即在系统分析与设计时要从整体考虑，要自顶向下地工作(从全局到局部、从领导者到普通管理者)；而在系统实现时，则要根据设计的要求先编制一个个具体的功能模块，然后自底向上逐步实现整个系统。

(2) 用户至上。用户对系统开发的成败是至关重要的，故在系统开发过程中要面向用户，充分了解用户的需求和愿望。

(3) 深入调查研究。即强调在设计系统之前，深入实际单位，详细地调查研究，努力弄清楚实际业务处理过程的每一个细节，然后分析研究，制订出科学合理的信息系统设计方案。

(4) 严格区分工作阶段。把整个系统开发过程划分为若干个工作阶段，每个阶段都有

其明确的任务和目标，以便于计划和控制进度，有条不紊地协调展开工作。而实际开发过程中要求按照划分的工作阶段一步步地展开工作，如遇到较小、较简单的问题，可跳过某些步骤，但不可打乱或颠倒。

(5) 充分预计可能发生的变化。因系统开发是一项耗费人力、财力、物力且周期很长的工作，一旦周围的环境(组织的外部环境、信息处理模式和用户需求等)发生变化，则会直接影响到系统的开发工作。所以，结构化开发方法强调在系统调查和分析时，对将来可能发生的变化给予充分的重视，强调所涉及的系统对环境的变化具有一定的适应能力。

(6) 开发过程工程化。要求开发过程的每一步都执行工程标准规范化，文档资料也要标准化。

3. 结构化系统开发方法的优缺点

结构化系统开发方法的突出优点就是它强调系统开发过程的整体性和全局性，强调在整体优化的前提下考虑具体的分析设计问题，即自顶向下的观点。它强调的另一个观点是严格地区分开发阶段，强调一步一步严格地进行系统分析和设计，每一步工作都及时总结，发现问题及时反馈和纠正。这种方法避免了开发过程的混乱状态，是目前被广泛采用的一种系统开发方法。

但是，这种开发方法也存在不足。手工绘制各种各样的分析设计图表致使系统的开发周期过长，带来了一系列的问题(如在这段漫长的开发周期中，原来所了解的情况可能发生较多的变化等)。另外，这种方法要求系统开发者在调查中充分掌握用户需求、管理状况以及预测可能发生的变化，这不大符合人们循序渐进地认识事物的规律性的过程。

8.2.2　原型方法

原型方法是 20 世纪 80 年代随着计算机软件技术的发展，特别是在关系数据库系统(relational data base system，RDBS)、第四代程序生成语言(4th generation language，4GL)和各种系统开发生成环境产生的基础上，提出的一种从设计思想、工具和手段都全新的系统开发方法。

1. 原型方法的基本思想

原型方法的基本思想是试图改进生命周期法的缺点，在短时间内先定义用户的基本需求，通过强有力的软件环境支持，开发出一个功能并不十分完善的、实验性的、简易的信息系统原型。运用这个原型，与用户一起反复进行补充、修改、完善，直至得到用户满意的系统。所以，原型方法依据的基本模型是循环或迭代模型。

2. 原型方法的特点

原型方法从原理上来看，并无任何高深的理论和技术，但为什么会备受推崇，在实践中获得了巨大的成功呢？我们认为与结构化方法相比，原型方法具有如下几个方面的特点。

(1) 原型方法更多地遵循了人们认识事物的规律，那就是人们认识事物的过程都是循序渐进的，不断受环境的启发，不断完善的。

(2) 原型方法将模拟的手段引入系统分析的初期阶段，沟通了人们的思想，缩短了物流企业管理人员和系统分析人员之间的距离，解决了结构化方法中最难以解决的一环。

(3) 原型方法的模拟原型能启发人们对问题进行较确切的描述和较准确的认识。

(4) 充分利用了最新的软件工具，摆脱了老一套工作方法，使系统开发的时间、费用大大地减少，效率、技术等方面都大大地提高。

(5) 原型方法将系统调查、系统分析和系统设计等阶段融为一体，物流企业管理人员能看到系统实现后是什么样子，提高物流企业管理人员对参加系统研制工作的积极性。

3. 原型方法的开发过程

原型方法的开发过程主要包括以下步骤：

1) 确定用户的基本需求

在这一阶段中，用户根据系统的输出清楚地表达自己的基本需求，即应该具备的一些基本功能，人机界面的基本形式等。系统开发人员据此来确定哪些是要求实现的，所需要的数据能否得到，同时应估算出开发原型的成本。这里不要求开发人员花费很大精力对系统进行全面了解，了解可以是不完全的，而在后面几个阶段的工作中是可以发现和改正的。

2) 开发初始原型

开发初始原型的目的是建立一个符合用户基本信息需求的交互式系统。由于要求速度快和易修改，所以开发人员应尽量使用一些开发工具和高层次的开发语言来建立系统。初始原型仅仅反映用户的基本要求，并不要求完善。

3) 利用原型来提炼用户需求

这一阶段是整个开发过程的关键。用户通过亲自使用原型，从而了解其信息需求得到的满足程度及存在的问题。开发人员记录下用户提出的该系统的缺点和不足之处，同时也要启发用户表达对系统的最终要求，在用户和开发人员共同反复讨论过程中进一步提炼用户需求，以及需要修改和变动之处。

4) 修正和改进原型

在这一阶段，用户提出了系统的修改意见或者存在的问题，开发人员根据用户意见对初始原型进行修改、扩充和完善，直到用户满意为止。其中，三、四阶段重复进行。如果用户满意，则修改过的原型成为一个运行原型，运行原型可能成为一个新系统；如果用户不满意，则进一步修改增强原型，直至用户满意为止。

8.2.3 面向对象开发方法

1. 面向对象开发方法的基本思想

面向对象(object oriented, OO)的开发方法起源于面向对象的程序设计语言。面向对象的分析是分析系统中的对象和这些对象之间相互作用时出现的事件，以此把握系统的结构和系统的行为。面向对象的分析能模拟人们理解和处理现实世界的方式，系统被视为对象的

集合，每个对象处于某种特定的状态。面向对象的设计将分析的结果映射到某种实现工具的结构上。当实现工具面向对象时，这个映射过程有着比较直接的一一对应。这种方法的主要思路是所有开发工作都围绕对象展开，在设计中将对象严格规范，在实现时严格按照对象的需要来研制软件工具，并由这个工具按照设计的内容，直接产生出应用软件系统。

2. 面向对象开发方法的特点

面向对象开发方法的特点有如下几个方面。

(1) 客观事物都是由对象组成的，对象是在原事物基础上抽象的结果。任何复杂的事物都可以通过对象的某种组合构成。

(2) 对象是由属性和方法组成的。属性反映了对象的信息特征，如特点、值、状态等。方法是用来定义改变属性状态的各种操作。

(3) 对象之间的联系的实现。对象之间的联系主要是通过传递消息来实现，传递的方式是通过消息模式和方法所定义的操作过程来实现的。

(4) 对象可按其属性进行归类。类有一定的结构，类上可以有超类，类下可以有子类。这种对象或类之间的层次结构是靠继承关系维系的。

(5) 对象是一个被严格模块化的实体，称之为封装。这种封装了的对象满足软件工程的一切要求，而且可以直接被面向对象的程序设计语言所接受。

3. 面向对象开发方法的优缺点

面向对象方法由面向对象分析、面向对象设计和面向对象程序设计组成。该方法在整个开发过程中使用相同的概念、表示法和策略，每一件事都围绕对象，从三个不同的方面建立一个系统模型，这就是对象模型、动态模型和功能模型。面向对象技术已经渗透和应用到诸多复杂工程领域，如面向对象的软件工程、面向对象的信息管理系统、面向对象的操作系统、面向对象的数据库系统等。面向对象方法以对象为基础，利用特定的软件工具直接完成从对象客体的描述到软件结构之间的转换。面向对象方法的应用解决了传统结构化开发方法中客观世界描述工具与软件结构的不一致性问题，缩短了开发周期，解决了从分析和设计到软件模块结构之间多次转换映射的繁杂过程。但是，面向对象方法需要一定的软件基础支持才可以应用，它是一种自底向上开发系统的方法，对大型的信息系统开发会造成系统结构不合理、各部分关系失调等问题。

8.2.4　计算机辅助软件工程方法

1. 计算机辅助开发方法的基本思想

计算机辅助软件工程(computer aided software engineering, CASE)是一个迅速发展的软件技术开发领域，它的产生不仅在技术上提高了软件开发的质量与效率，降低了开发成本，使软件的可维护性大大提高，而且可以使开发工作的组织、人力与资源得以优化，技术投资得到保证。在信息系统的不同开发阶段，计算机辅助软件工程不同程度地取代了某些简单重复的工作，提高了效率，并且对开发工作的各个阶段工作进行统一管理，使它们能够相互联系，保持工作过程的连续性和一致性。

2. 计算机辅助开发方法的特点

计算机辅助开发方法的特点如下。

1) 完善的需求规格说明

需求分析和规格说明工具的使用，保证了系统分析人员能够完成说明系统的需求。它们一般要求用户参与，这样才能得到一个用户最终的处理模型。

2) 相近的设计规格说明

如果一个大型软件系统缺少完整的文档，维护工作难以完成；如果不能使读者了解必要的细节，成堆的软件文档也难以清楚地表达系统的体系结构。

3) 保持数据的协调与统一性

自动实现数据字典的管理，包括数据采集、查询、删除和更新等操作。同时，维护了数据字典与数据流程图相互转换的一致性。

4) 减少系统的开发时间

对系统的目标、功能和软件的完整说明，直接减少实现时间。虽然在需求分析和设计规格阶段花费了时间，但在实现、测试和实施中得到质和量的补偿。

5) 易于扩充和维护

任何一个软件，如果是成功的，则永不会真正结束。用户会提出改进功能、排除运行错误的要求，为此需要对软件做某种形式的继续开发与维护。如果软件是使用计算机辅助软件工具自动生成的，那就很容易扩充或维护。

6) 使文档规范化、标准化

自动开发工作为文档工作标准化提供条件。由于格式统一，减少了随意性，提高了文档的质量。

3. 计算机辅助开发方法的优缺点

虽然计算机辅助开发方法在系统开发过程中提供了很大的方便，节约了系统开发时间，但是该方法不能做到系统设计的自动化，并且无法使业务中的需求自动地得到满足。

8.3 物流管理信息系统开发过程

开发管理信息系统有四种开发方法：生命周期法、原型法、面向对象法和计算机辅助软件工程方法。四种方法有各自的特点，适应不同的场合。按照生命周期法，MIS 的开发分为 5 个阶段：可行性研究、系统分析、系统设计、系统实施和系统维护与评价。现按照生命周期法开发的 5 个阶段，介绍物流管理信息系统开发过程以及需要注意的关键问题。

8.3.1 可行性研究

以信息技术为工具的管理信息系统在开发之前，为了减少和避免决策上的失误所造成的人、财、物等方面不必要的损失，事先必须组织有关部门有实际工作经验的领导和管理人员，对拟开发的管理信息系统的主要问题从技术、经济和管理三方面进行全面深入的调查、研究、分析和比较。对新建或者现行的一个管理信息系统在管理上需不需要、资源上有没有条件、经济上值不值得的问题进行论证，提出若干个可行方案，并向决策者推荐其中投资少、进度快、效益高的最佳方案，这就是系统可行性研究。

因此，系统可行性研究的作用主要表现在四个方面：第一，确定系统开发的依据；第二，筹集资金的依据；第三，与有关单位/人员互订协议、签订合同的依据；第四，系统验收的依据。

系统可行性研究需要研究的问题主要有：开发的目的、新系统的定界、开发所采用的技术规范、开发的时机和所需要的时间、开发的方式、系统平台的初步设计方案、需要的投资总额和投资的时间、费用以及预计产生的效益，并给出开发的方案，提交给企业决策者决策。还要研究开发 LMIS 是否对现有的管理模式有影响，若现行模式不能满足 LMIS 开发的要求，则应该提出解决的方案。

8.3.2 系统分析

系统分析的主要任务是在详细调查的基础上，通过对现行系统详细调查资料的分析，分析企业生产经营管理工作以及用户的需求、企业战略发展的要求，从数据和功能上进行抽象，从而确定新系统的逻辑模型。

系统的逻辑模型描述新系统为用户“做什么”，用“什么”去做，前者即为功能，后者即为结构。它一般不涉及新系统的物理细节，即“如何去做”等问题，其工作与系统运行的平台关系不大。由于逻辑模型设计不涉及或较少涉及具体的物理设备和软件，只设计出系统的逻辑构造，设计出各个构造成分应该做什么、完成什么任务，而不考虑每一个构造成分由什么物理设备构成，每一项任务由什么设备实现及其实现的方法，所以系统分析工作得以简化，目标明确，使从事系统分析的人员能纵观全局，抓住关键，而不致陷入细节设计之中。

管理信息系统的逻辑模型包括数据模型、编码模型以及系统功能模型。数据模型、编码模型构成系统的结构，一般具有较高的稳定性，其稳定性表现在若企业的生产经营方向不变，则管理信息系统的数据模型、编码模型应该不发生变化，或发生较少变化。因此数据模型和编码模型是 MIS 逻辑模型的静态部分，系统功能是管理信息系统逻辑模型的动态部分。按照信息工程的观点，数据模型和编码模型的设计应该从企业战略规划出发，建立企业全局模型。管理信息系统分析阶段的工作流程如图 8-1 所示。

1. 现行系统详细调查

要建立一个结构良好的管理信息系统，离不开对现行管理系统的调查。详细调查为我们对现行管理系统有一个较深刻的认识，以及了解现行系统的运行方式，提供了第一手资料。

2. 用户需求分析

用户需求分析就是在详细调查的基础上，分析用户的需求。包括现行系统分析、信息需求分析、功能需求分析和辅助决策需求分析等(参见图 8-1)，为新系统逻辑模型的设计提出设计要求。

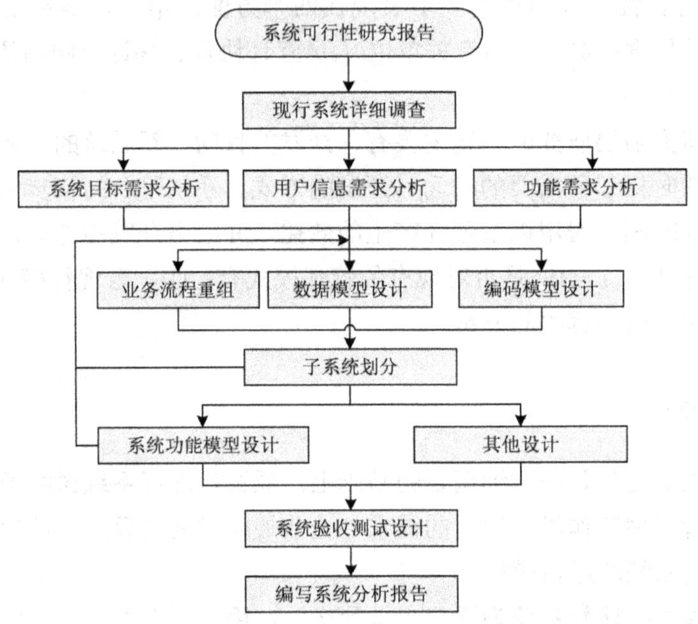

图 8-1　管理信息系统分析阶段的工作流程

3. 业务流程重组

在详细调查和用户需求分析之后使系统分析员对物流企业现行业务运作情况、用户需求有了较为全面的理解，也对存在的问题有了认识。因此，为了使新系统能高于原系统，系统分析员应该根据可操作的现代化管理方法、企业发展的要求、信息技术的支撑能力，提出业务流程重组的方案。

4. 编码模型设计

编码模型设计就是为满足企业管理和 LMIS 开发的需要，对相关的实体、属性等进行编码模型设计。

5. 数据模型设计

在系统分析阶段，要完成数据的概念模型设计。数据模型设计要在现行系统信息载体

调查、信息需求分析的基础上完成。

6. 子系统划分

由于企业是一个复杂的大系统，而相应的管理信息系统也是一个复杂的大系统，其开发并非一个时期、一个人能完成的。它需要多人协同工作，经过一定周期的开发，因此必须将这个系统划分为多个便于开发的子系统。

7. 系统功能模型设计

系统功能设计是在数据逻辑模型、编码模型的基础上，设计满足企业现行业务的系统功能。与数据逻辑模型、编码模型相比，系统的功能具有很大的易变性。这是因为用户的信息需求是变化的，而良好的系统结构要通过满足用户要求的系统功能来表现，因此系统功能的设计主要以现行的用户要求为依据。

8. 系统验收测试设计

系统验收测试是检查新开发系统是否满足用户需要的主要环节。系统分析员必须根据所设计的新系统逻辑模型，对新系统的验收测试进行设计，其主要内容包括验收测试的方案、项目和数据等。

9. 其他设计

其他设计包括除前面有关设计之外，需要在系统分析阶段完成的设计，例如安全性设计等。该项工作视具体情况而定，本章不做讨论。

10. 编写系统分析报告

编写系统分析报告是系统分析阶段的最后一项工作。系统分析报告是向企业决策者提出审批的正式书面报告，它为领导审批新系统的逻辑模型提供依据，为用户了解新系统、参与系统开发提供资料，又为系统设计员提供设计依据、设计要求，也是系统分析员的工作总结和成果。

大量的实践活动表明：系统分析阶段工作的好坏直接影响 LMIS 的成功与否。因此，在系统分析中必须进行大量的、细致的工作，不要轻易进入系统设计阶段，正如俗话所说“磨刀不误砍柴工”。

8.3.3　系统设计

系统设计阶段的主要任务是针对新系统的目标，依据系统分析阶段所建立的逻辑结构，确定新系统的软件总体结构和功能模块之间的关系，设计系统实现的物理方案。系统分析阶段解决 LMIS“做什么”的问题，而系统设计阶段解决 LMIS“怎么实现”的问题，即系统的“物理模型”。其主要工作内容包括以下几个方面。

1. 系统的平台设计

根据系统分析阶段建立的系统逻辑模型，在系统的平台设计(包括硬件平台和软件平台)时，应提交多个方案，供企业决策者选择。设计中还应该从实用、经济的角度出发，优先考虑现有平台。

2. 软件结构设计

根据系统分析阶段建立的功能模型以及所选用的系统平台，按照软件工程的思想，对实现功能的模块进行设计，包括模块的分解和调用关系，并对每一个模块进行详细设计。

程序设计说明书以一个功能模块为单位进行编写，它是程序员进行程序设计的依据。说明书务必清楚明确，使程序员能正确无误地理解。程序设计说明书应该包括：程序名、所属子系统、程序的功能、数据关系图、输入输出文件的格式、程序处理过程说明(包括计算公式、控制方法)和所用计算机语言等内容。

3. 输出/输入设计

系统设计的顺序是先进行输出设计，然后再进行输入设计，正好与信息传递的方向相反。输出设计的内容包括：输出信息的内容(输出项目、位数和数据形式)、输出设备的选择(行打、终端屏幕显示和卡片输出机等)、采用的介质(磁盘、磁带和输出用纸)、输出报告的格式。

输出报告是系统直接给管理人员和领导者提供决策的信息载体，它是用户对系统进行评价的直观依据。因此，输出报告的设计是输出设计的重要内容之一。设计输出报告时应注意方便使用者、硬件的功能是否能实现和是否满足系统发展需要等方面的要求。

数据的输入是系统中人机界面的主要部分之一，其手工处理量大，是最易引起差错的关键环节。因此，输入设计的重点是使工作人员操作方便，减少手工作业，避免差错。

输入设计的内容包括：输入方式的选择(如键盘输入、读卡机输入、光电输入、GIS/GPS采集等)、原始单据的格式设计、输入数据的错误校验等内容。

4. 安全设计

根据业务要求，选择、确定采取合适的安全技术。

8.3.4 系统实施

系统实施阶段包括程序设计、程序和系统调试、新旧系统的切换。

1. 程序设计

程序设计是工作量相当大的一项工作，一般由多个程序员分别进行。

编写计算机程序的依据是程序设计说明书。程序员根据说明书提供的图纸资料和有关的要求、规定来编写程序。程序设计也是一项技巧性比较强的工作，而且程序的语句间有

着严密的逻辑性。因此，完成同一功能的程序，因人而异，编出的程序大相径庭。一个可读性不强的复杂程序，另一人来阅读是非常困难的。随着管理信息系统的发展，为了便于系统的维护、发展和扩充，避免因人员变动而引起程序编写和维护的脱节，面向对象程序设计方法得到了广泛运用。

2. 程序和系统调试

程序调试包括语法调试和逻辑检查。进行逻辑检查时，需要输入一些测试数据，这些数据分为有错误的和无错误的两类，用以考查程序的正确性。

功能测试按功能模块进行调试，这种调试的目的是保证模块内部控制关系的正确和数据处理内容的正确。

系统调试包括主控调度程序调试和系统程序总调，检查控制通路和参数传递的正确性，对系统的各种功能使用形态及其组合进行考察。

3. 系统转换

系统开发的最后一项工作是新旧系统转换，也叫新旧切换。系统转换的方法有直接方式、并行方式、分段方式和试运行方式。对物流管理信息系统来说，采用并行转换比较合理，即让新旧两个系统同时运行一段时间。这种方法一方面可以用旧系统验证新系统的正确性，另一方面新系统还不完善而出现差错时，可由旧系统予以弥补，避免造成损失。

8.3.5 系统维护与评价

1. 系统维护

系统维护作为系统研制生命周期中的最后一个阶段，其主要任务是对系统进行必要的修改和调整，以及对系统的运行状态进行检查和控制。

系统维护是指在系统已经交付使用以后，为了改正错误、完善系统或满足新的应用需求而修改系统的过程。严格地说，系统维护工作往往又包括调查、分析、设计和实施等工作，是一个不断迭代完善的过程。系统的维护可能需要修正数据或改变软件。修正数据常常由环境的改变引起，首先要修改或更换训练集，然后重新训练和评估。改变软件可能是改变界面、程序或系统结构本身。如果系统结构本身发生了改变，有必要重复部分设计工作和大部分实现工作，以重新建立起一个满足系统需求的系统。

按照系统维护对象划分，分为硬件维护、软件维护和数据维护；按系统的组成划分，分为平台维护、应用程序维护和 DB 维护；按维护的时间划分，分为日常维护、新系统开发；按影响的程度、涉及投资的多少划分，分为校正性维护、完善性维护和适应性维护。

2. 系统评价

除了在系统的可行性研究阶段，对新系统做出技术、经济和管理上的研究外，其他各阶段在完成阶段任务时，提出了系统相应要达到的指标。待系统研制成功运行之后，为了检验系统是否已达到预期目标和对系统有更进一步的了解，还需对系统做现实的评价。系统评价一般采取召开专家和管理人员鉴定会的方式进行，评价的内容主要包括 3 个方面。

(1) 性能方面：如功能是否达到预期目标，输出信息的可靠性和精确度，处理的速度，工作人员操作的繁简程度以及扩展性等。

(2) 技术资料方面：主要指技术资料、文件是否完善和规格化。

(3) 经济效益方面：包括一次性投资、使用维护费用、给生产和管理活动带来的经济效益等。

对管理信息系统经济效益方面的评价，目前我国尚无完善的评价标准和指标体系。对物流管理信息系统来说，直接的经济效益不容易看到，间接效益又不太好衡量，因此，对这方面的评价，应该用发展的眼光和全局的观点去看待和分析，只有这样才能有利于推广信息技术的应用，表 8-1 给出了一个较为完整的 LMIS 评价标准。

表 8-1　LMIS 的评价指标

时　间	近期的	长期的
可量化	定量的	定性的
范　围	局部的	全局的
影　响	直接的	间接的

8.4　物流信息系统举例

某物流企业是一家中型的专业物流企业，随着物流业在我国的发展而成长起来。该公司主要从事铁路和公路运输业务，自从成立以来发展规模逐渐增大，在全国一些比较大的中心城市都设立了分公司。

8.4.1　需求分析

在公司开始运作的几年(2002 年以前)，分公司比较少，物流业发展的水平相对都还比较低，当时物流业务的管理还是相对比较好的，总公司与分公司之间的信息沟通利用原有的信息系统可以满足要求。随着物流业的发展，对物流管理的要求越来越高，同时公司也发展了不少分公司，原有的信息系统就难以满足要求了，导致整个企业的信息交互不够流畅，无论是总公司与分公司还是分公司之间都有这个问题，不能适应当前物流业竞争环境下对顾客服务水平的要求。从技术上来讲，现代物流对现代物流技术提出了更高的要求，而原有的信息系统是基于当时技术条件的，是不能满足要求的，比如进行货物的动态跟踪、及时的反馈信息等。通过对这些问题的分析，可以得出必须进行新的物流信息系统的建设，没有成熟的功能强大的物流信息系统，在现代物流竞争环境下是难以发展的。因此，根据

需求分析的结果，还需要进行别的相关内容的分析，完成可行性分析报告，说明进行新的物流信息系统的建设是可行的，并且是必需的。

8.4.2　组织结构分析

公司采用的是总—分公司的管理模式，强调物流活动过程中的统一管理和协调，同时也要给分公司一定的自主权，以便能够更高效地完成日常业务活动，如图 8-2 所示。由于篇幅所限，本节省去了功能分析和数据流程分析的相关内容。

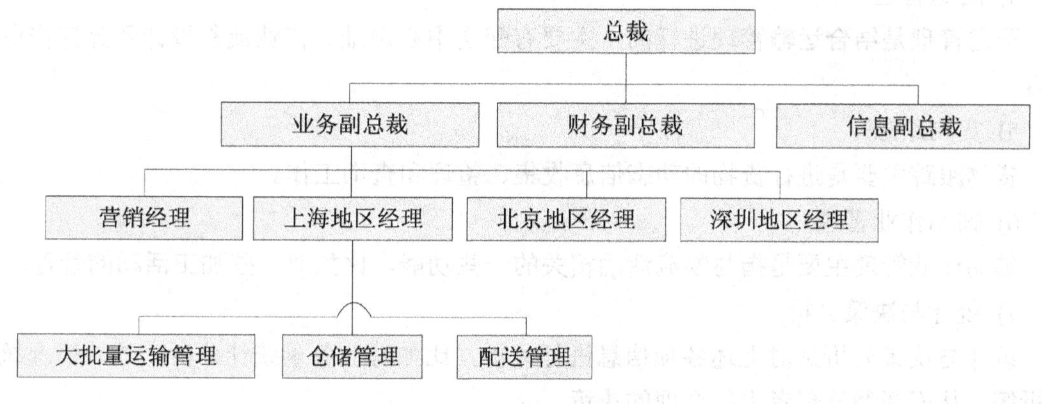

图 8-2　企业组织结构

8.4.3　系统总体设计

系统的总体设计主要是进行系统的功能设计和网络设计。

1. 系统的功能设计

根据公司的需求系统的功能模块，可以分为物流活动相关的功能模块和辅助的功能模块。前者包括订单管理、仓储管理、运输管理、配送管理、货物跟踪、辅助作业管理和统计与决策分析等，后者包括财务管理、客户关系管理以及系统管理等，具体功能如图 8-3 所示。

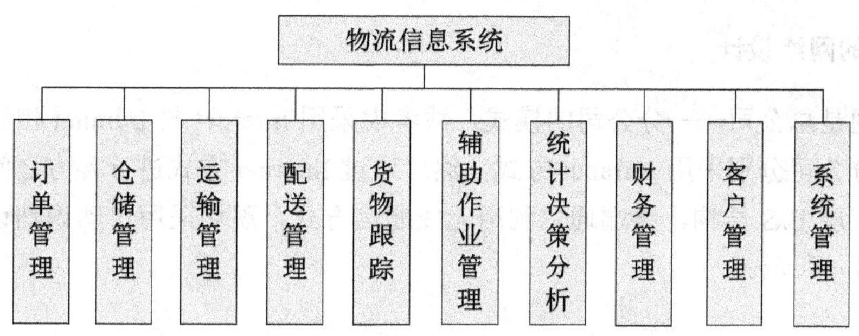

图 8-3　物流信息系统结构

1) 订单管理

订单管理主要是接受客户所下的订单，进行订单处理，通知相关的部门提供服务。

2) 仓储管理

仓储管理主要是进行出入库管理、库存管理以及相应的分析。

3) 运输管理

运输管理功能包括运输方式的选择、路线的选择、计划的编制、配载情况以及运输的调度等。

4) 配送管理

配送管理是结合运输管理进行的，主要有配送中心选址、作业流程设计和分拣作业等内容。

5) 货物跟踪

货物跟踪主要是进行货物的动态信息收集、整理和查询工作。

6) 辅助作业管理

辅助作业管理主要是指与物流活动相关的一些功能，比如对一些加工活动的管理。

7) 统计与决策分析

统计与决策分析是对上述各项信息进行分析，比如有业务量统计分析、效益情况统计分析等，从而帮助管理者进行合理的决策。

8) 财务管理

财务管理是对企业内部所有的财务活动进行相应的管理，比如投资、订单的结算等。

9) 客户关系管理

客户关系管理是指对客户相关资料的收集、整理和分析，从而可以制定合理的策略，提高企业的服务水平。

10) 系统管理

系统管理主要包括对一些基本信息的初始化与维护以及相关各个功能模块的日常后台管理工作。其中各个功能点需要不同的物流信息技术的支持，例如货物跟踪要用到 GPS 与 GIS 技术，仓储管理可以用到条形码技术和无线射频技术，订单管理可以利用电子商务技术，统计分析可以利用智能技术等。

2. 系统的网络设计

由于公司是总公司——分公司的模式，故考虑采用 Internet 与 Intranet 相结合的方式，即总公司与分公司分别采用 Intranet 方式，然后通过 Internet 方式进行各方之间的通信，具体通信采用三层 B/S 结构，终端通信利用无线通信方式，现场采用自动识别设备完成数据采集，如图 8-4 所示。

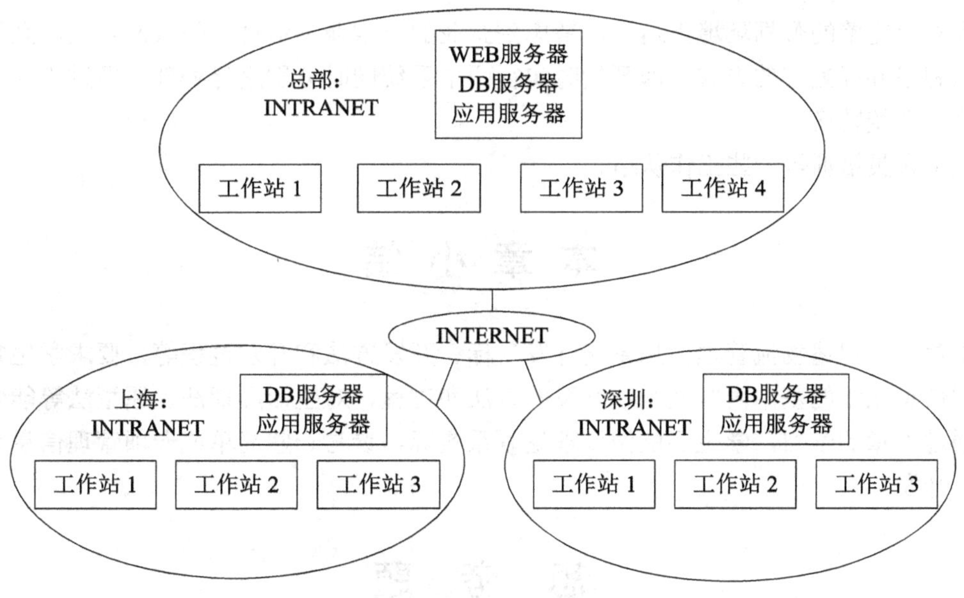

图 8-4　系统网络设计

8.4.4　系统详细设计

系统详细设计的内容比较多，考虑到数据库在物流管理中的巨大作用，这里简要介绍一下数据库设计的内容，重点是说明数据库网络的设计问题，而不是具体的细节设计。

由于物流业务活动对数据库要求比较高，特别强调其动态、实时和安全性，再考虑数据库对网络通信的要求，提出运用分布式数据库来满足系统的要求。分布式数据库运作模式是在各个地区都有各自的数据库，从而形成分布式的数据库系统。

利用分布式数据库可以提高系统进行动态、实时数据处理的能力和稳健性，安全性方面也能得到很好的加强。另外就是对网络带宽的要求有所增加，在目前带宽越来越得到提升的情况下，通过对带宽的要求达到对数据动态、实时处理的稳健是值得的。别的具体设计工作略。

8.4.5　系统实现

1. 系统的软件方面

服务器软件考虑到性能，采用 UNIX 网络操作系统，系统对实时数据要求比较高，可以采用功能强大的 Oracle 数据库。考虑目前主流的企业级应用平台，可以考虑运用 J2EE 平台，即实现 Java+Oracle 的强大组合来保证系统的性能。

2. 数据准备方面

由于原来是有物流信息系统的，数据准备首先要对原来的数据库进行分析、整理和整合，另外，还需要注意对原来比较乱的相关数据进行收集、整理，以保证新的系统能够在相对准确而完整的数据环境下运行。考虑到企业的日常业务活动工作量比较大，系统的转换可以利用并行处理的方式，即开始时实行两个系统同时分别进行处理，经过检验之后实现最终的系统转换。

关于人员培训等一些工作从略。

本 章 小 结

本章主要阐述物流管理信息系统开发目标、开发方法和开发过程等，要求学生掌握物流管理信息系统的基本内容及系统开发的方法和过程，对生命周期法、原型法等能学以致用。通过本章的学习，学生还能做到理论联系实际，参与一些简单或专项管理信息系统的设计与开发。

思 考 题

1．管理信息系统的开发目标是什么？
2．企业对物流管理信息系统有哪些要求？
3．信息系统开发一般有哪些方法？请做简单的比较分析。
4．生命周期法和原型法有哪些区别？
5．信息系统开发时，自行开发和购买应用软件这两种方式各有什么优点和缺点？
6．简述物流管理信息系统的开发过程。

第四篇　应　用　篇

第9章　集成化物流信息系统

集成化物流信息系统(E-logistic)是企业采购、供应、配送和销售过程中的物流信息采集、传输、整理、统计、分析和控制的管理软件。企业建立一体化的物流管理系统信息平台是管理监控物流的基础，集成化物流信息系统包括：采购物流子系统、生产物流子信息系统、销售物流子系统、运输管理子系统和仓储管理子系统，如图9-1所示。

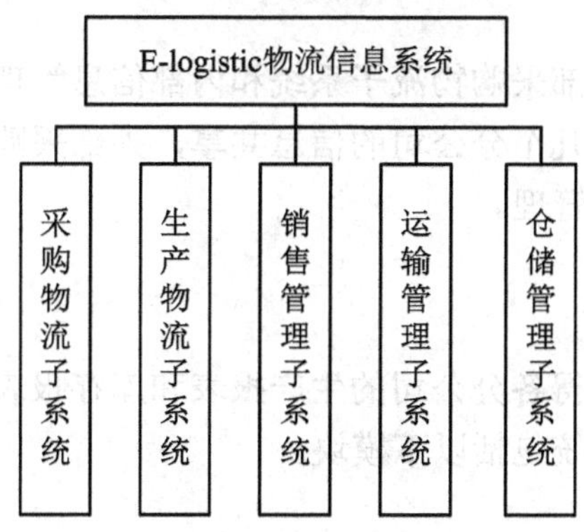

图9-1　集成化物流信息系统

9.1　采购物流子系统

9.1.1　采购物流子系统的概念

采购物流是指按照企业采购决策的要求，在与供应商之间发生物资所有权转移的同时，为解决物资的空间和时间属性而进行的装卸、运输、分包和组配等物流作业活动和过程。

采购物流子系统是一个由众多具有特定功能、相互联系的要素组成的，为完成企业采购活动的人机系统。其设计内容主要包括价值分析、制订采购计划、选择供应商并建档、确定采购方式、入库设计等。

9.1.2　采购物流子系统的特点

采购物流子系统有以下特点：提供供应商报价管理；可由物品中长期采购计划直接生

成请购单；MRP 计划任务直接生成请购单；支持库存订货点采购申请处理；可限制订货的供应商；通过请购单合并或拆分，自动生成采购订单；请购单合并过程中，自动按订货批量政策生成采购条目；支持直接批量、固定批量、最大/最小批量等多种订购政策；可将多张请购单合并生成一张采购订单的一行，或一张采购订单的多个订单行；可将一个请购拆分成多个采购订单；合并生成订单过程中，能自动索取供应商报价；一张采购单允许有多个交货日期及交货地点；支持无订单到货的接收处理；与库存子系统相连，到货入库，自动按库存单位转换，更新库存数量，同时生成入库单；采购收货支持库存批次及单件管理；支持收货过程中的质量检验及质量控制；采购系统与应付账子系统相连，直接生成采购凭证核算采购成本；对采购单的处理灵活，随时可以维护，同时对已发放的订单可做中止；采购单可自动结清或手工强制结清；具有跟踪、催查采购订单的功能；可多角度查询物品的请购、订购及收货入库的明细及汇总情况；从交货期、价格、质量等多种角度对供应商进行评估；评价采购人员业绩，分析采购成本差异。

9.1.3 采购物流子系统的功能模块

采购物流子系统分为外部采购物流子系统和内部信息管理子系统两部分，内部信息管理子系统实现总公司和下属几个分公司的信息共享，外部采购物流子系统实现对供应商的相关库存和自己内部库存的管理。

1. 内部信息管理子系统

内部信息管理子系统使得各分公司的生产报表和库存报表以统一的电子形式出现，便于查阅。内部信息管理子系统包括以下模块。

1) 系统管理子系统

该系统实现产供销实体的基础数据维护、登录人员及使用权限数据维护、原材料、成品及仓库信息维护。

2) 查询子系统

该系统以各种形式的数据报表和图表、以灵活多样的查询方式，直观形象、方便快捷地显示库存和销售的增长走势和资金占用情况，更好地服务于生产。

3) 数据同步子系统

该系统确保每个查询终端都能在第一时间内检索到最新的共享信息。

4) 其他功能模块

其他功能模块可以发布各种通知和行政文件，包括信息发布、浏览和下载等功能以及根据库存和销售情况制订采购计划和生产计划。

2. 外部采购子系统

企业可以通过对内部库存信息的检索，参照自己的生产计划，统计出缺货报表，并根据供应商的相关库存和供应商的信用制订出采购订单，实现信息化、智能化采购功能。外部采购子系统实现基本数据、库存信息的维护和库存信息的检索及订单管理功能，使得供

应商根据自己的产品在采购商仓库内的数量来制订自己的生产计划。外部采购子系统包括以下几个模块。

1) 采购需求管理

采购需求管理包括计划需求和零星需求，适用于中小型企业批量、少量或有规划的采购，同时还提供了采购计划报警功能，以使企业的整个采购流程时刻在监控状态，有利于采购人员的整体安排。

2) 预算管理

预算管理是系统按部门、目录和时间编制预算，根据实际消费价值或预算的百分比建立提示信息(预算使用情况)，同时提供预算比较，以确保预算的合理化进程。

3) 采购请购单管理

采购请购单管理具有暂存功能，以方便用户填入相关信息，同时还有强大的记忆存储功能，用户可以随时查找以前请购单或常用请购单。单一的请购单可同时分发给多个送货地，大大地方便了用户。

4) 审批流程管理

审批流程管理能综合考虑消费类型、消费价值、消费组织和消费目的是否在预算内，是否已有采购协议；帮助需求者自动填制请购单；允许审批者对请购单信息作批注，并返还请购者；推动企业无纸化运作的进程，大大改善企业的运营环境。

5) 采购订单管理

采购订单管理包括采购订单支持单交付地点且预定交付期与交付量的多种采购项目的采购行为；允许约定与采购项目接收相关联的特殊付款条件；可灵活处理运保等杂费；记录所有的合同条款修改历史；跟踪所有采购项目交易历史中的每一个关键控制点。

6) 合同管理

合同管理支持数字签名，确保合同的法律效应；可把订单格式转化为合同，支持合同条款的洽谈，并且合同会被长期保存；交易中心将以各种方式将生成的采购合同传递给供应商。

7) 采购接收管理

根据采购商品的接收和退货情况，系统会自动更新信息。如果产品需分批交付，该操作系统也将自动记录信息，并不断更新(其中包括产品的质量认证，确保用户对所购得的产品放心满意)。

8) 应付账管理

该应用系统支持书面形式的传递，同时也接受电子数据格式的发票与退票。允许采购发票、采购合同及采购接收相匹配。其中包括账龄的监控提醒与付款提示，也支持传统的支付方式和电子货币结算。

9) 商品售后服务管理

用户购买商品后，该应用系统会将实时的使用情况反映给商家，将采购方的需求信息和问题及时向原厂家进行反馈，从卖方得到应有的服务支持，完善整个供求过程。

10) 采购方自我管理

应用系统会按照采购方的组织结构特征自动分类并定义组织号，采购方根据公司的实际情况，进行自我管理，确保了应用软件对用户的适用性，也可以使用户灵活、及时地维护采购方信息，同时增强了系统的安全性。

11) 库存管理

库存管理支持分布式的多个库房的管理，支持产品序列号；由订单产生发货通知、送货收据及其签收；支持库房调度，客户退货、换货，也可避免一些人为因素所造成的误差；可对库存数据查询统计，及时获得最新的库存信息。库存数据信息实时地为需求管理模块提供共享集成信息，形成一个无间隙的管理模式，减少了工作量。

9.2 生产物流子系统

9.2.1 生产物流子系统概述

生产物流子系统(production logistics systems, PLS)是以管理信息系统 MIS 为骨架，重点放在生产物流的组织、计划、管理、控制和监督上，是对一个组织(单位、企业或部门)进行全面管理的人和计算机相结合的系统。它综合运用计算机技术、信息技术、管理技术、决策支持系统，同现代化的管理实践和现代化的管理方法、手段结合起来，辅助管理工艺，进行生产管理、物流调配、计划布置和决策分析。

9.2.2 生产物流子系统的功能模块

生产物流子系统划分为生产物流规划设计子系统、生产物流管理子系统和生产物流调度控制子系统，如图 9-2 所示。

1. 生产物流规划设计子系统

生产物流规划设计子系统又分为系统设计、布局规划和仿真系统。系统设计以平衡物流系统的投资与功能为基本出发点，设计能够满足生产任务要求的物流系统。布局规划采用计算机辅助物流系统布局设计，对多种方案进行定量化分析，通过比较优化方案，改进并加速布局设计过程，满足“充分利用空间”的目的。

仿真系统(simulation, SIM)主要包括设计优化仿真和在线监控仿真。SIM 具备非常简单丰富的交互功能，允许用户改变参数输入。用户可方便地根据仿真报告的内容修改设计，目的是通过模拟实际生产的真实情况和市场或其他波动因素对系统造成的冲击，从而避免了在理想状态下设计所无法预料因素的影响，对系统堵塞或其他问题提供形象而直观的解决方案。

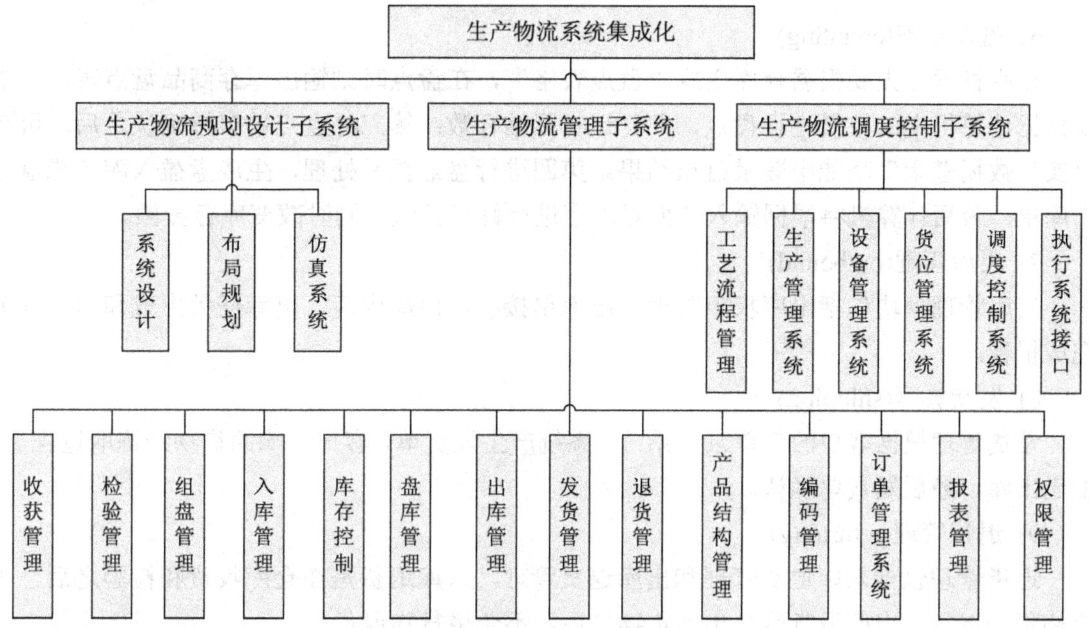

图 9-2　生产物流管理子系统模块

2. 生产物流管理子系统

1) 收货管理(receiving)

收货管理模块可以处理多种不同的收货情况，可以与已有的生产资源计划系统(MRP)、配送资源计划系统(distribution resource planning，DRP)及订单系统(sales order system，SOS)高度整合，由以上系统产生的入库任务可以直接导入收货管理模块。配送资源计划系统及订单系统高度整合，由以上系统产生的入库任务可以直接导入收货管理模块。

2) 检验管理(checking)

检验管理模块，包括质量检验和数量点收双重任务，具有货物检验、生成入库单、不合格物料登记、补货处理和退货处理等功能。

3) 组盘管理(mixing)

组盘管理可以实现集装单元管理，提高出入库效率。

4) 入库管理(inbound)

入库管理模块包括入库权限管理、入库单确认、入库申请、入库任务发出、入库任务完成报告。

5) 库存控制(inventory contrl)

库存控制模块包括库存控制、库存查询、自动补货处理和货物状态管理等功能。其中库存控制包括安全库存设定、安全期限设定、库存超限报警和库存超量报警，该功能可以有效控制和科学设定企业仓库库存量，减少由于库存过量或缺少而造成的经营风险。自动补货处理功能适用于多仓库管理，流程是缺货数量计算、补货申请、紧急需求提示等，该功能可以有效地减少各销售中心仓库缺货的可能性。

6) 盘库管理(counting)

盘库管理首先要根据仓库生成“盘点表格”，在盘点时刻输出库存商品盘点表；其次要根据计算机中的数量进行盘点，并登记实际结存数；第三经盘点单审核确认之后，可在“实盘数据登录”功能中登录盘点结果；第四进行盘点盈亏处理，生成盘盈入库单或盘亏出库单；最后计算机将根据输入数据对库存进行修正记账，同时改变库存金额。

7) 出库管理(outbound)

出库管理模块包括出库权限管理、出库单接收、出库申请、出库任务生成和出库任务完成报告。

8) 发货管理(shipping)

发货管理根据客户的订单录入系统，系统产生发货单，客户订购的货物经拣取过程后，配送出库，最后发货单确认。

9) 退货管理(returning)

退货管理包括入库退货管理和出库退货管理。入库退货是在仓库收货和检验之后，不合格货物退货。出库退货是在出库货物之后，不合格货物退货。

10) 产品结构管理(BOM)

BOM(bill of material)是用于生产工艺和子工艺的物料列表。BOM 可以将企业所有产品的树状结构数据或非树状结构数据模型统一管理，如产品 BOM、文件 BOM 和库存 BOM 等，使各种功能模块信息共享。

11) 编码管理(coding)

编码管理模块不仅提供完善和强大的编码功能，而且为用户自行开发的或已有的 ERP 系统的编码管理留有多形式接口，这样既可以提高用户物流系统的兼容性，又可以有效实现整个企业供应链的集成性。编码管理模块是根据国际编码标准建立的一套编码体系，其基本思路是首先根据需求建立编码规则体系，然后在编码规则的基础上建立具体编码，并通过工具对建立的编码规则体系及编码进行维护，形成对编码的规范化、标准化管理。

12) 订单管理系统(order management system, OMS)

通过 OMS 可以对订单进行全面管理，包括订单输入、订单和用户支持、订单查询及与电子商务、ERP 的接口。其主要功能体现在：创建用户特定的物料目录和价目表；处理复杂订单，多运输时间和多资源选择订单；与物料采购、仓库管理等系统自动结合，及时实现物料调拨，合理安排生产。

13) 报表管理(reporting)

报表管理模块可以让用户产生日常仓库运作所需的管理报表。报表模块内有 30 多个标准报表，用户可以很容易地执行和打印。

14) 权限管理(security)

在权限管理模块中，超级用户可以改变其他权限。权限级别包括：超级用户、管理员、用户、分仓库和供应商等。

3. 生产物流调度控制子系统

1) 工艺流程管理(process procedure management, PPM)

工艺流程管理是一种融入用户现有生产工艺流程，通过流程优化模型，建立与完善工艺流程和过程物料控制的智能型管理系统。它的控制点设立在生产工艺关键点上，每个生产关键点不仅可以集成地完成工艺流程，还可以时时与高级版仓储物流系统进行生产工艺信息传输，使每个控制点不仅可以敏捷地进行多种工艺加工，还可以实现多个相同控制点任务平均分配和资源合理配置功能。

2) 生产管理系统(production management system, PMS)

PMS 是一种对有限资源进行计划和调度的工具，有利于增加产量、降低库存、提高设备和人员的效率。通过对所有限制条件的有效调配，如班制调度、工作执行规则、批量、设备维护、机器效能和人员技能等，PMS 帮助合理选择和下达生产任务，并对生产计划执行情况进行管理。

3) 设备管理系统(equipment management system, EMS)

EMS 通过标准的上下层控制接口，完成生产物流管理系统与工业 PLC 的通信，实现对物流设备的集散控制，并且实时采集设备数据，报告设备状态，保障整个工业生产过程流畅、准确。

4) 货位管理系统(location management system, LMS)

立体仓库的货位分配直接影响堆垛机的存取效率，因此存取合理的货物分配策略可以减少堆垛机行走路程，提高出入库能力，还可以减轻对货架结构的压力。

5) 调度控制系统(dispatching control system, DCS)

DCS 调度控制系统能根据仓库内不同的运输任务及系统状态，下达或更改调度策略，消除任何瓶颈现象，保证整个输送系统的最大利用率和准确性。DCS 将各种物流任务按照设备完成情况统一分解调度指挥，其包括运输系统调度、出入库系统调度、堆垛机调度、升降机调度、辊道系统调度、机器人调度、AGV/I 和 GV 调度及其他运输车辆调度等。DCS 的智能性体现在可以根据任务与系统参数，优化运输路径，确定设备种类及作业时刻(任务优先级)。

6) 执行系统接口(executive system interface, ESI)

执行系统接口模块采用可扩展技术，与自动化立体仓库所需设备建立扩展接口，能满足企业仓库分步建设的扩展需求。该模块执行接口有：堆垛机执行、输送机执行、无线射频执行接口等。随着物流系统建设的逐步先进性，执行系统接口可不断扩充设备调度执行接口，具有较高的可扩展性。

9.2.3　生产物流子系统的开发策略

生产物流子系统的开发受到了诸多因素的影响，选好开发策略，也对系统开发起到事半功倍的作用，常用的开发策略有以下两种。

1. “自下而上”的开发策略

“自下而上”的开发策略是从现行系统的业务状况出发，先实现一个个具体的功能，逐步由低级到高级建立MIS，因为任何一个MIS的基本功能是数据处理，所以“自下而上”方法首先从研制各项数据处理应用开始，然后根据需要逐步增加有关管理控制方面的功能。其优点是可以避免大规模系统可能出现运行不协调的危险，随着系统的进展，往往要做许多重大修改，甚至重新规划、设计。

2. “自上而下”的开发策略

“自上而下”的开发策略强调从整体上协调和规划，由全面到局部，由长远到近期，从探索合理的信息流出发来设计信息系统。由于这种开发策略要求很强的逻辑性，因而难度较大，但这是一种更重要的策略，是信息系统的发展走向集成和成熟的要求。整体性是系统的基本特性，虽然一个系统由许多子系统构成，但它们又是一个不可分割的整体。

9.3 销售管理子系统

9.3.1 销售管理子系统的概念

销售管理子系统是销售管理软件的通俗化名称，销售管理子系统是管理客户档案、销售线索、销售活动、业务报告、统计销售业绩的先进工具，适合企业销售部门办公和管理使用，能协助销售经理和销售人员快速管理客户、销售和业务的重要数据。

该子系统可以实现对客户资料、信用度以及客户投诉的管理，对销售队伍的考核、运价的日常维护，以及对客户报价的管理。

9.3.2 销售管理子系统的特点

销售管理子系统对企业销售管理过程中人、财、物的有效管理提供了一套完整的解决方案，解决了企业在发货、运输、收货确认、发票管理、在途管理及货款回笼等销售过程中各个环节存在的突出问题。其主要包括：销售市场、客户信息、产品信息、销售计划、销售订单、产品库存、销售主要业务、销售退/换货、销售财务、统计和分析、基础数据、系统初始化、系统安全及分销/零售和直销等。

9.3.3 销售管理子系统的功能模块

1. 销售市场管理子模块

销售市场管理子模块收集各种市场(消费者市场、产业市场、政府市场)的市场需求、用户情况、竞争对手动态等信息，市场资料卡的建立、分类和查询，并以市场调查为基础，把定量预测和定性预测相结合来进行销售预测。

2. 客户信息管理子模块

完整的客户信息是销售活动、生产经营活动的需要；能够管理不同客户(代理商、经销商和直接使用者)的客户档案，同时加强客户的信贷信息管理；实现客户信息录入、修改、查询、客户信誉度和销售情况评估、客户销售资格的取消、挂起。

3. 产品信息管理子模块

产品信息管理子模块包括产品基础数据、产品基本信息、产品附加信息、产品市场及调拨价格管理和产品合同价格管理。

4. 销售计划管理子模块

销售计划管理子模块是完成计划的制订、分解和管理。即完成销售合同计划的录入、月销售计划的制订和分销点月销售计划大纲的制订；由销售合同计划自动分解形成月销售计划；完成对销售合同的审核、修改和执行状态管理，对月销售计划的修改、审核和执行状态管理、分销点月销售计划大纲的执行情况的管理；形成合同计划报表、月销售计划报表。同时，为其他系统生成生产计划、库存计划、财务预算、采购计划和人事计划等提供参考依据。

5. 销售订单管理子模块

客户需求是通过订单进入系统，销售管理的核心是订单、收款循环。订单是根据客户信息、交运信息、销售项目及其他注意事项建立的，输入系统后，便跟踪销售的整个过程，直至完成全部业务。完成订单的输入与确认(确认包括可供货情况、定价确认和信贷确认等)、订单需求的展开、订货交运、佣金支付(对代理商而言)等。

6. 产品库存管理子模块

库存管理主要对企业的库存进行调度、储存(出入库)等操作，并对操作效果进行评价。

7. 销售主要业务管理子模块

销售主要业务管理包括订单的处理、开票处理、商务处理、准运证办理，以及所有票据的审核、计账、应收款、在途产品等要求。

8. 销售退/换货管理子模块

销售退/换货管理是难点。各个企业或公司有不同的处理方法，系统提取共性，通过投诉记录、投诉处理、合格品入库、报废品管理、待处理品管理、退货冲账、换货申请与出库等处理，完成了销售正常业务产生的退/换货情况，将“退”、“质”、“换”、“财”联系在一起，还有查询、打印单据和报表的功能。

9. 销售财务管理子模块

销售财务管理主要解决企业和客户之间的账务处理，使在没有或离开财务系统的情况下管理销售财务成为可能，可以方便地进行客户回款管理、应收款(或预付款)管理、保证金定金管理、其他款项(差旅费、广告费、邮电费、运输费及接待费等特殊费用管理、催款记录及发票管理等)管理，还提供了信用额度透支报警和回款异常处理功能。

10. 销售统计和分析子模块

销售统计和分析子模块的内容主要包括：交运信息、销售数量、销售额、销售成本、税务信息及销售产品信息等。统计的时间上，可以按年度、按时段进行汇总比较。统计的口径根据不同的目标可选用按客户分类统计、按销售代理分类统计、按销售产品分类统计、按销售地区分类统计、按市场领域进行分类统计等。销售分析是指对企业实际销售效果的评价，可判别实际生产经营是否达到预期目标及发现系统存在的各种问题。分析的依据是具体而准确的记录，系统为各种记录信息的收集和维护提供了有力支持。其主要采用 3 种分析方式：分类账目分析、销售功能成本分析和市场单位销售成本分析。

11. 基础数据管理子模块

基础数据管理子模块包括各种数据字典的建立、维护等功能。

12. 系统初始化管理子模块

系统初始化管理子模块为系统运行做一些设置，以适应具体情况，包括使用单位信息、系统流程设置、库存初始化、在途初始化、应收款初始化以及其他初始化(如系统使用前几个月的一些汇总数据)、会计期间维护等。

13. 系统安全管理子模块

系统安全管理子模块主要包括权限设置、系统日志、数据备份与恢复等功能。

14. 分销/零售和直销管理子模块

系统提供了只管理直销或分销或零售的出库、票据及核销，作为普通业务管理和专用的管理系统。

9.4 运输管理子系统

9.4.1 运输管理子系统的概念

运输管理子系统(transportation management system, TMS)是基于网络环境开发的支持多网点、多机构、多功能作业的立体网络运输管理软件。TMS 是在全面衡量、分析、规范运输作业流程的基础上，运用现代物流管理方法设计的先进的、标准的运输管理软件。

TMS 采用先进的软件技术实现计算机优化辅助作业，特别是对于网络机构庞大的运输体系，TMS 能够协助管理人员进行资源分配、作业匹配和路线化等操作。

TMS 与流行的 RF、GPS/GIS 系统可以实现无缝连接，在充分利用条形码的系统内可以实现全自动接单、配载、装运和跟踪等。在车辆管理系统中，TMS 主要为配送管理、车辆管理和车队成本管理。该系统是对托运单的车辆分配，分配之后的出车、回车，以及油料物料管理等一系列在货物由仓库到运送点发生的业务以及由此形成的成本进行管理，以达到车辆配送的最优化和车队成本的最低化，如图 9-3 所示。

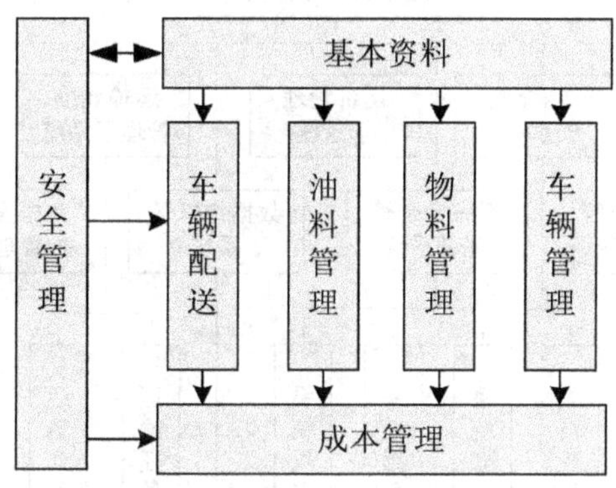

图 9-3　运输管理子系统框架

9.4.2　运输管理子系统的特点

运输管理子系统的特点有：建立高效、快捷和可控的运输系统信息平台；采用科学算法和先进优化模型调度系统；建立合理的营销中心仓库布局，科学计算辐射区；采购运输系统与销存运输系统的集成；优化货物分类，合理规划运输。

9.4.3　运输管理子系统的功能模块

运输管理子系统详细论述如下，主要功能模块如图 9-4 所示。

1. 基础信息管理子系统

基础信息管理子系统由司机档案管理、车辆档案管理、运输公司档案管理、运输地址字典和路径字典等模块组成，主要提供系统的基本信息登记和管理。

2. 车辆管理子系统

车辆管理子系统包括车辆使用管理、车辆运行管理、车辆变更管理和交通事故管理等。

车辆使用管理模块提供对车辆的使用条件和时间的控制。车辆运行管理模块管理派车任务的日期、车牌号、事由、地点、起始时间、截止时间、里程和使用单位等，功能包括“已派车辆”、“未归车辆”、“病事假”、“保养”、“值班”、“加班”和“派车计划”等。车辆变更管理模块提供对车辆状况变化的信息管理。交通事故管理模块主要提供对车辆和司机的交通事故的登记和管理功能，如车牌号、车辆类型、驾驶员、所属部门、发生事故的年月日、事故确认者、事故概要、损坏程度、公司暂时负担金额、保险理赔金额、对方赔偿金额、本人负担金额、和解内容、对方姓名、对方年龄、对方住址、对方电话、对方上班地点、事故发生地点、对方车牌号、对方车辆类型、对方损坏程度、公司给对方的暂时负担金额、公司负担差额、对方当事人负担金额等，还具有车辆事故记录、事故结案、事故工伤鉴定和事故罚款通知书4个功能项，如图9-4所示。

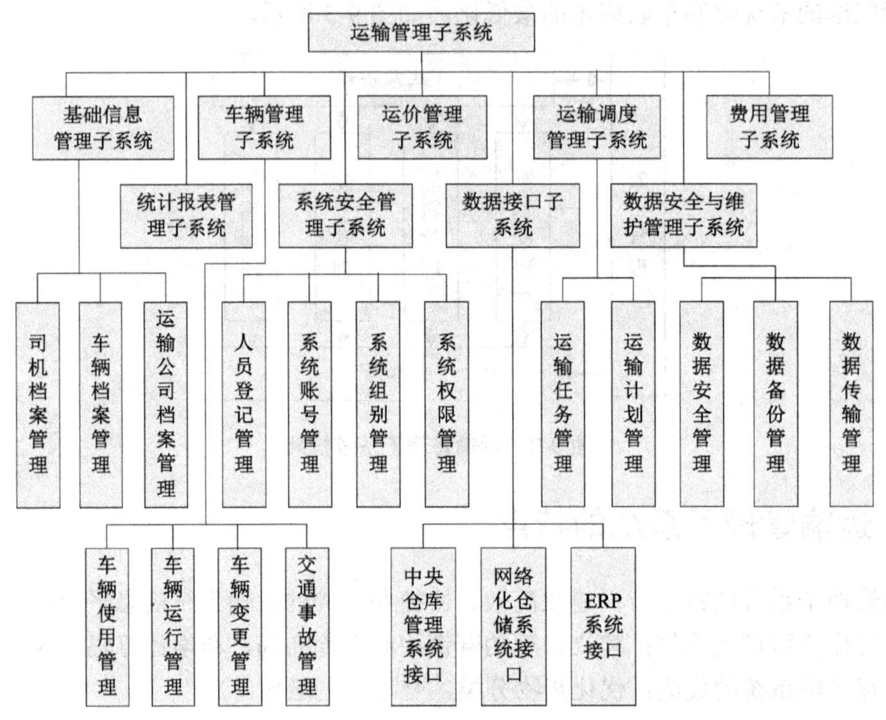

图9-4　运输管理子系统模块

3. 运价管理子系统

运价管理子系统包括零担运价管理模块、协议运价管理模块。

4. 运输调度管理子系统

运输调度管理子系统包括运输计划管理模块、运输任务管理模块、需车计划管理模块、派车任务管理模块、运输调度管理模块、路径优化管理模块及装车管理模块。

5. 费用管理子系统

费用管理子系统包括车辆费用管理模块、运输费用管理模块和装卸费用管理模块。

6. 统计报表管理子系统

统计报表管理子系统提供按产品类别、出入库业务操作、时间段等的各类数据统计报表，包括收、拨、存日报表，分系列月积压产品报表，按规格畅销排行报表，按地区排行销量报表，月统计发出明细表和产品库存周报表等。

7. 数据接口子系统

数据接口子系统包括中央仓库管理系统接口模块、网络化仓储系统接口模块和 ERP 系统接口模块。中央仓库管理系统接口提供网络化仓储系统与中央仓库进行数据交换的接口格式和方式。网络化仓储系统接口提供网络化仓储系统与运输管理系统间数据交换的接口格式和方式。ERP 系统接口提供网络化仓储系统与 ERP 系统间数据交换的接口格式和方式。

8. 系统安全管理子系统

系统安全管理子系统包括人员登记管理、系统账号管理、系统组别管理和系统权限管理等模块。

人员登记管理提供系统管理、操作人员信息的登记、修改和删除功能。人员登记信息是系统对系统使用人员的名字、身份、背景情况的记录。系统账号管理提供系统管理、操作人员在系统中的使用账号、密码、账户有效期等的管理。系统使用人员在使用系统前，必须进行系统登录，登录时向系统提供账号和密码，系统依据账号记录对登录申请进行验证。系统组别管理提供对系统中登记的人员进行编组、统一管理的功能。系统各功能的使用权限可依照系统组别进行分配。系统通过系统权限对用户的使用权限进行控制。通过权限管理，可以对用户或者组别分配系统功能的操作使用权。具有该权限的账户分配每个组或者用户的权限。用户的权限等于该用户自己的权限和所属组的权限之和。

9. 数据安全与维护管理子系统

数据安全与维护管理子系统包括数据安全管理、数据备份管理和数据传输管理等模块。数据安全管理提供对数据的加密管理。数据备份管理主要处理系统中数据的备份。系统数据备份可采用人工、自动或两者相结合的方式。数据传输管理包括协议层信息传输和系统层传输。系统层传输包括信息提示和业务处理功能，信息提示是在传输工作的开始给予信息接收者提示功能，告知接收者对任务进行处理；业务处理包括数据上传和下载两部分。数据传输可分为定时式、即时式和人工式 3 种。在定时模式下，系统自动在设定的时间里进行数据交换。在即时模式下，系统在有数据传输交换需求时进行数据交换。

9.5　仓储管理子系统

9.5.1　仓储管理子系统的概念

仓储管理子系统(warehousing management system, WMS)是属于一种专门在追踪和管理仓储中一切活动的软件。它是根据 SQL Server，Oracle，Informix，Sybase，DB2 等数据库系统所构建的。类似这种数据库系统负责从货物抵达到运送的操控。仓储管理信息系统的基本功能在于记录存货的收发。这是必备的功能，因为关系到整个供应链上的交易：记录要付给上游厂商的款项，同时传递发货单给下游厂商。仓储管理信息系统就是根据这项功能来发展的。

仓储管理子系统(WMS)，是指在整个物流信息系统中，运用实时数据收集技术和关系型数据库，并以全面性的配销循环营运观点，协助企业管理库存的有效产出。以一组软件工具管理库存流量、人工和相关资源，同时提供增强的仓储功能。物料仓储管理与运输/配送服务就是物流系统的两大重心。

9.5.2 仓储管理子系统的特点

WMS 提供仓库执行全程的管理功能——从接到订单开始到货物装运。配送中心的管理实质上是执行任务的管理，WMS 的核心运行机制决定了它是否可以真正实现人力资源、设备利用率、仓储布局、订单履行的最优化。WMS 按照运筹学的原理整合和合理利用仓库的资源，规划库位，分配任务。WMS 将关注的焦点集中于对仓储执行的优化和有效管理，同时延伸到运输配送计划、和上下游供货商客户的信息交互，从而有效提高仓储企业、配送中心和生产企业的仓库的执行效率和生产率，降低成本，提高企业客户的满意度，从而提升企业的核心竞争力。应该指出，ERP 系统中的库存管理与真正的仓储管理系统是有着本质区别的。库存管理着重于量的管理，相对简单；而仓储管理子系统(WMS)需要整合仓储、运输的种种资源(人力、设备、运力)，需要运用大量的算法去实现最优化，而且这种最优化并没有固定模式，必须根据企业的实际情况与战略发展进行调整。

9.5.3 仓储管理子系统的功能模块

仓储管理信息子系统利用先进的条形码识别，无线通信(RF)功能强大，技术先进，它可使使用者充分地控制仓库中所有货物的运转。系统具有图形用户接口、友好的人机界面、强大的查询能力、多重数据视图和内置的安全管理等多个优点，将使仓库管理更高效和更准确。系统能记录所有的库存活动，确保企业符合 ISO 标准。本系统的设计，可以实现多物流中心(公司)的管理，这将为物流中心(公司)的全国性发展和组织架构提供坚实的基础。

以下是仓储管理信息子系统的主要功能模块介绍。

1. 权限管理

权限管理提供对安全管理的支持，包括用户权限管理和日志管理。此模块独立运行，且只能由系统管理员使用。

2. 系统管理

系统管理包括参数设定、历史资料处理和日结处理。

3. 基本信息管理

基本信息管理是本系统的基础数据，包括区域资料、货主资料、仓位资料和报表查询。

4. 入库作业

正常入库作业包括正常入库、入库报表和客退作业。

5. 出货作业

出货作业处理包括填写出货通知单、配车和配货作业、拣货作业、出货作业以及出货报表。

6. 库存管理

库存管理包括库存调整、移位和退厂、盘点作业和查询报表。

7. 简单车辆管理

简单车辆管理主要包括对基本资料、运行资料的管理。

8. 流通加工

流通加工主要为货主商品进行改包装、贴标牌、组装(BOM 表)处理等。流通加工的处理与货主要求有关，一般按货主要求对货品进行包装或加工处理。本模块为独立模块，有一套完整的作业流程和数据处理过程。

9. 调拨作业

调拨作业是依货主指示，将货物从某一物流仓库调拨到他处物流仓库，具体包括发放调拨通知单、配车作业、车辆配载表、拣货作业和出货确认。

10. 物流计费管理

物流计费管理主要包括基本费率设定、特殊费率设定、特殊计费和统计报表。

11. 数据交换

可与货主计算机系统进行数据交换(包括 EDI 数据)，货主可通过 Internet 查询其托管货物的进、出、存等信息。

12. 条形码识别和无线数据通讯

在系统中使用先进的无线通讯(RF)技术和激光条形码识别技术，库位和货物的识别条形码化，使仓库货物的进库、出库、装车、库存盘点、货物的库位调整、现场库位商品查询等数据实现实时双向传送，做到快速、准确、无纸化，大大提高效率，将人为的出错率降到最低，从而降低仓储的成本费用。

本 章 小 结

本章主要介绍了各子系统的概念、特点、功能模块以及开发策略等。建议学生重点掌握各子系统的功能，熟悉其在企业中的地位及作用。

思 考 题

1．集成化物流信息系统是如何组成的？
2．采购物流子系统的功能模块有哪些？
3．简述生产物流子系统的开发策略。
4．销售管理子系统有哪些特点？
5．运输和仓储管理子系统分别由哪些功能模块构成？

第 10 章　电子商务物流

Internet 的发明是近 30 年来最伟大的社会成就和科技成就，它正使人们的生活发生变化，也将引领一场商业领域的变迁与飞跃。基于 Internet 的电子商务可以说是 21 世纪经济的新亮点，但是就目前来说，这个亮点尚未闪耀光芒，或许只是一种经济发展的目标模式。无疑，电子商务是 21 世纪新的商务工具，它将像杠杆一样撬动传统产业和新兴产业，促进传统产业的嬗变、新兴产业的发展，而在这个过程中，现代物流将成为这个杠杆的支点。

10.1　电子商务物流概述

10.1.1　电子商务物流的概念

1. 电子商务物流的定义

与传统物流相比，电子商务物流系统是信息化、现代化、社会化和多层次的物流系统。该系统主要是针对电子商务企业的经营需要，系统采用现代信息通信技术、现代交通运输技术、现代制造技术和现代管理手段，在严格遵守契约、高度强调信用的基础上从事物流活动，能够定时、定点、定量地为各类超越时空限制的客户提供物流服务。

电子商务物流可以使商品流通较传统的物流和配送方式更容易实现信息化、自动化、现代化、社会化、智能化、合理化和简单化，即减少生产企业的库存、加速资金周转、提高物流效率、降低物流成本，又能有效地提高客户满意度，刺激社会需求，促进市场均衡稳定发展，改进社会总体福利水平。

2. 电子商务物流的特点

电子商务时代的来临，给全球物流带来了新的发展，使物流具备了一系列新特点。

1) 信息化

电子商务时代，物流信息化是电子商务的必然要求。物流信息化表现为物流信息的商品化、物流信息收集的数据库化和代码化、物流信息处理的电子化和计算机化、物流信息传递的标准化和实时化、物流信息存储的数字化等。因此，条形码技术(bar code)、数据库技术(database)、电子订货系统(electronic ordering system，EOS)、电子数据交换(electronic data interchange，EDI)、快速反应(quick response，QR)及有效的客户反映(effective customer response，ECR)、企业资源计划(enterprise resource planning，ERP)等技术与观念在我国的物流业中将会得到普遍应用。信息化是一切的基础，没有物流的信息化，任何先进的技术设备都不可能应用于物流领域，信息技术及计算机技术在物流中的应用将会彻底改变世界物流的面貌。

2) 自动化

自动化的基础是信息化，自动化的核心是机电一体化，自动化的外在表现是无人化，自动化的效果是省力化，另外还可以扩大物流作业能力、提高劳动生产率、减少物流作业的差错等。物流自动化的设施非常多，如条形码/语音/射频自动识别系统、自动分拣系统、自动存取系统、自动导向车、货物自动跟踪系统等。这些设施在发达国家已普遍用于物流作业流程中，而在我国，由于物流业起步晚，发展水平低，自动化技术的普及还需要相当长的时间。

3) 网络化

物流领域网络化的基础也是信息化，这里指的网络化有两层含义：一是物流配送系统的计算机通信网络，包括物流配送中心与供应商或制造商的联系要通过计算机网络，另外，与下游顾客之间的联系也要通过计算机网络通信，比如物流配送中心向供应商提出订单这个过程，就可以使用计算机通信方式，借助于增值网(value-added network, VAN)上的电子订货系统(EOS)和电子数据交换技术(EDI)自动实现，物流配送中心通过计算机网络收集下游客户的订货的过程也可以自动完成。二是组织的网络化，即所谓的企业内部网(Intranet)。比如，中国台湾的计算机业在 20 世纪 90 年代创造出了“全球运筹式产销模式”，这种模式的基本点是按照客户订单组织生产，生产采取分散形式，即将全世界的计算机资源都利用起来，采取外包的形式将一台计算机的所有零部件、元器件和芯片外包给世界各地的制造商去生产，然后通过全球的物流网络将这些零部件、元器件和芯片发往同一个物流配送中心进行组装，由该物流配送中心将组装的计算机迅速发给用户。这一过程需要有高效的物流网络支持，当然物流网络的基础是信息和计算机网络。物流的网络化是物流信息化的必然，是电子商务下物流活动的主要特征之一。当今世界 Internet 等全球网络资源的可用性及网络技术的普及为物流的网络化提供了良好的外部环境，物流网络化势不可当。

4) 智能化

智能化是物流自动化、信息化的一种高层次应用，物流作业过程大量的运筹和决策，如库存水平的确定、运输(搬运)路径的选择、自动导向车的运行轨迹和作业控制、自动分拣机的运行、物流配送中心经营管理的决策支持等问题都需要借助于大量的知识才能解决。在物流自动化的进程中，物流智能化是不可回避的技术难题。好在专家系统、机器人等相关技术在国际上已经有比较成熟的研究成果。为了提高物流现代化的水平，物流智能化已成为电子商务下物流发展的一个新趋势。

5) 柔性化

柔性化本来是为实现“以顾客为中心”的理念而在生产领域提出的，但要真正做到柔性化，即真正地能根据消费者需求的变化来灵活调节生产工艺，没有配套的柔性化的物流系统是不可能达到目的的。20 世纪 90 年代，国际生产领域纷纷推出弹性制造系统(flexible manufacturing system, FMS)、计算机集成制造系统(computer integrated manufacturing system, CIMS)、制造资源系统(manufacturing requirement planning, MRP)、企业资源计划(ERP)以及供应链管理的概念和技术。这些概念和技术的实质是要将生产、流通进行集成，根据需求端的需求组织生产，安排物流活动。因此，柔性化的物流正是适应生产、流通与消费的需

求而发展起来的一种新型物流模式。这就要求物流配送中心要根据消费需求“多品种、小批量、多批次、短周期”的特色，灵活组织和实施物流作业。

另外，物流设施、商品包装的标准化，物流的社会化、共同化也都是电子商务下物流模式的新特点。

10.1.2 电子商务物流的发展趋势

电子商务时代，由于企业销售范围的扩大，企业和商业销售方式及最终消费者购买方式的转变，使得送货上门等业务成为一项极为重要的服务业务，促使了物流行业的兴起。物流行业能完整提供物流机能服务，以及运输配送、仓储保管、分装包装、流通加工等以收取报酬的行业。主要包括仓储企业、运输企业、装卸搬运、配送企业、流通加工业等。信息化、全球化、多功能化和一流的服务水平，已成为电子商务下的物流企业追求的目标。

1. 功能多元化

在电子商务时代，物流发展到集约化阶段，一体化的配送中心不单单提供仓储和运输服务，还必须开展配货、配送和各种提高附加值的流通加工服务项目，也可按客户的需要提供其他服务。现代供应链管理即通过从供应者到消费者供应链的综合运作，使物流达到最优化。企业追求全面的系统的综合效果，而不是单一的、孤立的片面观点。

作为一种战略概念，供应链也是一种产品，而且是可增值的产品。其目的不仅是降低成本，更重要的是提供用户期望以外的增值服务，以产生和保持竞争优势。从某种意义上讲，供应链是物流系统的充分延伸，是产品与信息从原料到最终消费者之间的增值服务。

在经营形式上，采取合同型物流。这种配送中心与公用配送中心不同，它是通过签订合同，为一家或数家企业(客户)提供长期服务，而不是为所有客户提供服务。这种配送中心提供由公用配送中心来进行管理的，也有自行管理的，但主要是提供服务；也有可能所有权属于生产厂家，交由专门的物流公司进行管理。

供应链系统物流完全适应了流通业经营理念的全面更新。因为以往商品经由制造、批发、仓储和零售各环节间的多层复杂途径，最终到消费者手里。而现代流通业已简化为由制造经配送中心而送到各零售点。它使未来的产业分工更加精细，产销分工日趋专业化，大大提高了社会的整体生产力和经济效益，使流通业成为整个国民经济活动的中心。

另外，在这个阶段有许多新技术，例如准时制工作法(just in time)。又如，销售时点信息管理系统(point of sale)，商店将销售情况及时反馈给工厂的配送中心，有利于厂商按照市场调整生产，以及同配送中心调整配送计划，使企业的经营效益跨上一个新台阶。

2. 服务人性化

在电子商务下，物流业是介于供货方和购货方之间的第三方，以服务作为第一宗旨。从当前物流业的现状来看，物流企业不仅要为本地区服务，而且还要进行长距离的服务。因为客户不但希望得到很好的服务，而且希望服务点不是一处，而是多处。因此，如何提供高质量的服务便成了物流企业管理的中心课题。应该看到，配送中心离客户最近，联系最密切，商品都是通过它送到客户手中。美、日等国物流企业成功的要诀．就在于他们都十分重视对客户服务的研究。

首先，在概念上变革，由“推”到“拉”。配送中心应更多地考虑“客户要我提供哪些服务”，从这层意义来讲，它是“拉”(pull)，而不是仅仅考虑“我能为客户提供哪些服务”，即“推”(push)。如有的配送中心起初提供的是区域性的物流服务，以后发展到提供长距离的服务，而且能提供越来越多的服务项目。又如配送中心派人到生产厂家“驻点”，直接为客户发货。越来越多的生产厂家把所有物流工作全部委托配货中心去做，从根本意义上讲，配送中心的工作已延伸到生产厂里了。

如何满足客户的需要，把货物送到客户手中，主要在于配送中心的作业水平。配送中心不仅与生产厂家保持紧密的伙伴关系，而且直接与客户联系，能及时了解客户的需求信息，并沟通厂商和客户双方，起着桥梁作用。如美国普雷兹集团公司(APC)是一个以运输和配送为主的规模庞大的公司。物流企业不仅为货主提供优质的服务，而且要具备运输、仓储、进出口贸易等一系列知识，深入研究货主企业的生产经营发展流程设计和全方位系统服务。优质和系统的服务使物流企业与货主企业结成战略伙伴关系(或称策略联盟)，一方面有助于货主企业的产品迅速进入市场，提高竞争力；另一方面则使物流企业有稳定的资源。对物流企业而言，服务质量和服务水平正逐渐成为比价格更为重要的选择因素。

3. 信息网络化

在电子商务时代，要提供最佳的服务，物流系统必须要有良好的信息处理和传输系统。美国洛杉矶西海报关公司与码头、机场、海关信息联网，当货物从世界各地起运时，客户便可以从该公司获得到达的时间、到泊(岸)的准确位置，使收货人与各仓储、运输公司等做好准备，使商品在几乎不停留的情况下，快速流动，直达目的地。又如，美国干货储藏公司(D.S.C.)有 200 多个客户，每天接受大量的订单，需要很好的信息系统。为此，该公司将许多表格编制成计算机程序，大量的信息可迅速输入、传输，各子公司也是如此。再如，美国橡胶公司(USCO)的物流分公司设立了信息处理中心，接受世界各地的订单；IBM 公司只需按动键盘，即可接通 USCO 公司进行订货，通常在几小时内便可把货送到客户手中。良好的信息系统能提供极好的信息服务，以赢得客户的信赖。

在大型的配送公司里，往往建立了 ECR 和 JIT 系统。所谓 ECR(efficient customer response)，即有效客户信息反馈，它是至关重要的。有了它，就可做到客户要什么就生产什么，而不是生产出东西等顾客来买。仓库商品的周转次数每年达 20 次左右，若利用客户信息反馈这种有效手段，可增加到 24 次，这样可使仓库的吞吐量大大增加。通过 JIT 系统，可从零售商店很快地得到销售反馈信息。配送不仅实现了内部的信息网络化，而且增加了配送货物的跟踪信息，从而大大提高了物流企业的服务水平，降低了成本。成本一降低，竞争力便增强了。

欧洲某配送公司通过远距离的数据传输，将若干家客户的订单汇总起来，在配送中心里采用计算机系统编制出“一笔划”式的路径最佳化“组配拣选单”。配货人员只需到仓库转一次，即可配好订单上的全部货物。

在电子商务环境下，由于全球经济的一体化趋势，当前的物流业正向全球化、信息化、一体化的方向发展。

商品与生产要素在全球范围内以空前的速度自由流动。EDI 与 Internet 的应用，使物流效率的提高更多地取决于信息管理技术。电子计算机的普遍应用提供了更多的需求和库存信息，提高了信息管理科学化水平，使产品流动更加容易和迅速。物流信息化，包括商品代码和数据库的建立、运输网络合理化、销售网络系统化和物流中心管理电子化建设等，目前还有很多工作有待实施。可以说，没有现代化的信息管理，就没有现代化的物流。

4. 发展国际化

由于电子商务的出现，加速了全球经济一体化，使物流企业的发展达到了多国化。跨国企业从许多不同的国家收集所需要的资源，再加工后向各国出口。

全球化的物流模式使企业面临着新的问题。例如，当北美自由贸易区协议达成后，其物流配送系统已不是仅仅从东部到西部的问题，还有从北部到南部的问题。这里面有仓库建设问题，也有运输问题。又如，从加拿大到墨西哥，如何运送货物，又如何设计合适的配送中心，还有如何提供良好服务的问题。另外，一个困难是较难找到素质较好、水平较高的管理人员，因为有大量牵涉到合作伙伴的贸易问题。如日本在美国开设了很多分公司，而两国存在着不小的差异，势必会碰到如何管理的问题。

还有一个信息共享问题。很多企业有不少企业内部的秘密，物流企业很难与之打交道，因此，如何建立信息处理系统，以及时获得必要的信息，对物流企业来说是个难题。同时，在将来的物流系统中，能否做到尽快将货物送到客户手里，是提供优质服务的关键之一。客户要求发出订单后，第二天就能得到货物，而不是口头上说“可能何时拿到货物”，同时，客户还在考虑“所花的费用与所得到的服务是否相称，是否合适”。

全球化战略的趋势，使物流企业和生产企业更紧密地联系在一起，形成了社会大分工。生产厂集中精力制造产品、降低成本、创造价值；物流企业则花费大量时间、精力从事物流服务。物流企业的满足需求系统比原来更进一步了。例如，在配送中心里，对进口商品的代理报关业务、暂时储存、搬运和配送，以及必要的流通加工，从商品进口到送交消费者手中的服务实现一条龙。

10.2　电子商务与物流的关系

电子商务同专业物流的关系如同企业与银行的关系。但是，由于电子商务公司同传统的公司相比较具有更加容易建立、营运成本低的特点，其竞争将会更加激烈，估计将会发展为与物流融合，形成一个既有电子商务，也有物流的公司，而各个公司之间如同现在一样，既有合作，又有竞争。垄断企业的规模会进一步扩大，其垄断不仅仅在某一行业，也可以是某一地区的商务，即产生商务垄断。

10.2.1 电子商务对物流的影响

物流与电子商务之间的关系，是相互影响、相互促进的。下面，先来认识电子商务对物流活动的影响。

1. 电子商务将把物流业提升到前所未有的高度

电子商务导致产业大重组，那些消亡了的实体商店、银行等企业的人员到哪里去？从事物流业、送货，或去网络银行工作(那里将比现在的业务量大得多)，或者从事其他服务业。大量的实体商店和银行消亡后，将代之以按区域合理分布的配送中心、物流中心。

产业重组的结果，实际上是使得社会上的产业只剩下两个行业：一个是实业，包括制造业和物流业；一个是信息业，包括广告、订货、销售、购买、金融、支付和信息处理业等。而这两个行业，又可以理解为一个是“实”业，一个是“虚”业。

在“实”业中，制造业和物流业二者相比，制造业会逐渐弱化，而物流业会逐渐强化。制造企业会逐渐弱化，主要是因为：随着经济的发展和生产力水平的提高，社会已经从短缺经济变为剩余经济，绝大多数的产品都出现了供给大于需求的现象。即使一个产品暂时短缺，由于高科技和高生产力水平，再加上趋利竞争，这个产品量会迅速上升，很快就会由短缺变为剩余。所以，以后就很难找到一个企业，能长期不变地只生产其固有的产品。随着人们生活水平的提高，需求品越来越走向个性化、高档化，商品的寿命周期也越来越短，所以制造企业生产的产品就必须越来越随之变化。今天生产这种产品，说不定明天就要生产另外的产品；今天这个企业还能存在，说不定明天就不能存在了。正是为了适应这种情况，所以最近出现了所谓柔性理论，出现了柔性制造、柔性企业和虚拟企业等。柔性企业的基本特征是，其组织结构是由一些最基本的功能单元按产品生产的需要临时组合起来，能随时根据产品品种规格产量的变化而变化。随着这种企业的增加，使得制造业的企业实体不得不随时变化，时大时小、时此时彼，甚至时存时亡，也就是说会越来越弱化。物流企业却会越来越强化，这是因为电子商务环境里，消费者在网上的虚拟商店购物，并在网上支付，送货的功能就由物流公司承担。物流公司既是生产企业的仓库，又是用户的货物供应者。

物流企业代表了所有生产企业及供应商向用户进行实物供应的唯一最集中、最广泛的供应者，是进行局域市场实物供应的唯一主体。可见，电子商务把物流业提升到了前所未有的高度。物流企业应该认识到，电子商务为他们提供了一个前所未有的机遇。

2. 电子商务下物流需求的新变化

(1) 消费者的地区分布分散化。Internet 是电子商务的最大信息载体。Internet 的物理分布范围正在迅速扩展，是否凡是 Internet 所触及的地区都是电子商务的销售区域呢？在电子商务发展的初级阶段这是不可能的。一般商务活动的有形销售网点资源按区域来配置，每一个销售网点负责一个特定区域的市场。比如把全国划分为 7 个销售大区，每个大区内有若干销售网点，再设立一个配送中心，负责向该大区的销售网点送货，销售网点向配送中

心订货和补货，配货中心则在规定的时间内将订货送达。电子商务也有可能按照这种方式来操作，但问题在于电子商务的客户可能在地理分布上是十分分散的，要求送货的地点不集中，物流网络并没有像 Internet 那样广的覆盖范围，无法经济合理地组织送货。所以，提供电子商务服务的公司也需要像有形店铺销售一样，要对销售区域进行定位，对消费人群集中的地区提供物流承诺。还有一种处理方法，就是针对不同的销售区域采取不同的物流服务政策。如在大城市因为电子商务的普及，订货可能比较集中，适于按不低于有形店铺销售的送货标准组织送货，但对偏远地区的订单则要进行集中送货，送货期限肯定要比到大城市长得多，那些地区的电子商务消费者享受的服务就要差一些。从电子商务的经济性考虑，应先从上网用户比较集中的大城市起步，这样建立基于一个城市的物流配送体系也比较好操作。

借助于 Internet，电子商务将整个世界联系在一起。电子商务的推广，加快了世界经济的一体化。因为电子商务的跨时域性和跨区域性，使得物流需求必然呈现跨国性，国际物流在整个商务活动中越来越占有举足轻重的地位。

(2) 销售的商品标准化。是否所有的商品都适合采用电子商务这种形式？在电子商务发展的初期答案是否定的。有没有最适合采用电子商务进行销售的商品？当然有。以上两个问题要考虑的是不同商品的消费特点及流通特点，尤其是物流特点。音乐、歌曲、电影、游戏、图片、图书、计算机软件、电子邮件、新闻、评论、教学节目、医疗咨询和汇款等可以通过信息传递完成物流的过程，最适合采用电子商务销售。因为不仅商品信息查询、订货、支付等商流、信息流和资金流可以在网上进行，而且物流也可以在网上完成，也就是这些品种可以实现商流、物流、信息流和资金流的完全统一。比如，消费者可以在网上选择流行音乐，点击音乐名称即完成订货和付款，收听音乐的过程就是进行物流的过程，音乐听完了，这个音乐的物流过程也就完成了，所以无论是亚马逊网上书店，还是珠穆朗玛电子商城，都是从销售这些商品开始的。当然，如果消费者除了需要满足视听需求外，还要拥有这些商品的载体本身，如发烧友要珍藏歌星的盒带、要满足多次重放功能等，还是需要完成单独的物流过程，将盒带或其他载体本身送到消费者手中。

从理论上来讲，没有什么商品特别不适合采用电子商务的销售方式。但从流通本身的规律来看，需要有商品定位，现在的商品品种有 40 万～50 万种之多。一个大型百货商店充其量经营 10 万种商品，没有一家公司能够经营所有的商品，总是要确定最适合自己销售的商品。电子商务也一样，为了将某一商品销售量累积得更大，就需要筛选商品品种。同时，电子商务也要一定的销售渠道配合，不同的商品，进货和销售渠道可能不同。品种越多、进货渠道及销售渠道越复杂，组织物流的难度就越大，成本也就越高，因此为了考虑在物流环节不增加过多的费用，也需要将品种限制在一定的范围之内。一般而言，商品如果有明确的包装、质量、数量、价格、储存、保管、运输、验收、安装及使用标准，对储存、运输和装卸等作业无特殊要求，就适合采用电子商务的销售方式。

(3) 物流服务需求多功能化和社会化。与传统的把物流分割成包装、运输、仓储和装卸等若干个独立的环节，由不同的企业单独完成的做法不同，电子商务物流要求物流提供企业全方位的服务，既包括仓储、运输服务，还包括配货、分发和各种客户需要的配套服务，使物流成为连接生产企业与用户的重要环节。电子商务的物流要求把物流的各个环节作为一个完整的系统进行统筹协调、合理规划，使物流服务的功能多样化，更好地满足客户的需求。

随着电子商务的发展，物流服务的社会化趋势越来越明显。在传统经营方式下，无论是实力雄厚的大企业，还是几十个人的小企业，一般都是由企业自身承担物流职能，导致出现高成本、低效率的结果。而在电子商务条件下，特别是对小企业来说，在网上订购、网上支付后，最关键的问题就是物流配送，如果完全依靠自己的力量来完成肯定是力不从心的，特别是面对跨地区、跨国界的用户时，将显得束手无策。因此，物流的社会化也将是电子商务发展的一个十分重要的趋势。

(4) 物流服务空间的拓展。电子商务需要的不是普通的运输和仓储服务，它需要的是物流服务，而物流与仓储运输存在比较大的差别。正是因为传统的储运经营者用传统储运的要求和标准为电子商务服务，使得电子经营者在 21 世纪初的今天仍然对物流服务不满意。电子商务经营者(也包括其他新型流通方式的经营者)需要的是增值性的物流服务，而不仅仅是传统的物流服务。

(5) 电子商务对物流时效性的要求。获取竞争优势的方法多种多样，如今，时间正成为新的竞争焦点。纵观近 40 年制造业的发展史，可以概括为 7 个字：“更便宜、更好、更快”。20 世纪 60 年代，重点是降低成本，提高劳动生产率，为顾客提供更便宜的产品，竞争焦点是成本。20 世纪 80 年代，竞争转移到质量方面，制造更好的产品，提供更好的服务，竞争焦点是质量。20 世纪 90 年代至 21 世纪初，成本、质量当然仍是重要的手段，但是，在许多行业中，时间正成为新的竞争焦点。需求趋向多样化、个性化，快速反应市场需求，是企业竞争的新定律。时间代替质量，成为新的竞争焦点。

电子商务的优势之一就是能大大简化业务流程，降低企业动作成本。而电子商务下企业成本优势的建立和保持必须以可靠和高效的物流作为保证。现代企业要在竞争中取胜，不仅需要生产适销对路的产品、采取正确的营销策略和强有力的资金支持，更需要信息的及时性和决策反馈的及时性。这些都必须以强有力的物流能力作为保证。以生产企业为例，有关调查研究的数据表示，物流对企业影响是公认的，90%以上的人认为较重要，其中 42%的人认为很重要，仅有 9.2%认为不重要。

3. 电子商务对物流环节的影响

首先，电子商务可使物流实现对网络的实时控制。传统的物流活动在其动作过程中，不管是以生产为中心，还是以成本或利润为中心，其实质都是以商流为中心，从属于商流活动，因而物流的运动方式是紧紧伴随着商流来运动的。而在电子商务下，物流的运作是以信息为中心的，信息不仅决定了物流的运动方向，而且也决定着物流的动作方式。在实际运作过程中，通过网络上的信息传递，可以有效地实现对物流的实时控制，实现物流的合理化。例如，在电子商务方案中，可以利用电子商务的信息网络，尽可能地通过信息沟通，将实物库存暂时用信息代替，即将信息作为虚拟库存(virtual inventory)。办法是建立需求端数据收集系统 ADC(automated data collection)，在供应链的不同环节采用 EDI 交换数据，建立 Intranet，为用户提供 Web 服务器，便于数据实时更新和浏览查询。一些生产厂商和下面的经销商、物流服务商提供共用数据库，共享库存信息等，目的都是尽量减少实物库存水平，但并不降低供货服务水平。

其次，网络对物流的实时控制是以整体物流来进行的。在传统的物流活动中，虽然也有依据计算机对物流实时控制，但这种控制都是以单个的运作方式来进行的。例如，在实施计算机管理的物流中心或仓储企业中，所实施的计算机管理信息系统大都是以企业自身为中心来管理物流的。而在电子商务时代，依据网络全球化的特点，可使物流在全球范围内实现整体的实时控制。

10.2.2 物流对电子商务的影响

在电子商务给物流带来巨大变化的同时，物流在电子商务活动中的地位与作用也日益显得重要。

1. 物流是电子商务的支点

如果电子商务能够成为 21 世纪的商务工具，它将像杠杆一样成为能撬起传统产业的新兴产业，在这一过程中，现代物流产业将成为这个“杠杆”的“支点”。正是信息技术的进步，才使人们更加意识到物流体系的重要性，现代物流产业的发展也才被提到日程上来。

1) 物流能力可以成为核心竞争力

物流系统的价值最早是在“二战”中得到认识的，至今共经历了 7 次价值发现。所谓第 7 次价值发现是在 1997 年东南亚爆发经济危机之后，人们在分析总结东南亚各国和各地区的情况时发现，以物流产业为重要支柱的新加坡、中国香港有较强的抗御经济危机的能力。例如，1998 年，受金融危机影响较大的马来西亚，经济增长为-6.8%，泰国为-8.0%，东盟为-9.4%，与之相比较，中国香港情况较好，为-5.1%，而新加坡则实现了 1.5%的正增长。这个发现完善了现代物流的定义。从此，人们意识到物流不仅对于微观企业有着特别的意义，对于国家的经济发展也有非常重要的意义。物流发展水平已成为一个国家综合国力的重要体现。

第 7 次价值发现对于国家和企业来说，都有着重要的启迪和借鉴作用。

2) 现代物流应运而生

用“成也配送，败也配送”来形容电子商务与物流的关系是再恰当不过了。国家经贸委贸易市场司副司长向欣说：“信息技术的发展与普及，正在改变过去的生产、交易及生活方式，流通体制也发生了重大的变化，电子商务、连锁经营、电视直销等新的流通方式的逐步发展，对物流产业发展提出了更高的要求。”

当我们庆幸终于可以实现网上订货、网上支付的同时，也无可奈何地会抱怨虽然在网上订了货、账单也被划掉，可是货物却迟迟不来。为了送货，有的网站采用 EMS，有的网站通过快递公司，有的网站甚至打起了居委会的主意，而这只是电子商务在网上购物过程中遭遇的尴尬。

再看看电子商务在企业供应链上的表现。众所周知的戴尔计算机公司，最大问题也是物流方面的难题。在收到顾客的要货订单后，如何及时采购到计算机的各种零配件，计算机组装好了以后如何及时配送到顾客手上，这些都需要个完整的物流体系来支持，而迅速成长起来的戴尔公司缺乏的也正是这个。正如海尔集团物流推进本部的周行先生说，电子商务是信息传送的保证，物流则是执行的保证。没有物流，电子商务只能是一张空头支票。

都说电子商务将成为企业决胜未来市场的重要工具，但如果没有现代物流体系做电子商务的支点，恐怕电子商务什么事也干不了。

2. 物流现代化是电子商务的基础

电子商务通过快捷、高效的信息处理手段可以比较容易地解决信息流(信息交换)、商流(所有权转移)和资金流(支付)的问题，而将商品及时地配送到用户手中，即可完成商品的空间转移(物流)，才标志着电子商务过程的结束。因此物流系统的效率高低是电子商务成功与否的关键，而物流效率的高低很大一部分取决于物流现代化的水平。物流现代化包括物流技术和物流管理两个方面的现代化。物流现代化中最重要的部分是物流信息化，物流信息化是电子商务物流的基本要求，是企业信息化的重要组成部分。物流信息化能更好地协调生产与销售、运输、储存等环节的关系，对优化供货程序、缩短物流时间及降低库存都具有十分重要的意义。

3. 物流是实施电子商务的关键

1) 物流保障生产

无论是在传统的贸易方式下，还是在电子商务情况下，生产都是商品流通之本，而生产的顺利进行需要各类物流活动的支持。生产的全过程从原材料的采购开始，便要求有相应的供应物流活动，将所采购的材料到位，否则生产就难以进行。在生产的各工艺流程之间，也需要原材料、半成品的物流过程，即所谓的生产物流，以实现生产的流动性。部分余料、可重复利用的物资的回收，就需要所谓的回收物流，废弃物的处理则需要废弃物物流。可见，整个生产过程实际上就是系列化的物流活动。合理化、现代化的物流，通过降低费用降低成本、优化库存结构、减少资金占压、缩短生产周期，保障了现代化生产的高效进行。相反，缺少了现代化的物流，生产将难以顺利进行，无论电子商务是多么便捷的贸易形式，仍将是无米之炊。

2) 物流服务于商流

在商流活动中，商品所有权在购销合同签订的那一刻起，便由供方转移到需方，而商品实体并没有因此而移动。在传统的交易过程中，除了非实物交割的期货交易，一般的商流都必须伴随相应的物流活动，即按照需方(购方)的需求将商品实体由供方(卖方)以适当的方式、途径向需方(购方)转移。而在电子商务下，消费者通过上网点击购物，完成了商品所有权的交割过程，即商流过程。但电子商务的活动并未结束，只有商品和服务真正转移到了消费者手中，商务活动才告以终结。

在整个电子商务的交易过程中，物流实际上是以商流的后续者和服务者的姿态出现的。

没有现代化的物流，轻松的商流活动会退化为一纸空文。

3) 物流是实现“以顾客为中心”理念的根本保证

从原始买卖到如今的电子商务，其中最大的改变就是电子商务不受时间、地点的限制。电子商务可以把所有的商品买卖虚拟成一个大的商场，在任何时间、地点都可以买到世界上任何一种商品。电子商务的出现，在最大限度上方便了最终消费者，他们不必再跑到拥挤的商业街，一家又一家地挑选自己所需的商品，而只要坐在家里，在 Internet 上搜索、查看、挑选，就可以完成他们的购物过程。但试想，他们所购的商品迟迟不能送到，或商家所送的并非自己所购的物品，那消费者还会选择网上购物吗？网上购物的不安全性，一直是电子商务难以推广的重要原因。不管是 B2B，还是 B2C，作为消费者、顾客，买了商品，商品能否安全迅速地送到手中，这才是消费者最关心的问题，这当中就需要解决物流及配送等问题。一句话，电子商务的发展需要物流做基础，物流是实现“以顾客为中心”理念的根本保证。

4. 物流是电子商务概念的重要内容

任何一次商品流通过程，包括完整的电子商务，都是商流、物流、信息流和资金流实现的过程。商流、信息流和货币流可以有效地通过互联网络来实现，在网上可以轻而易举地完成商品所有权的转移。但是这毕竟是“虚拟”的经济过程，最终的资源配置还需要通过商品实体的转移来实现，也就是说，尽管网上可以解决商品流通的大部分问题，但是却无法解决“物流”问题。

在一段时期内，人们对电子商务的认识有一些偏差，以为网上交易就是电子商务。这个认识的偏差在于：网上交易并没有完成商品的实际转移，只完成了商品“所有权证书”的转移，更重要的转移，是伴随商品“所有权证书”转移而出现的商品的实体转移，这个转移完成，才使商品所有权最终发生了变化。在计划经济时期，这个转移要靠取货；在市场经济条件下，在实现市场由卖方市场向买方市场的转变之后，这个转移要靠配送，这是网络上无法解决的。

发达国家的一些著名公司对电子商务的表述是：企业、供应商、用户的网络联结。这种表述对于西方发达国家来说无疑是正确的，其原因在于，西方发达国家在几十年的发展历程中，已经建立了比较完善的社会流通系统和配送服务系统，这些系统能够有效地对于网上交易的结果用配送服务来实现实物的交割。因此，只要利用互联网实现了“网络联结”，以后的事情有成熟的社会配送服务系统去解决。但是，在中国，这就行不通了。在中国，电子商务的建设如果不包含配送服务在内，就不可能完成一个完整的商务活动，这是由中国的国情决定的。

5. 物流是实现电子商务中跨区域的重点

我国加入 WTO 后，电子商务的应用将更加重视区域物流。要解决电子商务中跨国物流、跨区域物流可能出现的问题，有赖于完善的物流系统。借助于互联网，电子商务的跨时域性和跨区域性联系在一起。电子商务的推广，加快了世界经济的一体化，因为电子商务的跨时域性和跨区域性，使得物流活动必然呈现跨国性，国际物流在整个商务活动中越来越占有举足轻重的地位。

在商业运行中，不同的交易方式，会产生不同的物流模式。在电子商务这种交易方式下，物流模式的特点将是国际物流、跨区域物流不断增加，与之相对应，第三方物流模式将成为一种必然的选择。

10.3 国内外电子商务物流的发展

10.3.1 国外电子商务物流的发展

1. 国外电子商务物流解决方案

1) 美国——物流中央化

美国物流中央化的物流模式强调“整体化的物流管理系统”，是一种以整体利益为重，冲破按部门分管的体制，统一从整体进行规划管理的管理方式。

(1) 市场营销方面：物流管理包含分配计划、运输、仓储、市场研究和为用户服务 5 个过程。

(2) 流通和服务方面：在物流管理过程包含需求预测、订货过程、原材料购买和加工过程，即从原材料购买直至送达顾客手中的全部物资流通过程。

2) 日本——高效配送中心

(1) 物流过程：生产——流通——消费——还原(废物的再利用及生产资料的补足和再生产)。

(2) 物流是非独立领域，由多种因素制约。

(3) 物流(少库存多批发)与销售(多库存少批发)相互对立，必须利用统筹获得整体成本最小的效果。

(4) 物流的前提是企业的销售政策、商业管理和交易条件。

(5) 产品设计阶段决定效率。

(6) 销售订货时，交货条件、订货条件和库存量条件对物流的结果影响巨大。流通中的物流问题已转向研究供应、生产和销售中的物流问题方向。

3) 适应电子商务的一种全新的物流模式——物流代理

物流代理(third party logistics，TPL)，字面含义为第三方提供物流服务。物流代理是指：“物流渠道中的专业化物流中间人，以签订合同的方式，在一定期间内，为其他公司提供的所有或某些方面的物流业务服务。”

从广义的角度以及物流运行的角度看，物流代理包括一切物流活动以及发货人可以从专业物流代理商处得到的其他一些价值增值服务。提供这一服务，是以发货人和物流代理商之间的正式合同为条件的。这一合同明确规定了服务费用、期限及相互责任等事项。

狭义的物流代理专指本身没有固定资产但仍承接物流业务，借助外界力量，负责代替发货人完成整个物流过程的一种物流管理方式。物流代理公司承接了仓储、运输代理后，

为减少费用的支出，同时又要使生产企业觉得有利可图，就必须在整体上尽可能地加以统筹规划，使物流合理化。

2. 国外电子商务物流实施案例

美国的物流配送业发展起步早，经验成熟，尤其是信息化管理程度高，对我国物流发展有很大的借鉴意义。

1) 美国配送中心的类型

从 20 世纪 60 年代起，商品配送合理化在发达国家普遍得到重视。为了在流通领域中获得效益，美国企业采取了以下措施：①将老式的仓库改为配送中心；②引进计算机管理网络，对装卸、搬运、保管实行标准化操作，提高作业效率；③连锁店共同组建配送中心，促进连锁店效益的增长。美国连锁店的配送中心有多种，主要有批发型、零售型和仓储型三种类型，如图 10-1 所示。

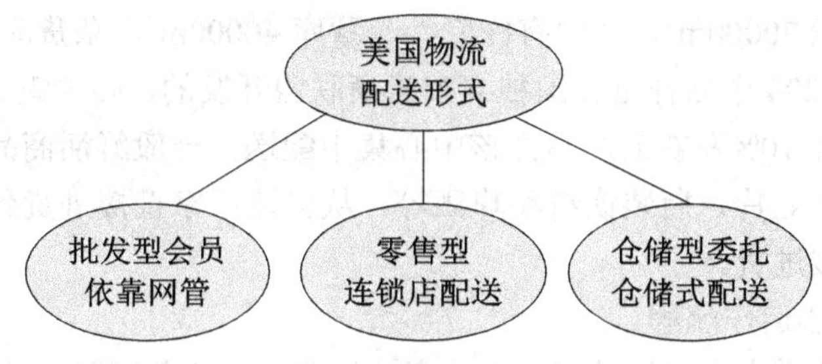

图 10-1　美国物流配送形式示意图

(1) 批发型。

美国加州食品配送中心是全美第二大批发配送中心，建于 1982 年，建筑面积 10 万平方米，工作人员 2000 人左右，共有全封闭型温控运输车 600 多辆，1995 年销售额达 20 亿美元，经营的商品均为食品，有 43 000 多个品种，其中有 98%的商品由该公司组织进货，另有 2%的商品是该中心开发加工的商品，主要是牛奶、面包、冰淇淋等新鲜食品。该中心实行会员制。各会员超市因店铺的规模大小不同、所需商品配送量的不同，向中心交纳不同的会员费。作为会员店，在日常交易中与其他店一样，不享受任何特殊待遇，但可以参加配送中心定期的利润分红。该配送中心本身不是盈利单位，可以不交营业税，所以当配送中心获得利润时，采取分红的形式，将部分利润分给会员店。会员店分得红利的多少，将视配送中心对其送货量和交易额的多少而定，多者多分，少者少分。

该配送中心主要靠计算机管理。业务部通过计算机获取会员店的订货信息，及时向生产厂家或新的储运部发出要货指示单；生产厂家和储运部再根据要货指示单的先后、缓急安排配送的顺序，将分配好的货物放在待配送口等待发运。配送中心 24h 运转，配送半径一般为 50km。

该配送中心与制造商、超市协商制订商品的价格。其主要依据是：①商品的数量与质量；②付款时间，如在 10 天内付款可以享受 2%的价格优惠；③配送中心对各大超市配送商品的加价率，根据商品的品种、档次不同以及进货量的多少而定，一般在 2.9%～8.5%

之间。

(2) 零售型。

美国沃尔玛公司的配送中心是典型的零售型配送中心。沃尔玛是全美零售业务年销售额最大的企业，目前，沃尔玛已经在美国本土建立了 70 个由高科技支持的物流配送中心，并拥有自己的送货车队和仓库，可同时供应 700 多家商店，向每家分店送货频率通常是每天一次。配送中心每周作业量达 120 万箱，每个月自理的货物金额大约在 5000 万美元。

在配送时，大宗商品通常经由铁路运达自己的配送中心，再由公司卡车运达商店。每店一周约收到 1～3 卡车货物。60%的卡车在返回自己的配送中心途中又捎回从沿途供应商处购买的商品。

(3) 仓储型。

美国福来明公司的食品配送中心是典型的仓储式配送中心。它的主要任务是接受美国独立杂货商联盟加州总部的委托业务，为该联盟在该地区的 350 家加盟店进行商品配送。该配送中心建筑面积 70000m^2，其中有冷库、冷藏库 40000m^2，杂货库 30000m^2，经营 8.9 万个品种，其中有 1200 个品种是美国独立杂货商联盟开发的，必须集中配送。在服务对象店经营的商品中，有 70%左右的商品由该中心集中配送，一般鲜活商品和怕碰撞的商品，如牛奶、面包、炸土豆片、瓶装饮料和啤酒等，从当地厂家直接进货到店，蔬菜等商品从当地的批发市场直接进货。

2) 美国配送中心运作流程

美国配送中心的库内布局及管理井井有条，使繁忙的业务互不影响。其主要经验如下。

(1) 库内货架间设有 27 条通道，19 个进货口。

(2) 以托盘为主，4 组集装箱为一货架。

(3) 商品的堆放分为储存的商品和配送的商品。一般根据商品的生产日期、进货日期和保质期，采取先进库的商品先出库的原则，在存货架的上层是后进的储存商品，在存货架下层的储存商品是待出库的配送商品。

(4) 品种配货因为是数量多的整箱货，所以用叉车配货；店配货因是细分货，小到几双一包的袜子，所以利用传送带配货。

(5) 质量轻、体积大的商品(如卫生纸等)，用叉车配货；重量大、体积小的商品用传送带配货。

(6) 特殊商品存放区，如少量高价值的药品、滋补品等，为防止丢失，用铁丝网圈起，标明无关人员不得入内。

10.3.2 我国电子商务物流的发展

1. 我国电子商务物流存在的问题

1) 基础设施和管理手段落后，社会化服务水平低

适用于电子商务的现代物流配送基础尚不完善，技术还很落后。我国由于观念、体制和经济上的种种制约，现代物流的发展非常缓慢，与社会和市场的需求差距较大。当前，

道路的建设、配送中心的规划与管理、仓储设施的现代化配置、配送运输工具的更新换代、物流管理模式和经营方式的优化等问题亟须解决。

2) 物流信息化和标准化水平低

中国物流与采购联合会副秘书长、全国物流标准化技术委员会秘书长孟国强曾说过，信息化、标准化是推动现代物流的两个轮子，信息化和标准化水平的高低是区别现代物流与传统物流的主要标志。我国物流标准化方面存在的问题严重阻碍了物流信息化的进程，近年来，国家对物流行业的相关标准做了深入研究，也颁布了一系列物流标准，对一些通用性较强的物流设施和装备标准进行了严格制定。然而，物流用语、物流作业和数据传输等一些方面的标准还没有完全统一起来，这就给信息化的实现造成了很大困难。开发人员没有统一的标准，很难实现数据共享和流程的规范。物流作为电子商务的组成部分，在实现信息化时连数据共享和规范流程都不能实现，更谈不上和电子商务的有机结合了。

3) 物流企业电子化、集成化程度普遍较低

电子商务迎合了现代顾客个性化需求，大量定制化生产将是电子商务企业的特点。电子商务企业只有通过电子化、集成化物流管理把供应链上各环节紧密联系起来，才能对顾客个性化需求快速反应，保证电子商务物流通畅。目前，我国企业的集成化供应链管理还处于理论探讨阶段，物流企业网站仅限于介绍企业状况和业务范围等。

4) 人员素质和技能问题

电子商务是新生事物，它的知识亟待普及。对我国来说，特别需要提高企业领导计算机水平、商务人员的业务素质和网络技能。现阶段电子商务从业人员大多缺乏专业技能和素质，电子商务物流专业人才是我国现阶段的急缺人才。

5) 商业环境相对落后，造成电子商务物流服务需求不足，而且专业化服务程度低

我国企业中自营物流的占大多数，导致专业的物流代理服务得不到充分利用。大批功能单一的货代企业服务范围窄，横向联合薄弱，不能提供完整的供应链服务，无法满足客户在时间和服务质量方面的要求。

2. 我国电子商务物流发展的对策

目前，我国的整体物流水平远不能适应社会经济的迅猛发展，严重滞后并影响和制约了电子商务的广泛应用和发展。构建现代物流已成为电子商务发展的关键。随着我国对外开放的进一步推进，外国物流企业将涌入中国市场，给我国的物流业带来更大的竞争压力。为此，必须制定可行的措施和有力的对策，缩小与发达国家之间的差距，满足我国电子商务发展的需要。

(1) 加大电子商务与物流的宣传推广，提高全社会对电子商务物流的认识。电子商务是商业领域的一次革命，而电子商务物流则是物流领域的一次革命。要改变重电子而轻商务、重商流而轻物流的思想，把物流提升到竞争战略地位，把发展社会电子化物流系统安排到日程上来。

(2) 要加快电子商务与现代物流的协同发展。首先，要正确把握物流设施的建设与发展。完善的基础设施是现代物流发展的重要物质条件，特别是交通枢纽、工业基地、商贸

中心、物资集散地和口岸地区，从长远发展看，均需要综合配套的物流基础设施，包括具有一定规模的物流中心(基地、园区)的投资环境、推动第三方物流业的发展，特别是加强集中管理、整合利用现有的物流资源、加快物流企业的成长。

其次，组建配送中心，合理规划布局。物流业是一个系统，应当组成一个相互联系、相互区别、相互分工又相互协作、有着等级层次结构的物流企业体系。各个小区设一个综合配送中心，负责小区的供货送货；若干个小区联合起来，建立大的物流中心，负责向各个小区配送中心供货送货。

最后，大力发展第三方物流。第三方物流采用了商流和物流分离的方式，由供需双方以外的第三方(物流企业)提供专业化的物流服务。在这种模式下，生产企业专搞生产，把原材料进货供应、生产产品的销售送货等物流业务全交给物流企业去承担。第三方物流是成熟物流行业发展的趋势。在我国目前的条件下，企业可与第三方物流公司签订长期稳定的合作关系，建立共同配送模式，削减物流企业间的不正当竞争，从整体上提高供货方取得价格优惠的能力，并实现优势互补，促进企业强强联合，走规模经济之路。

10.4 电子商务物流业的发展模式选择

从国内外物流配送业的发展现状和发展方向来看，现阶段我国的电子商务物流体系可以有以下几种组建模式。

10.4.1 与普通商务活动共用一套物流系统

对于已经开展普通商务的公司，可以建立基于 Internet 的电子商务销售系统，同时可以利用原有的物流资源，承担电子商务的物流业务。

拥有完善流通渠道的制造商或经销商开展电子商务业务，比 ISP、ICP 或网站经营者更加方便。国内从事普通销售业务的公司主要包括制造商、批发商、零售商等。制造商进行销售的倾向在 20 世纪 90 年代表现得比较明显，从专业分工的角度看，制造商的核心业务是商品的开发、设计和制造，但越来越多的制造商不仅有庞大的销售网络，而且还有覆盖整个销售区域的物流配送网，这些制造业完全可以利用原有的物流网络和设施支持电子商务业务。对这些企业来讲，比投资更为重要的是物流系统的设计、物流资源的合理规划。而批发和零售商应该比制造商更具有组织物流的优势，因为它们的主业就是流通，在国内像北京的翠微大厦、西单商场等都开展了电子商务业务，其物流业务都与其一般销售的物流业务一起安排。

10.4.2 组建或利用物流公司

国内一些企业与国外的信息企业合资组建电子商务公司时解决物流和配送系统问题的办法有以下两种。

1. 自己组建物流公司

因为国内的物流公司大多是由传统的储运公司转变过来的，还不能真正满足电子商务的物流需求，因此，国外企业借助于他们在国外开展电子商务的先进经验在中国开展物流业务。对于国内的企业来说，如果采取这种方式投资应十分慎重，因为电子商务的信息业务与物流业务是截然不同的两种业务，企业必须对跨行业经营产生的风险进行严格的评估，新组建的物流公司必须按照物流的要求来运作才有可能成功。在电子商务发展的初期和物流、配送体系还不完善的情况下，不要把电子商务的物流服务水平定得太高。

2. 外包给专业物流公司

将物流外包给第三方物流公司是跨国公司管理物流的通行做法。按照供应链的理论，将不是自己核心业务的业务外包给从事该业务的专业公司去做，从原材料供应到生产，再到产品的销售等各个环节的各种职能，都是由在某一领域具有专长或核心竞争力的专业公司互相协调和配合来完成，这样所形成的供应链具有最大的竞争力。因此，在中国境内的跨国公司在从事电子商务业务时，物流业务一般都外包给中国当地的第三方物流服务商。可以认为，将物流、配送业务外包给第三方是电子商务经营者组织物流的可行方案。但中国的第三方物流经营者要适应电子商务的需求变化还需要进行更大量的努力，因为这一行业比较落后，中国加入 WTO 后，发达国家的物流公司很快就会进入中国，为电子商务提供物流服务，这一方面会加剧国内物流行业的竞争，但另一方面对促进电子商务的发展会大有好处。

10.4.3　由第三方物流企业建立电子商务系统

区域性或全球性的第三方物流企业具有物流网络上的优势，正如上面讨论的问题一样，它们扩大到一定规模后，也想将其业务沿着主营业务向供应链的上游或下游延伸，向上延伸到制造业，向下延伸到销售业。例如，1999 年美国联邦快递公司 FedEx 决定与一家专门提供 B2B 和 B2C 解决方案的通信方案的通信公司合作开展电子商务业务，FedEx 一直认为，它所从事的不仅是快递业而且是信息业，公司进军电子商务领域的理由有两个：①该公司已经有覆盖全球许多国家的物流网络；②公司内部已经成功地应用了信息网络，这一网络可以使消费者在全球通过 Internet 浏览服务器，跟踪其发运包裹的状况。该公司认为，这种信息网络和物流网络的结合完全可以为消费者提供完整的电子商务服务。像 FedEx 这样的第三方物流公司开展电子商务销售业务，便完全有可能利用现有的物流和信息网络资源，使两个领域的业务经营都做到专业化，实现公司资源的最大利用。

10.4.4　普及电子商务物流管理系统

在物流系统中，时间是一个很重要的标准。对于生产，周期越长，生产成本越高；对于库存，压的时间越久，机会成本越高。互联网的某些特性的应用，如文档的电子形式传递和信息共享的即时性，可以做到缩短需求和供应之间的距离。例如，有一个系统，是 A

生产，经过B，再流到C，最后到D，没有互联网的时候，拥有供给信息的A和拥有需求信息的D没有直接关系，于是就会造成ABC分别堆积库存以防脱销，而且离D越远就要堆积得越多(牛鞭效应，bun whip effect)。有了互联网，A的供给信息和D的需求信息及时地进行了交换，于是库存在理论上可以降为零了，产品在链中传递的时间被大大压缩了。这就是常说的信息共享，整个电子物流管理系统就是建立在这种信息实时共享的概念上的。

10.4.5 发展综合物流代理

基于Internet的综合物流代理系统有如下优势。

第一，在不重复建设的基础上，利用现存条件，通过现代化的计算机网络通信技术，有效地整合物流资源，打破了传统物流条块分割给电子商务带来的不利影响。

第二，各专业物流企业可以与多个物流代理建立长期合作关系，在没有网上物流业务时，专业物流企业可照常运营传统业务；当代理提出物流请求时，可迅速建立现实供应链，提供相关的物流服务。这既有利于提高我国大量闲置物流资源的利用率，同时也利于中小物流企业向现代化、网络化、信息化的平稳过渡。

第三，便于与电子商务B2B或B2C系统的对接。

在国外，许多专门从事第三方物流的著名企业，如美国FedEx、UPS，由于它们在物流管理、物流技术等方面的优势，早已成为物流业内著名的国际综合物流代理企业。综合物流代理可使电子商务的交易双方完全从烦琐的多方委托的物流业务中脱离出来，专心致力于电子市场的拓展和商务效率的提高。

我国是发展中国家，要借鉴发达国家的经验和利用现代化的设施，但目前还不能达到发达国家物流配送中心的现代化程度，只能从国情、地区情况、企业情况出发，从发展有中国特色的新型物流配送中心开始，在未来5～10年内，积极采取先进的物流管理理念、技术和装备，建立多层次的、符合市场经济规律的、与国际通行规则接轨的、基本适应中国经济发展需要的社会化的现代物流服务网络体系，使我国全社会物流运作的效率有较大提高。

本章小结

本章阐述了电子商务物流的定义、特点、与物流的关系、国内外电子商务物流的发展和电子商务物流的发展模式选择。建议学生在学习电子商务基本概念的同时，重点学习电子商务物流的发展模式，以及电子商务中物流方案的考虑因素，并把这些理论应用于实践。

思考题

1．什么是电子商务物流？

2．电子商务物流有哪些特点？

3．电子商务对物流会产生哪些影响？在电子商务形式下应如何发展物流？

4．物流在电子商务中起什么样的作用？

5．电子商务物流有哪些特点？

6．用案例说明我国电子商务物流业的发展模式。

第 11 章　第三方物流

由于经济的发展与竞争的需要，企业将非核心业务，特别是物流业务外包，促进了第三方物流的快速发展。

11.1　第三方物流概述

11.1.1　第三方物流的定义

现代物流的形式按照提供物流服务的主体不同分为自营物流和第三方物流。

自营物流是指工商企业使用自己的设施和工具来完成物流活动。它包括自营运输、自营保管和自营包装等。这样的物流主要适用于：一是企业产品品种多、标准化程度低，实行样品销售困难；二是生产企业兼做销售、收款和配送等流通业务；三是企业的运输量适中，运输量波动较小，可长期均衡运输。

对于第三方物流，虽有多种理解方式，但比较普遍的认识是：物流活动由商品供需之外的第三方提供，第三方不参与商品的买卖，而只提供从生产到销售全过程的物流服务。我国国家标准《物流术语》(GB/T18354—2006)对第三方物流(third-party logistics，TPL)的定义是："由供方与需方以外的物流企业提供物流服务的业务模式。"第三方就是指提供物流交易双方的部分或全部物流功能的外部服务提供者，可以说，它是物流专业化的一种形式。

第三方物流是物流业专业化发展的必然，是物流业发展到一定阶段的产物，而且第三方物流的占有率与物流产业的水平之间有着规律性的相关关系。西方国家的物流业实证分析证明，独立的第三方物流要占社会物流的 50%，真正的物流产业才能形成。所以，第三方物流的发展程度反映和体现着一个国家物流产业发展的整体水平。

11.1.2　第三方物流的分类

第三方物流按其提供物流服务的手段进行划分，可分为资产基础型第三方物流和非资产基础型第三方物流。

1. 资产基础型第三方物流

所谓资产基础型第三方物流是指物流供应商拥有从事专业物流活动或约定物流活动的装备、设施、运营机构和人才等生产条件，并且以此作为自身的核心竞争能力。资产基础型第三方物流以自有的资产作为向客户服务的重要手段，在工业化时期，这种物流企业在发达国家曾经有过比较大的发展。

资产基础型第三方物流的主要优点是：①可以向用户提供稳定、可靠的物流服务；②由于资产的可见性，这种物流企业的资信程度比较高，从而对客户具有吸引力。

资产基础型第三方物流的主要缺点是：①因为需要建立一套物流工程系统，投资比较大，而且维持和运营这一套系统仍需要经常性的投入；②虽然这套系统可以提供高效率的确定服务，但很难按照客户的需求进行灵活改变，往往会出现灵活性不足的问题。

2. 非资产基础型第三方物流

非资产基础型第三方物流是指物流供应商不拥有资产或租赁资产，而以人才、信息和先进的物流管理系统作为向客户提供服务的手段，并以此作为自身的核心竞争力。非资产基础型第三方物流由于自己不拥有需要高额投资和经营费用的物流设施、装备，而是灵活运用别人的这些生产力手段，这就需要有效的管理和组织，所以信息技术的支撑显得十分重要。

非资产基础型第三方物流的最大优势是，由于不拥有庞大的资产，可以通过有效地运用虚拟库存等手段，获得较低的成本。但是其资信度较资产基础型第三方物流低，因而对客户的吸引力不如后者强。

此外，随着物流产业的发展，势必出现一种既在信息、组织和管理上拥有优势，同时又建立了必要的物流设施装备系统，但不是全面建设这种系统的第三方物流，它既具备上述两种第三方物流的优点，同时又避免了过大投资或服务水平不足的缺点。

11.1.3 第三方物流的特点

第三方物流有如下特点。

1. 信息网络化

信息技术服务于物流，是第三方物流发展的基础，信息技术贯穿于物流服务的全过程。在第三方物流系统中实现信息共享，以此促进物流服务的科学化，提高了物流服务效率。

2. 关系合同化

首先，第三方物流是通过合同形式来规范物流经营者和物流客户之间的关系。物流经营者根据合同的要求，提供多功能及全方位一体化的物流服务，并以合同为依据来运作物流服务活动及过程。其次，第三方发展物流联盟也是通过合同形式来明确各物流联盟参与者之间的关系。

3. 功能专业化

第三方物流所提供的服务是专业化服务，对于这种专门从事物流服务的企业，它的物流设计、物流操作过程、物流管理都是专业化的，物流设备和设施都是标准化的。

4. 服务个性化

不同的物流客户要求提供不同的物流服务，第三方物流企业可根据客户的要求，提供有针对性的个性化服务，实现服务增值。

5. 物流服务多样化、复杂化

从理论上讲，第三方物流是面向全社会的物流服务，这就决定了物流服务的多样化和复杂化。而且物流活动还具有随机性，这就要求第三方物流应有较强的灵活性和环境适应性。当然在实际操作中，第三方物流行业内部是有分工的，如专司工业品或农产品的运输、储存等。

11.2 第三方物流的价值创造

第三方物流的快速发展，源于它远远高于传统物流的价值贡献。本节将阐述在激烈的市场竞争中，第三方物流价值贡献的实现问题。

11.2.1 实现价值创造的原则

1. 以快速反应的能力来获得优势

物流业务通常包括各式各样的、数量大小不等且多频率的交易，第三方物流企业必须具备迅速有效、价格低廉且能正确处理各类交易的能力，并能根据客户的需要做到及时(just in time)运送货物，同时还要能组合、分析各种资料，然后反馈给企业的决策者。在现代信息传输系统尚未建成之前，要想实现这一切几乎是不可能的，而今网络信息系统的普遍化，使各种信息的快速传递成为可能。在物流市场上，谁拥有快速反映市场需求的能力，谁便拥有市场竞争的主动权和优势。

2. 以创造价值的理念来取代开源

传统理论认为，企业存在的主要目的在于创造合理利润，满足客户需求和尽到社会责任，因此，赚钱成为首要目标，企业经营活动的终极目标就是利用有限的资源投入，创造和实现最大的经济利益。

在这样的观念下，企业的经营活动经常是通过不断的市场开拓来扩大企业的活动领域，即根据每一个细分市场的情况，分别制定不同的策略来达到最大利益的目标。

然而，在以科技力量为主导的时代，原来的产业架构也许会一朝崩溃，传统与习惯不断被新的变化冲击与颠覆，这种力量往往超过企业既有资源所能控制的范围，从而造成企业的沉没。因此，21 世纪的物流企业存在的主要目的是：“适应环境变化，创造客户所需要的价值并让其满意，以实现企业的生存和发展。”这是一种新的思路，它改变了“利润来自客户”的传统观念，而且通过创造商品的附加值方法，既使客户感到满意，又保证了

企业的合理收入，形成了“双赢”的局面。策略是为“目标”服务的，因此，未来企业经营策略应着眼于“价值的创造”，而不是“利益的获得”。

传统上“开源”的做法是一种面的扩充，在原有基础上拓展新市场、增加新客户、增加销售量或调整商品服务价格等都是开源。而创造价值则是打破原有的惯性，从深度与广度、立体的空间去思考。

物流产业是创造价值的产业，订单处理、装卸搬运、商品包装、仓储保管、运输配送、流通加工和信息反馈等一系列作业活动都需要有良好的界面管理，以协助各种烦琐的物流作业。用价值观点看物流，一般分为 3 种活动。

(1) 价值保护与维持。这是在物流作业中避免商品价值的损失，如装卸搬运、库存控制等作业中防止商品使用价值的损失(破碎、渗漏、丢失、霉变、失效或虫蛀等)，这是一切物流活动的基础。

(2) 商品价值实现。这是经由四通八达的配送网络，在客户指定的时间、地点完整地交递、实现商品价值，这是物流存在的理由。

(3) 商品价值增值。通过高效率的作业、主动和高满意度的物流服务，实现“价值创造”与“价值增值”，这是现代物流理念和第三方物流发展的源泉。物流产业之所以日显重要，正是这个道理。

3. 以避免成本的策略来取代节流

削减成本、节省开支是创造利润的消极手段，企业有时候为寻求短期的利润而舍本逐末，譬如裁员、减少研发经费，这是得不偿失的被动管理。21 世纪的企业必须具有随时对应环境变化而调整组织结构的弹性策略。采取避免成本发生的策略是一种重要的管理手段，这里的成本是指“固定成本”，较少的固定资产投入，就会减少发生维护这些固定成本资产项下的变动费用。国际间盛行“虚拟企业(virtual corporation)”，就是避免成本发生的最好的典范。

简化(simplify)也是避免成本发生的一种好办法，P&G(宝洁)公司清洁剂系列产品将近 2000 种，让客户眼花缭乱，他们预计把这些产品减少到 700 余种，以避免日益沉重的库存压力与衍生的诸多管理问题。也有愈来愈多的企业把不是自己专精的业务，或烦琐的劳务外包(outsourcing)给其他公司，以避免太多的组织包袱和成本支出。虽然物流是第三利润源泉，但对普通的生产企业或流通型企业，应避免将有限的资源投入到耗费巨大的物流设施上，造成企业资源的分散，而第三方物流可以避免一般企业的物流成本发生，降低其经营风险。

物流企业本身也应实施物流结盟(logistics alliance)策略，充分整合物流资源，组成效率更高的虚拟物流联盟。这是 21 世纪物流业经营发展的重要趋势之一。

4. 以团结一心的团队来提供服务

人是企业的根本。把员工当成是“资产”的观念已经落伍，企业、员工或客户三者之间，都应成为“成长伙伴”的关系，领导者要先成长，才能够促使企业提供优质的物流服务。让客户壮大成长，为客户提供满意的服务，就一定会为企业带来丰厚的利润，将利润的一部分分配给员工，可增强员工的向心力，一部分继续投资扩大再生产，可以壮大企业的规模。这种“成本伙伴”的良性循环，就会让企业可持续地经营发展下去。

11.2.2　第三方物流的利益来源

第三方物流的利益来源于客户，这一结论已成为物流业的共识。从一般意义上讲，客户的期望就是物流利益的来源，这些利益可归纳为：作业利益、经济利益、管理利益和战略利益等。

1. 物流的作业利益

第三方物流服务能为客户提供的第一类利益是“作业改进”的利益。这类利益基本包括两种因作业改进而产生的利益。

(1) 通过第三方物流服务，客户可以获得自己组织物流活动所不能得到的服务或物流服务所需要的生产要素。这就是产生外包物流服务并获得发展的重要原因。在企业自行组织物流活动的情况下，限于自营物流活动所需要的特别的专业知识，或者限于技术条件，企业自营物流可能并不具有完成物流活动的全部能力，要求企业自行解决所有的问题显然是不经济的。整个物流作业流程和技术，不是每一个企业而且也没有必要要求每一个企业都能掌握，这也正是第三方物流通过为客户服务获得的基本利益。

(2) 有助于改善生产型或流通型企业内部管理的运作模式。使企业作业模式更能体现对核心能力的支持，而物流作业则全部或大部分改由第三方物流提供服务，由此实现了客户和第三方物流企业的“双赢”。

2. 物流的经济利益

物流的经济利益就是由于物流专业化、规模化带来的整体成本降低和设备及人员效率的提高，一般低成本取决于低要素成本和规模、范围经济的集约性。因此，生产或流通型企业通过物流外包，既可将不变成本转变成可变成本，避免盲目的物流设备投资，而将资金用于其他有关发展核心能力的用途上，稳定而可见的低成本是影响物流业务外包的积极因素。这也是第三方物流的基本获利点。

3. 物流的管理利益

管理利益就是利用第三方物流企业的专业管理技能，使客户企业与物流企业本身都能获得的利益。物流外包可以获得本企业未曾有的管理技能，也可以要求内部管理资源用于其他更有利可图的用途中去，并与战略核心概念相一致。物流外包可使人力资源集中于企业的核心职能上，同时还能获益于物流企业的核心经营能力。此外，利用第三方物流的优质服务和减少供应商的数目所带来的利益也是物流外包的潜在原因。同时，在订单处理、物流的连续作业以及运作协调一致等方面都能通过有效管理获益。

4. 物流的战略利益

第三方物流还能产生战略性利益，即通过灵活调整实现稳定利益，包括地理范围跨度的灵活调整(设点与撤销)和根据环境变化进行其他调整的灵活性。如第三方物流企业与客户企业形成风险共担的利益集合体，可使风险的损失降到最低程度，也能通过对不同类型的客户提供多种物流服务来获得稳定和均衡的长期利益。

11.2.3 第三方物流的价值创造方式

第三方物流能提供比客户自身运作更高的价值。但他们不仅要考虑到同类服务提供者的竞争，还要考虑到潜在客户的内部运作。第三方物流创造价值的源泉包括上述提到的四个方面。假设所有的第三方物流企业都可以提供同等水平的物流服务，不同企业之间的差别将取决于他们的物流运作的经济性。第三方物流企业与客户之间的差别在于物流服务的可得性及表现水平，具体区别在于物流企业的内部资源是物流能力，而客户企业的物流仅仅是众多业务领域中的一部分。这样，如果给定同样的资源，第三方物流服务就能比客户企业在作业过程中使用更多的资源和技巧。这就是第三方物流企业比客户企业更能提供多种高水平服务的原因。在这样的经济环境下，第三方物流企业更注重在物流上投资，从而能够在不同方面为客户创造价值。这就是所谓的"战略核心理论"。下面将列举第三方物流企业创造价值的具体内容。

1. 高效率物流运作服务

第三方物流企业创造价值的基本途径是实现比客户更高的运作效率，并能提供较高的成本服务比。运作效率的提高意味着对每一个最终形成物流的单独活动进行开发(如运输、仓储等)。例如仓储的运作效率取决于足够的设施、设备及熟练的规划和操作技能。一般认为高水平管理对服务与成本有正面影响，因为它能促使物流其他要素同样保持较高的水平。

运作效率范畴中的另一方面是提高整体流程的作业效率，即协调连续的物流作业。除了作业技能外，高效率物流运作还需要协调和沟通技能。协调和沟通技能在很大程度上与信息技术相关，因为协调与沟通一般是通过信息技术来实现的。如果在第三方物流服务中存在有利的成本因素，那么以低成本提供更好的服务将是最佳选择。

2. 客户运作的整合

引入多客户协调运作是带来物流增值的另一方法，即资源的综合利用。多客户整合运作可以有效利用同类资源，如联合仓储或联合使用运输网络等。综合运作能取得比其他单体资源更高的价值，但其复杂性加大了管理的难度，需要更高水平的信息技术与技能。

整合运输与仓储网络的增值方式对于单个客户进行内部运作也同样适用，因为单体作业无法实现规模经济。整合表现出的规模经济效益是递增效益，如果运作得好，将导致竞争优势以及更大的客户基础。

3. 横向或纵向的整合

上面阐述的创造价值，“运作效率”和“客户运作的整合”注重的是内部过程，也就是尽量提高内部运作效率，以实现高水平的外部服务。然而就像第三方物流的业务是由客户外部化驱动形成的一样，第三方物流的价值创造也要通过外部整合的方式来实现，具体包括纵向和横向整合。

(1) 纵向整合，就说发展与本企业不在同一层次上的物流服务商的关系，是创造价值的又一方法。在纵向整合中，第三方物流企业注重被视为核心能力的服务，同时购买具有成本与服务优势的其他物流服务。根据第三方物流的特性，单项物流功能可以外购或内置。这样可以在不增加物流设备投资的情况下，扩大物流服务领域。

(2) 横向整合，第三方物流企业能够结合类似的但不是竞争的企业，这样可扩大为客户提供服务的地域覆盖面和物流服务功能的拓展。

对于主要以管理和整合外部资源为主的第三方物流企业，主要受益于物流服务提供者。这类物流企业的发展不是依靠内部资产的增加及规模的扩大，而是以低成本方式、以改进和提高服务获得利益，他们为客户创造价值的技能是强有力的信息技术(通信与协调能力)和作业技能。作业技能是概念性的作业技能，而非功能性的作业技能，因为对它来说，主要的作业是管理、协调和开发其他物流提供者的运作技能和资源。

4. 发展客户的运作

价值创造的最后一条途径是使第三方物流企业具有独特的资本，即在物流方面拥有高水平的运作技能。这里所说的高水平运作技能(概念上的技能)指的是将客户业务与整个物流系统综合起来进行分析、设计等的能力。第三方物流企业应该使其员工在物流系统、方案与相关信息系统的工程、开发和重组等方面具有较高水平的概念性知识。这种创造价值方法的目的不是通过内部发展，而是通过发展客户企业来获取价值。这就是第三方物流企业基本接近传统意义上物流咨询公司要做的工作，所不同的只是所提出的解决方案要由同一家公司来开发、完成并且实施。这种方式实际上更像是物流信息的提供者，而不是物流业务的操作者。

总之，物流运作的专门化使第三方物流企业可能在专门技术和系统领域内超越最有潜力的客户企业，因为客户企业需要分配资源并同时关注其他若干领域。在大多数情况下，通过在同一系统下进行多客户的运作，第三方物流企业可以用更低的费用提供物流服务，一体化整合使其可能减少运输费用并抵冲资金流量的季节性和随机性变动。应当说明，第三方物流企业的战略选择是在优质服务上的竞争而不是在价格上的竞争。

11.3 第三方物流的运作模式

企业的物流运作主要包括产品运动、信息运动、对这些运动的速度和成本的控制以及企业内部功能的整合和企业外部协作体系的一体化。当企业自己所拥有的物流资源不足以

对企业组织的目标形成有效的支持时，企业就会到市场上去寻求外部资源的支持，即所谓外包物流运作或外购物流服务。而当企业产生了外购物流服务的需求时，第三方物流服务的市场也就产生了。

11.3.1 第三方物流的典型运作模式

第三方物流运作从初级到高级是分阶段发展的，但其并没有统一的分类标准和固定的运作模式。不同的企业完全可以根据自身的特点进行优化组合，最大限度地发挥自身的资源优势，设计出自己的第三方物流服务产品。下面介绍三种典型的第三方物流运作模式。

1. 以综合物流代理为主的第三方物流运作模式

第三方物流企业为客户提供全方位、综合性的物流服务，所提供的服务可能是企业自身无法完成的，需要将部分服务项目委托给其他专业性较强的公司来协助完成。在整个运作过程中，第三方物流企业完全可以不进行固定资产再投资，只需运用自己成熟的第三方物流管理经验，就能为客户提供高质量的服务。

采用这种模式的物流企业应该具有很强的实力，同时拥有发达的网络体系，这样的企业能做到综合物流代理，为客户提供全方位的服务。

2. 以提高物流环节的服务附加值为目标的第三方物流运作模式

物流产业是创造商品价值的产业，从订单处理、仓储保管、运输配送、装卸、包装、流通加工到信息反馈等一连串活动，都能创造商品的附加值。第三方企业是一个微利企业，传统的做法是通过开拓业务，增加新的客户以增加盈利，但这只是一种面的扩充。通过物流活动增加商品附加值则是打破原有的惯性，从深度与广度的空间去考虑。这种物流服务，既让客户感到方便，又增加了商品的附加值，还增加了物流的利润，也使第三方物流企业增加了盈利。

我国第三方物流企业由于运输方式的单一，网络的整合能力又欠缺，若不考虑实际情况，在现阶段去做综合物流代理，不但实力达不到，而且容易导致服务不到位，最终使客户不满意。面对现实，企业应该根据自身的实际情况，从提高物流环节的服务附加值入手，实现物流环节的系统化和标准化，为客户提供物流服务，使物流的整体综合效益达到最佳。

3. 以个性化物流服务为目标的第三方物流运作模式

客户对物流的需求是具有多样性的，特别是中小型客户，自身的商务功能有限，需求更具有特殊性，这是一个巨大的潜在客户群。第三方物流企业如果能够为这些客户提供差异性服务，就会发现有很大的发展空间。所以，物流服务提供者不能仅依靠单纯地提供部分固定的服务项目，而应利用信息将其咨询能力与企业客户的实际相结合来创造新价值，将其自身的行业优势转化为新的生产力资源融入企业客户之中。这也就是企业要有“以客为本”的经营理念，在提供物流服务时必须以客户满意为中心，真正地领会客户的生产意图，一切从客户的需要出发，针对客户供应链的各个环节，紧密配合客户生产的需求，以提高客户的生产效率、降低客户的物流费用、提高客户整体效益和竞争力为目的，拟定一个整体性的解决方案，并以此整合所有的业务。

由此物流社会化又融入了更深的含义：物流代理商不仅是承接物流业务，更重要的是提供给顾客一种崭新的资源。这种资源是为顾客所特定的，是顾客无法从其自身内部获得的，而只能借助于专业社会生产力资源提供者才可汲取的。正如微软公司副总裁麦克道维尔(Bob Macdowell)所说的：附加价值不是可以永远源源不断汲取且永不干涸的井，它迟早会有枯竭的一天，所以你必须找寻新的燃料之源，这就是崭新的行事方式。而第三方物流正是为企业提供了这种崭新的方式，即一种跨越其组织界限的行业合作。在新经济条件下，物流的个性化服务正是顺应了这样的趋势，物流作为“第三利润源”，其作用正在得到更大的发挥。

11.3.2 第三方物流企业的合作经营方式

在我国，现代物流的起步较晚，但新成立的第三方物流企业对现代物流有较深的理解，它们更加注重客户关系，与国有物资流通企业相比服务水平要高、企业负担轻，可是与国际物流业的巨头 UPS 和 FedEx 的规模和水平还相差较远。究其原因，主要是这些第三方物流企业资金少，拥有的物流资源相对匮乏、不能形成规模优势。但通过学习借鉴国外的先进经验，近年来它们发展较快。目前，我国第三方物流的现状已初步具备了发展物流与配送的经济环境和市场条件。从长远看，在不断推进改革的条件下，我国第三方物流将进入一个新的发展阶段，前景是很可观的。

1. 纵向合作经营

纵向合作经营是指在物流业务系统中的第三方物流企业，因所从事的物流业务不同而与上游或下游第三方物流企业之间不存在同类市场竞争时的合作经营关系。纵向合作经营最典型的模式是专门从事运输业务的物流企业和专门从事仓储业务的物流企业之间的合作。

纵向合作经营能使社会物流资源得以整合，第三方物流企业的分工更专业化，资金投入更合理化。

2. 横向合作经营

横向合作经营是指彼此相互独立地从事相同物流业务的第三方物流企业之间的合作经营关系。

横向合作经营的基础是资源共享，它包括 3 方面：一是市场的共享。合作体内每个企业独立开发的市场即是合作体内所有企业的市场。二是技术的共享。合作体内每个第三方物流企业都有自己的技术特点，合作经营使合作体内各种技术特点相互取长补短，形成了合作体共同的、比较全面的物流技术体系优势，既降低了每个企业的技术开发费用，又增强了企业的技术竞争力，扩大了企业的市场竞争范围。三是业务能力的共享。在合作体内部，当某一企业因为季节性或临时性业务量较大时，可以花费合理而低廉的费用使用合作

体内其他第三方物流企业的业务资源，进而使得合作体内部的投资更合理。

3. 网络化合作经营

网络化合作经营是指既有纵向合作又有横向合作的全方位合作经营模式。网络化合作经营有着纵向合作和横向合作共同的特点，是最常见的合作经营模式，一般不完全资产型的第三方物流企业都采用这种合作经营的方式。

11.4　第三方物流管理信息系统概述

11.4.1　第三方物流管理信息系统的定义

依据前面对物流管理信息系统内容的阐述，可将第三方物流管理信息系统定义为：第三方物流企业为实现其经营目标，对其物流服务相关信息的收集、加工、处理、存储和传递过程进行有效的控制和管理，并为企业提供服务信息分析和决策支持的人机系统。

11.4.2　第三方物流管理信息系统的类型

1. 按服务范围分类

按第三方物流企业的服务范围，第三方物流管理信息系统可分为专项第三方物流管理信息系统和综合第三方物流管理信息系统。

所谓专项第三方物流管理信息系统是指仅能提供单一或基本物流服务功能的第三方物流企业的物流管理信息系统。所谓综合第三方物流管理信息系统是指能够提供综合一体化物流服务功能的第三方物流企业的物流管理信息系统。

2. 按物流环节分类

按物流环节，第三方物流管理信息系统可分为仓储管理信息系统、配送管理信息系统和运输管理信息系统等。

3. 按物流管理的要求分类

按物流管理的要求，第三方物流管理信息系统可分为货物追踪系统、车辆运行管理系统和求车求货系统等。

11.4.3　第三方物流管理信息系统的特征

第三方物流管理信息系统的特征表现如下。

第一，由于物流是一个大范围的活动，物流的信息源分布在一个很大的范围内，信息源点多，信息量大。如果这个大范围内未能实现统一管理或标准化，那么，信息就缺乏通用性。

第二，物流信息的动态性强，信息的价值衰减速度很快。因此，对信息工作的及时性要求很高。在大的系统中，为了确保信息的及时性，信息的收集、传输、加工和处理都要加快速度。

第三，物流信息种类多，不仅本系统内部各个环节有不同的信息种类，而且由于物流系统与其他系统之间有密切联系，因此还必须收集这些类别的信息。

11.5 第三方物流管理信息系统的开发

11.5.1 系统目标

当前第三方物流企业的竞争是围绕着对信息资源的占有展开的，因此建立高效、适用的管理信息系统是应对挑战、自身发展壮大的有效手段。如何建立合理、有效的管理信息系统已成为摆在众多第三方物流企业面前非常迫切的任务。第三方物流企业引进先进的信息处理技术，不仅会提高物流企业的自动化程度和信息共享度、提高工作效率、降低成本，更重要的是能从根本上改变物流企业的发展模式，有效地促进物流企业各部门之间的协作，改进物流企业与客户的信息交流方式。理想的第三方物流企业内部信息化建设应达到以下几个目标。

1. 拥有优良完备的管理信息系统

管理信息系统对企业进行一体化集成控制管理，具有良好的扩展性和开发性，技术先进且安全可靠，模块齐全且集成性好，界面友好、功能强大、灵活方便且操作简单。

2. 拥有强大的信息服务系统

信息服务系统改变了第三方物流企业与客户、物流企业内部的信息交流方式，满足了业务部门对信息处理和共享的需求，在物流企业管理和业务过程中，使物流企业信息得到更有效的利用；通过对每项业务的跟踪监控，使企业的各级管理者掌握第一手资料，了解业务进展的最新情况；通过信息交流，及时掌握经营管理数据，为决策提供数据支持；提高办公自动化水平和工作效率，降低管理成本，增强物流企业在市场上的竞争能力。

3. 建立有效的信息运行与监控机制

建立有效的信息运行与监控机制，即建立物流信息控制系统、信息管理系统和信息服务系统等有效协同运作的环境和管理制度等。

4. 建立起一支高素质的员工队伍和完备的培训制度

第三方物流企业内部信息化体系的正常运行和功能发挥离不开高素质的员工队伍和观念超前的管理层，员工素质的提高有赖于富有成效的培训制度。

上述四个目标密不可分、相互关联、不可偏废，只有系统地发挥整体功能，才能达到

理想的第三方物流内部信息化体系的要求。

11.5.2　系统功能

1. 第三方物流运作模式分析

在对企业信息系统分析和规划之前，必须详细地了解第三方物流的实际作业流程，并对每个相关的环节进行具体的分析，这样才能开发出适合实际情况的第三方物流管理信息系统。供应链中第三方物流基本作业流程为：第三方物流企业接受客户的配送请求后，进行有关的订单审核、分类等处理，并根据订单安排货物进出库，拟定配送计划，力求按照客户需求将货物准确、及时地从市场供应方送达市场需求方。具体的作业流程包括以下内容。

1) 订单处理

订单处理是整个配送中心业务的开始，也是信息系统中数据的起点。高效的订单处理是整个信息系统成功的关键，订单业务贯穿于整个物流供应链的每个环节。接收订单主要应通过 Internet 来实现，也可以通过电话、传真等其他手段，但在这种情况下，需要人工录入订单信息。

2) 身份验证

一个可靠的系统应在接收订单时对客户的身份进行验证，只有身份验证通过后才能为之提供服务，否则需要进一步与客户联系，让客户修正或注册。

3) 信息分类管理

由于客户不同，所以应对不同的服务类型加以区分，同时客户请求需及时响应，还要对配送的货物数量、类型和运输方式等进行分类整理。

4) 库存管理

库存管理主要是对整个库存商品的现状进行跟踪调查和全面管理，包括入库管理、出库管理和库存盘点。入库管理是对进入仓库的货物信息进行收集(如登记、分类)，为今后的配送做准备；出库管理是结合配货处理来实现的，在接受订单和配送请求后，根据订单上的要求发放货物，并记录配送的相关信息；库存盘点是对仓库中现有商品的现状进行管理，以便随时了解能否满足配送的需求。

5) 配送、运输处理

配送系统是对具体客户的订单进行系统处理后界于订单处理、库存处理和运输处理之间的一个处理系统。系统根据订单要求，再结合库存状况进行配货处理或联系供应商采购，并对处理结果进行相应的分类。配送、运输处理是一个复杂的系统处理过程，因为第三方物流公司所面对的客户分布在不同的区域，配送中心必须掌握每个配送点的实时状况，然后通过决策系统的分析判断后，制订一个可靠、经济的配送计划，由相应的配送点或整合其他供应链中企业的资源来完成。

6) 财务结算

第三方物流的财务结算与其他交易的结算方式一样，一般都是通过在银行设立专门账户，凭借配送单据，通过网络或其他方式，将款项划至中心账户。

7) 决策分析

决策分析的目的是为了让企业以较低的成本完成更优质的配送任务。决策分析内容一般包括配送站点的决策、库存量的决策、车辆调度、外协合作商选择和客户管理等。

8) 经营管理

经营管理是指管理人员通过各种方法来实现对配送中心效率的管理，并制订合理的经营决策方案。

9) 信息与报表

信息与报表包括配送统计数据、客户对配送服务的反应报告、配送商品次数及所需时间报告、配送商品的失误率、仓库库存情况、设备损坏及维修报告、设备成本分析和人力资源分析等。

2. 功能结构

第三方物流企业信息系统功能结构可划分为 4 个层次：数据管理层、业务处理层、决策管理层及战略管理层。具体而言一般可包括以下功能模块。

1) 客户管理系统

客户管理系统包括客户登录管理、客户资料管理、客户身份验证、客户查询及客户关系管理等。

2) 订单管理系统

订单管理系统包括订单的接收、分类、汇总和查询。

3) 仓库管理系统

仓库管理系统包括入库管理、出库管理、库存盘点、仓位优化管理和货物查询管理。

4) 配送管理系统

配送管理系统包括配货管理、送货管理、运输跟踪管理、运输调度管理、运输线路优化决策和配送中心布局决策。

5) 经营决策系统

经营决策系统包括供应商管理、市场预测管理、市场信息管理、企业内部信息发布管理(如企业概况、经营理念和市场报价等)。

6) 账务管理系统

账务管理系统包括成本预算管理、客户财务结算、供应商财务结算、财务统计管理、各子系统人力资源管理、人事考勤管理和设备维修管理等。

7) 系统管理系统

系统管理系统包括用户管理、数据备份、系统设置、文档管理和查询打印服务等。

本 章 小 结

本章阐述了第三方物流的概念、分类、价值创造和第三方物流管理信息系统的定义、

类型、基本特征以及第三方物流管理信息系统的开发方式和运作模式。建议学生在学习第三方物流的基本概念的同时，重点学习如何把这些理论应用于实践。

思　考　题

1．什么是第三方物流？什么是第三方物流管理信息系统？

2．与一般的物流企业相比，第三方物流企业有哪些特点？

3．使用第三方物流的优越性有哪些？

4．简述第三方物流管理信息系统的基本特征。

5．结合实际说明第三方物流的典型运作模式。

6．第三方物流企业的合作经营方式有哪些？

第 12 章　公共物流信息平台

在物流管理系统中，信息化是各项功能实现的核心和关键。建立公共物流信息平台是对物流管理系统进行整合的技术保障，是对整个物流管理系统的共用数据组织结构和传输形式的一种规范化定义，以及对共用数据进行组织、存储、查询、通信等管理服务的数据仓库系统。利用公共物流信息平台，可为实现交通运输信息增值服务创造条件。其核心是通过政府和企业集中建设项目的技术及设施优势，通过技术服务和设施使用服务，形成交通运输信息的流通枢纽，并以此为依托，实现系统的规范化和资源共享目标。

12.1　公共物流信息平台概述

信息平台概念是在现代软件工程的概念上建立的，实施最大限度的软件和系统资源的重用，启动数据共享工程，把真正与领域业务需求有关的部分提取出来，把信息基础设施与公共应用支持开发成平台。其外部环境包括通信网络传输系统、数据交换网络的传输系统和用户设备。

作为一个传统的物流企业，自行建立一个物流信息系统所耗费的资源是巨大的、昂贵的，中国物流企业迫切需要一批能提供公共服务的物流信息平台支持。通过这些平台，整合行业已有资源，实现行业资源共享，发挥物流行业的整体优势，将会从根本上改善物流行业分散运作的现状。由于互联网的发展以及物流信息技术运用的成熟，公共物流信息平台已成为物流行业发展的一大趋势。

公共物流信息平台是通过对共用信息(如交通流背景资料、物流枢纽货物跟踪信息，政府部门间共用信息)进行收集、分析及处理，对物流企业信息系统完成各类功能(如车辆调度、货物跟踪及运输计划制订等)提供支持功能；为政府相关部门的信息沟通起到信息枢纽作用；为政府提供宏观决策支持系统。公共物流信息平台的本质在于为企业提供单个企业无法完成的基础资料收集，并对其进行加工处理，为政府相关部门共用信息的流动提供支撑环境。

12.1.1　公共物流信息平台的概念

公共物流信息平台是为了支持物流服务价值链中各组织间的协调和协作的公共需求，而建立的从 IT 基础结构到通用的 IT 应用服务的一系列硬件、软件、网络、数据和应用的集合。

这个定义包括以下几层含义。

第一，公共物流信息平台必须面向供应链物流过程，物流是供应链流程的一部分。公共物流信息平台是供应链成员共同使用的公共品，只有真正融入它们的管理和协调体系中

才能发挥价值。类似的应用环境有虚拟物流中心/虚拟配送中心等。

第二，公共物流信息平台是一种基于IT的协调架构。物流服务价值链是基于供应链的基本原理而构建的。公共物流信息平台的“协调”作用是平台建立的首要目的，供应链上下游成员通过“平台”实现信息共享和紧密集成，共同为顾客传递价值。公共物流信息平台是一种面向客户的多层次电子化协调架构。所谓电子化协调，是指通过信息技术和信息系统，实现物流服务的交易协调、政府管理活动的协调以及物流服务价值链的内部协调。

第三，公共物流信息平台以提供服务为生存条件。公共物流信息平台开放性的、新型的信息技术应用形态，其价值取决于为用户创造价值的模式和平台所拥有的用户数量。公共物流信息平台的服务模型，即它的用户价值创造模式，直接影响到用户加入平台所能获得的收益，提供有特色的、优质的、多样的服务是公共物流信息平台生存的必要条件。

第四，公共物流信息平台以物流信息系统的广泛应用为基础。物流信息系统(LIS)是人、设备和过程的交互结构，为物流管理者提供用于计划、实施和控制的相关信息，它的应用反映了组织面向物流管理和操作效率的信息价值观。而在商业环境充斥着越来越多不确定性的今天，面向柔性的信息技术应用和跨组织间集成变为组织的信息价值观的重要内容。公共物流信息平台是物流服务价值链中各组织间的信息交换和集成的媒介，通过跨组织的信息系统(inter organizational information systems, IIS)连接供应链上的企业物流信息系统，使它们紧密集成和协同运行。

第五，公共物流信息平台是一系列硬件、软件、网络、数据和应用的集合。公共物流信息平台构建在国家信息基础结构(NII)之上，因而相对于NII而言，公共物流信息平台解决的是不同组织间物流业务逻辑互连的问题。其逻辑形态表现为一系列物流标准和信息技术标准，是标准化的物流过程及接口和标准化的物流信息视图的集合。物理形态上则表现为一系列硬件、软件、网络、数据和应用的集合，其中数据和应用是其核心内容。

第六，公共物流信息平台具有开放性和中立性。公共物流信息平台连接了行业物流服务价值链的各种角色，组织间关系是集聚依赖性、顺序依赖性和交互依赖性的集合，从而呈现出共生网络形态。

12.1.2 公共物流信息平台的形态和类型

1. 公共物流信息平台的形态

公共物流信息平台的主要形态有两种：一是封闭式的平台系统；二是公共物流信息门户。

1) 封闭式的平台系统

封闭式的平台依附于线下实体，为组织内或组织间提供封闭式的信息服务。此种模式的主要代表如电子口岸系统、物流监管系统和贸易集散地的交易系统。封闭式平台系统拥有特定的公共用户群体，为转移目标服务，不同的平台系统之间不存在市场竞争的情况。封闭式的平台系统模式稳定，并有特定的目标服务群体。

2) 公共物流信息门户

公共物流信息门户以平台模式出现，属于门户类的物流信息平台，具有较高的开放性。

同时，在服务范围上更趋向多样化，提供更大范围的信息交互。此种模式的主要代表如锦程物流王、福州港口物流信息平台和南昌物流信息平台等。公共物流信息门户投资的公益性信息门户有两种不同的价值趋向：一种是政府主导投资的公益性信息门户，不以营利为目标；另一种是企业主导投资的营利性信息门户，存在明显的市场化竞争。其商业模式将持续变化，并向多样化发展。

由于两种形态之间并不冲突，因此大多数企业用户可以同时使用这两种形态提供的服务。封闭式平台系统产生于不同组织内部，其投资取决于所依附的线下实体，因此具有很强的个性化特征，并拥有稳定的收入来源；而公共物流信息门户则具有更高的开放性，为组织服务，信息来源具有多样化的特征。

2. 公共物流信息平台的类型

公共物流信息平台是向各类用户提供信息交换与共享服务的开放式的网络信息系统。根据不同的需求，公共物流信息平台包含了不同的类型。

1) 按公共物流信息平台覆盖区域划分

按公共物流信息平台覆盖区域划分，其主要包括以下三类。

(1) 国家级公共物流信息平台。

国家级公共物流信息平台是从国家层面针对各省服务以及国家与国家之间的信息平台，是联系海内外物流服务及事件交涉沟通的平台。

(2) 省级公共物流信息平台。

省级公共物流信息平台是以省级行政区划分下的由省级运管部门或省级商务部门主导下的服务于省内物流活动的信息平台，同时承担省与省之间物流活动的沟通及交流。

(3) 区域级公共物流信息平台。

区域级公共物流信息平台通常是为进一步发挥区域物流集聚效应，促进区域特色产业及货运业发达区域而设立的。往往区域级的公共物流信息平台具备完善的企业服务体系，能够更快、更直接地创造出经济效益。

2) 按公共物流信息平台的功能划分

按照公共物流信息平台的功能划分，其主要包括以下三类。

(1) 用于政府对物流监管的物流电子政务平台。

(2) 用于各类网上物流商务活动的物流电子商务平台。

(3) 用于对特定货物的运输流转过程进行实时跟踪监控的物流电子监控平台。

3) 按物流信息平台的运作模式划分

按照公共物流信息平台的运作模式划分，其主要包括以下 3 类。

(1) 政府监管型公共物流信息平台。

公共物流信息平台的构建不仅有助于企业物流信息的获取，而且便于主管部门对物流行业动态的监控。政府监管型的公共物流信息平台便于政府获取市场信息，及时调整政策措施，促进物流行业的发展。在物流业发展的初期，这种模式的信息平台应普遍采用。

(2) 物流行业公共物流信息平台。

物流行业公共物流信息平台是指由行业协会等组织创立的信息平台。在物流协会拥有物流专业背景的条件下，建立高效、结构合理、富有远见的物流信息平台，能够推动物流业向正确的方向发展。

(3) 贸易服务型物流信息平台。

由企业、物流公司根据实际需求建立的生产商、贸易商、服务商之间基于电子商务型的公共物流信息平台，往往便于直接创造经济效益，不需要政府投入巨资构建。

12.1.3　公共物流信息平台的现状

1. 国外的公共物流信息平台建设状况

国外对物流信息系统模型、物流服务安全模型和技术、物流商务模型和物流信息服务平台关键技术等方面进行了广泛、深入的理论和应用研究，并建立了相应的物流信息服务平台。著名的有新加坡的 Portnet 口岸物流服务平台，韩国现代集团的 HIT Solution 烟草行业信息服务平台，澳大利亚的 Tradegate 服务平台，英国的 FCPS/Destin8/Felixstowe 服务平台，德国的 Dakosy 服务平台，荷兰的 Wave 港口服务平台和美国的 FIRST 物流配送服务平台等。

1) 美国 FIRST 物流配送服务平台

FIRST 是交通货运信息实时系统 Freight Information Real-Time System for Transport 的缩写，如图 12-1 所示是 FIRST 的系统总体结构图。

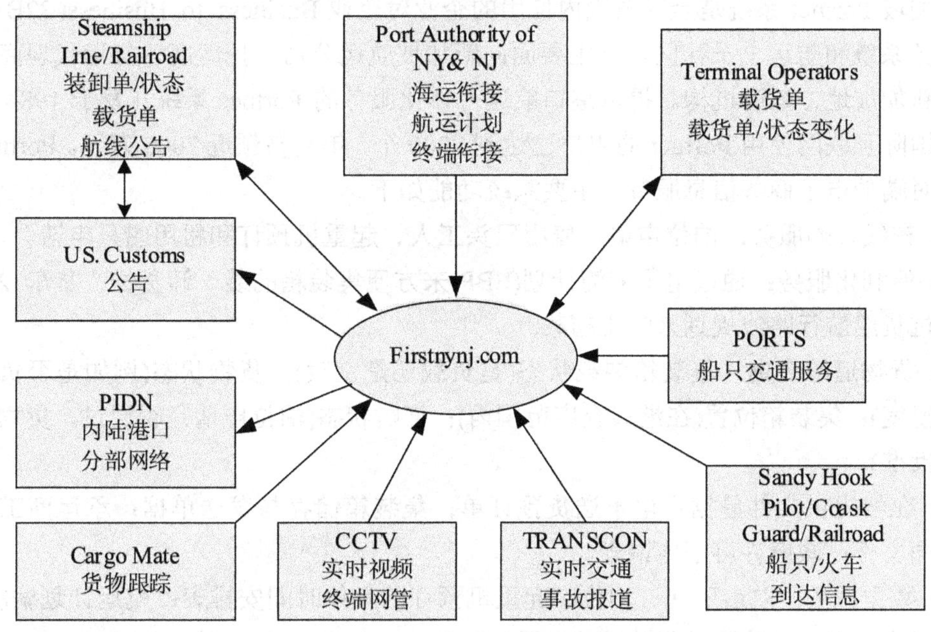

图 12-1　FIRST 的系统总体结构图

2) 英国的 FCPS 系统

FCPS 代表 Felixstowe Cargo Processing System，主要服务于港口的进出口贸易和物流

配送，FCPS 的系统体系结构图如图 12-2 所示。

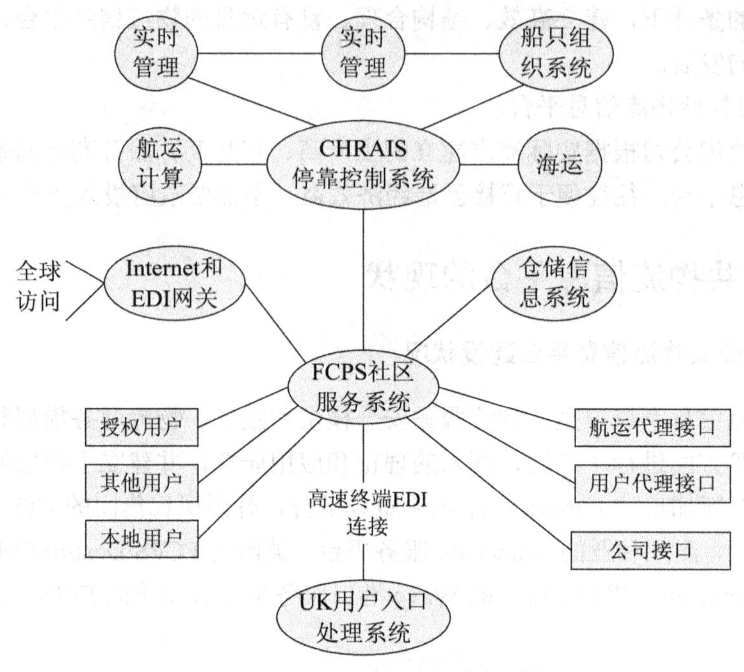

图 12-2　FCPS 的系统体系结构图

3) 新加坡 Portnet 系统

新加坡 Portnet 系统是全国范围内使用的企业对企业 Business to Business(B2B)的港口信息服务系统和航运电子社区，它主要面向新加坡航运公司、托运商、货运代理商、承运商以及新加坡地方政府机构。提供港口航运一体化服务的 Portnet 系统开发于 1984 年，如今通过国际互联网使用 Portnet 的用户已达到 7000 个，年交易额近 7000 万元。Portnet 能够提供端对端的电子商务信息服务，主要系统功能如下。

(1) 在线订购服务：泊位申请、雇用码头工人、起重机预订和租用船只申请。

(2) 便利化服务：通过电子港湾计划(EBP)来方便集装箱的装、卸货物；货车 25 秒通关；通过货船航行路线规划来防止超载。

(3) 货物追踪查询：集装箱装载状态(是负载还是空载)；货物状态(例如是否负载、冷冻货物温度)；集装箱位置(在港口仓库范围内)；订购状态(泊位申请是否通过，货物转运连接是否批准)。

(4) 在线提供文件单据：电子送货预订单；集装箱储存与发送单据；承运商工作列表和子合同文件；政府许可证申请表。

(5) 数据服务：航运班次、泊位、起重机预订的具体时间安排表；航运计划编制数据；集装箱温度数据、危险物品集装箱状况数据。

(6) 财务功能：具有电子数据交换功能与系统用户进行无纸化贸易，通过财务软件方便航运公司进行再次支付费用；Portnet 系统在线支付账单。

2. 我国的公共物流信息平台建设状况

目前，我国只有 39%的物流供给企业拥有物流管理信息系统，说明我国物流供给市场的信息化程度较低，不能满足客户需求；另一方面，信息资源整合能力也是需求考量物流供应商的主要因素。所以，作为物流信息化进程核心的物流管理信息系统日益成为我国社会物流企业的发展"瓶颈"。我国物流行业的整体发展水平仍然较低，物流信息化、标准化程度不高，我国的物流公共信息平台基本上还是空白，还处于企业级物流信息平台孤岛阶段，这严重制约了我国物流产业的发展，限制了企业国际竞争力的提升。

作为一个传统的物流企业，自行建立一个物流管理信息系统所耗费的资源是巨大的、昂贵的。我国物流企业迫切需要一个公共物流信息平台，通过这个平台整合行业原有资源，利用公共平台对行业资源实现共享，发挥物流行业的整体优势，将会从根本上改善物流行业的现状。物流企业可以考虑在此基础上采用建立物流信息平台的形式达到目标。由于互联网的发展及物流信息技术运用的成熟，物流信息平台已成为物流行业发展的一大趋势。

为了提高我国物流信息化的整体发展水平，通过信息技术解决与物流活动有关的信息采集、信息传输和信息共享问题，有必要建立区域级、省级甚至全国级的物流公共信息平台，通过在政府宏观调控下的物流公共信息平台，使得制造、物流运输和商业企业及交通、港口、海关、银行等各行各业协同工作，使物流能够真正畅通无阻地流动起来。因此，公共物流信息平台的建设已经迫在眉睫。

1) 物流信息平台建设中存在的问题

目前，我国物流信息平台建设取得了较大进展，但同时也存在许多值得注意的问题，其中有一些是最基本的。其主要体现在以下几点。

(1) 体制分割。

条块分割的管理体制是影响物流统一市场的主要因素，也是建立公共信息平台、统一物流信息标准的主要障碍。我国缺乏强势的大型物流企业，依靠市场很难在短时间内形成公共平台和行业标准。政府本应是统一平台和标准化的主要推进者，但是目前的体制原因，实现起来非常吃力，有时甚至阻碍了标准的统一进程。

(2) 人才缺乏。

不仅缺乏既懂业务也懂技术的战略型人才，也缺乏中低端人才。从发展趋势来看，信息化发展的主要特点不是表现为 IT 产业的高速增长，而是表现为其他产业在信息技术的推动下进入新的增长。因此，人才的需求特点主要表现为，IT 技术要与行业的专业技术相结合，各行业要提高普遍的信息技术应用水平，专业 IT 人才要深入到行业领域中去，成为行业专家。我们的各类教育和培训目前还不能完全解决这个问题，需要各方面共同携手。

(3) 缺少物流信息化标准的研究。

公共物流信息平台的建设问题是一个很宏观的问题，扩大范围来说，完整的公共物流信息平台涉及全社会物流的各个方面，它是一个物流中枢神经。经过几年的实践，一些基本问题已经接触到了，例如，关于信息系统集中与分散分布的矛盾问题、结构的标准化与需求定制化的矛盾问题、标准的国际接轨与国内现有标准矛盾的问题等。

(4) 企业物流信息化对接程度低。

由于我国还处在经济不断提升发展的阶段，产业经济结构还是以劳动密集型为主，产品附加值较低，处于产业链下端，服务水平要求较低，目前众多中小企业还不能承担实现物流信息化的巨大成本。因此，政府主导下的公共物流信息平台覆盖率只能是一些大中型企业，而这部分企业往往拥有固定的物流服务，对公共物流信息平台的依赖度较低。

2) 物流信息平台建设中存在的误区

物流信息平台的建设得到了社会各界的广泛认可，各级地方政府近年来对物流信息平台上的投入不断加强。然而，在发展过程中，物流信息平台的建设存在一些误区和盲点。当前，各级政府构建的物流信息平台如某省的“八卦来网”等，对公共物流信息平台的构建缺乏足够的认识，存在的主要问题如下。

(1) 物流信息的整合不等于集中。

物流信息的整合是指从数据的层面避免重复的存储和备份，构建系统结构清晰、冗余度低的数据仓库，利用网络和信息技术实现数据的综合性管理和控制，而不是仅仅指将一些数据机械的累计和堆放。

(2) 信息的管理属性。

在一些建立的物流信息平台中，不难发现往往存在信息平台搭建相对完善，然而对信息的管理属性不甚明确的问题，这归因于操作人员对信息缺乏深入的理解和分析，而误将所有信息等同而视所造成的。

(3) 改变管理格局的信息共享与交换。

在管理格局上，物流信息平台应作为社会性的物流信息中心，管理格局及体制的制约往往导致信息共享与交换上出现被动的局面。因此，公共物流信息平台应以独立人的身份出现，而不是政府主管部门下的一个科室在管理，这对促进公共物流信息平台作用的发挥有着重要的作用。

12.2 公共物流信息平台的功能和框架

12.2.1 公共物流信息平台的功能定位

公用物流信息平台要满足物流系统中政府管理部门、政府职能部门、物流企业和工商企业不同层次的参与者对公共物流信息平台的信息需求和功能需求。公用物流信息平台应通过对物流公共数据的采集、处理和公用信息交换，为物流企业信息系统完成各类功能提供支撑；为政府相关职能部门的信息沟通提供信息枢纽的作用；为政府的宏观规划与决策提供信息支持。公共物流信息平台的本质在于为企业提供单个企业无法完成的基础资料收集，并对其进行加工处理；为政府相关职能部门公共信息的流动提供支撑，一个有效集成的公共物流信息平台，应可以为物流服务提供商、货主制造商及政府相关部门提供一个统一、高效的沟通界面，为客户提供供应链综合解决方案。因此，公共物流信息平台的功能定位应该为综合信息服务、异构数据交换、物流业务交易支持、货物跟踪和行业应用托管

服务。

1. 综合信息服务平台

物流信息的畅通流动，对提高区域物流运作效率至关重要。目前我国区域物流信息沟通普遍不畅通，造成车找不到货、货找不到车的局面，物流活动效率低且资源浪费严重，政府部门得到的物流信息零碎、分散，没有聚合性、针对性，难以有效地辅助决策。综合信息服务平台连接了区域物流企业、物流运作设施以及政府管理部门与相关职能部门的信息系统，是区域物流信息资源的汇集中心，也是国内外了解区域物流资源的窗口。综合信息服务平台应具有信息发布和查询功能，要满足不同物流信息需求主体的信息需求和功能需求。例如，对于物流企业和工商企业，要发布和查询物流供求、物流运作成本和物流服务质量等实时信息。对于政府部门发布政策法规等行业信息，查询一定时期、一定区域范围内，甚至是一定物流功能范围内的反映物流活动的历史统计数据，了解、分析其发展趋势，辅助政府宏观决策。

2. 数据交换平台

公共物流信息平台汇集了各大物流运作设施信息系统，以及各相关行业、各类物流企业和政府相关部门等各类信息系统的信息。由于汇集到公共物流信息平台的信息系统往往是由各主管部门和单位不同时期各自承建的，因此很难要求系统构建的软硬件平台在结构上完全一致和统一。但公共物流信息平台必须解决这些异构系统和异构格式之间的数据交换和信息共享问题，解决物流系统运作不畅的局面。所以数据交互平台应担负起物流信息系统中公共信息的标准化和规范化定义、采集、处理、组织和存储，以及解决异构系统和异构数据格式之间的数据交换和格式转换功能，实现区域不同物流信息系统之间的跨平台连接和交互，促进区域物流系统的畅通行动，为物流企业提供“一站式”接入服务，有利于我国物流企业的发展壮大和参与国际竞争的能力的提升。

3. 物流业务交易支持平台

电子商务时代要求电子化物流与之相适应。电子化物流业务交易应该对交易双方进行身份确认以及资质的审核，确保交易者信息的唯一性和不可抵赖性，以保护交易各方的利益，实现安全交易。另外，制约我国电子商务发展的一个主要的问题是网上支付的安全问题，电子物流交易同样要解决这个问题，通过建立这样一个交易支持平台可以大大加强网上交易的安全屏障，促使物流企业由传统交易向电子交易转变。因此，这个平台的主要功能包括物流综合信用认证、安全认证、网上采购招标、电子订舱、电子支付与结算、网上保险、网上报关、网上交税和网上出入境商品检验检疫等。

4. 货物跟踪平台

随着通信、互联网技术的发展和GPS/GIS技术的广泛应用，物流企业和客户可以利用GPS/GIS技术，通过局域网或互联网实时跟踪货物及运输车辆，从而为物流企业的高效率管理及高质量的服务提供技术支持。GPS/GIS综合服务系统包括了通信平台、传输方式、网络、中心数据库、车载单元等部分。该系统由三部分组成：GPS/GSM 监控中心、GIS 电子地图、GPS/GSM 智能车载单元。然而，我国目前很多企业所用 GPS/GIS 系统由不同公司提供，没有统一的技术标准，系统的接口困难。另外，GPS/GSM 监控中心和 GIS 电子地图投资比较大，而且电子地图更新比较快，这对我国本来就缺乏资金的物流企业更是雪上加霜。因此，为了提高我国区域物流企业的国际竞争力，通过公共物流信息平台为物流企业提供货物跟踪支持功能，各物流企业只需购买 GPS/GSM 智能车载单元即可为客户提供高质量的物流状态跟踪服务。

5. 行业应用托管服务平台

虽然我国企业物流信息化水平不断提高，但总体水平仍然较低，只有少量的大型物流企业拥有自己的信息系统。大量的中小物流企业由于缺乏资金、人才等无法自建和维护企业内部的物流管理信息系统，而只能依靠传统的方式进行物流业务管理，这严重制约着中小物流企业的发展壮大。因此，公共物流信息平台不仅为大型物流企业实现物流一体化搭建桥梁，还应承担为中小物流企业提供物流应用软硬件设施租赁服务。与 ASP 合作搭建物流行业应用服务平台是解决中小企业物流信息化的有效途径。通过应用服务平台，中小物流企业能方便地应用所需的物流管理系统，实现仓储、运输、调度、客户和财务等作业管理与日常管理的信息化。

12.2.2 公共物流信息平台的主要框架

1. 全国性和区域性公共物流信息平台功能需求

公共物流信息平台的建设目的主要在于满足物流系统中各个环节不同层次的信息需求和功能需求，这就要求信息平台不仅要满足货主、物流企业等对物流过程的查询、设计和监控等直接需求，还要满足他们对来自于政府管理部门、政府职能部门、工商企业等与自身物流过程直接相关的信息需求。

公共物流信息平台在通过对公共物流数据的采集、处理和公共信息交换为企业物流信息系统完成各类功能提供支撑的同时，还起到为政府相关职能部门信息沟通的枢纽作用，从而为政府的宏观规划与决策提供信息支持。一个有效集成的公共物流信息平台，应该能够为物流服务提供商、货主/制造商、交通、银行、海关和税务等政府相关部门提供一个统一高效的沟通界面，为客户提供完整、综合的供应链解决方案。因此，有必要建立一个区域性甚至全国性的公共物流信息平台，并且该平台应该具有综合信息服务、异构数据交换、物流业务交易支持、货物跟踪和行业应用托管服务等相关功能，如图 12-3 所示。

2. 全国性和区域性公共物流信息平台框架构建原则

信息平台是建立在现代软件工程的概念上，实施最大限度的软件和系统资源的重用，启动数据共享工程，把真正与领域业务需求有关的部分提取出来，把信息基础设施与公共应用支持开发成的平台，其外部环境包括通信网络传输系统、数据交换网络和用户设备。

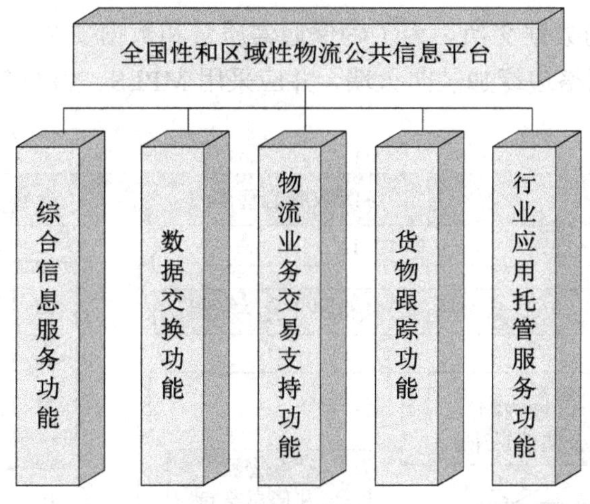

图 12-3　全国性和区域性公共物流信息平台功能

平台项目的整体建设思路应该是正视各行业、各部门和企业的现有物流信息平台。在政府部门和企业的支持下，以物流信息标准化技术为支撑，促进不同物流信息平台之间的信息共享和整合，解决信息化孤岛问题，营造出一个有利于物流信息流畅、良好的物流信息基础环境。

1) 易管理

公共物流信息平台涉及现有社会结构中的通信、交通和税务等各个方面，因此平台架构的建设首先要考虑现有机构的管理模式。

2) 高效经济

平台构建时要保证平台在运转时的高效性，使各方易于参与，并且各方参与的成本要尽可能小。

3) 协调统一

各方要能统一为一个整体。公共物流信息平台的任务之一就是整合目前业已存在的诸多物流信息平台的资源，为他们提供信息传递与转换服务，避免重复工作。

3. 全国性和区域性公共物流信息平台架构

根据全国性和区域性公共物流信息平台架构的构建原则，构建公共物流信息平台架构，如图 12-4 所示。

这是一个以政府监管为指导，以税务、交通、银行和海关等为支撑的三层二级体系架构。公共信息平台整体上相对独立，各层相互提供信息和数据交换服务，平台与支撑平台之间通过统一规范的接口进行数据交换，支撑平台在各级政府的监管下为整个平台提供相应服务。

国家级公共物流信息网络处于整个公共物流信息平台的顶层，通过标准接口或网络与国外公共物流信息平台相连，并进行相互间的数据交换；省级公共物流信息平台和行业公共物流信息平台通过 IP 通信网络与国家级公共物流信息平台相连，并进行相互间的数据交换；企业物流信息网络通过 IP 网络通信与省级公共物流信息平台和行业公共物流信息平台

相连，并进行相互间的数据交换。为了确保通信质量和数据安全，各个连接之间通过标准的接口相连，在各个网络边缘加装防火墙，并应采用MPLS、VPN等QoS保障技术和安全技术。

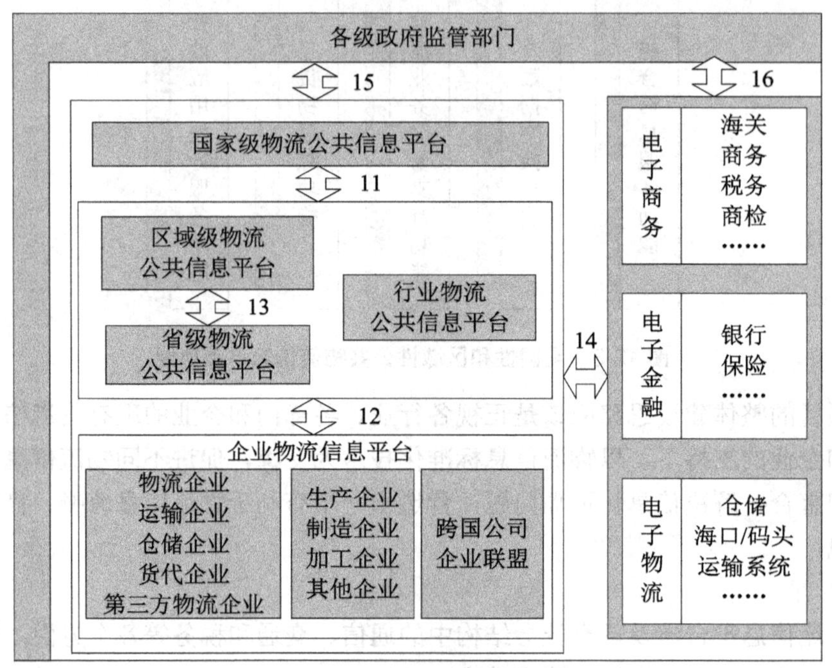

图 12-4　公共物流信息平台架构图

1) 各级政府监管部门

各级政府监管部门负责以下工作。

(1) 研究、制定、规划和协调物流产业发展的相关政策，包括制定相关的法律法规和管理制度，对各自所管辖范围内的公共物流信息平台的运行等的监管工作，具体制定国家、地区、口岸的物流发展规划，并根据各级政府的政策取向协调地区间、口岸间的物流发展规划。主要目的在于提供保证物流市场的良性运行与发展的公平、充分竞争的市场环境。

(2) 组织物流相关标准研制工作。物流的标准化和信息化是现代物流的主要特征。为此，政府应该责成相关技术标准管理机构针对物流基础设施和装备等方面制定如统一的计量标准、技术标准和数据传送标准等；政府还应该对物流安全和环境制定强制性标准，以保证物流业与自然、社会和其他行业能够和谐发展；政府还应该督促行业协会制定物流作业和服务的标准，统一物流用语以及物流从业人员的资格标准，以保证物流行业服务规范。

(3) 为物流企业信息化提供指导。加快、强化物流信息网络的建设，以物流信息化带动物流现代化，是公共物流信息平台建设的主要目的之一。然而，对于大多数物流企业来说，在信息化建设中既没有技术，又缺乏人才，更缺乏经验。这就要求各级政府能够组织相关力量，尽最大努力为物流企业的信息化建设提供帮助，以解决他们的燃眉之急。

(4) 提供对所辖范围的物流政策支撑信息。鉴于各自的理解程度不同，物流行业相关人员对有关的政策法规等可能会存在这样或那样的疑惑，这需要相关人员给予统一的解答。

2) 国家级公共物流信息平台

(1) 国家级公共物流信息平台是国家政策支撑信息和国际物流需求的平台。

(2) 汇集和发布中央级政府监管的信息。

(3) 国际物流需求信息，可以根据物流量有针对性地建立通往美国、欧洲和澳洲等物流中心平台，以便有效地利用国际物流的海、陆、空通道，协调国际、国内各区域间的物流资源。

3) 区域级公共物流信息平台

区域级公共物流信息平台是国家对区域内地方平台的协调和地方性信息的处理平台，从应用角度来讲，应该与国家级物流信息平台的角色类似，只是范围要小些，但管理上不是由各个具体的机构来直接管理，可以考虑由区域内省市联合管理。具体功能可以包括以下内容。

(1) 区域内各省市政府监管的信息。

(2) 区域内物流需求信息。

(3) 可以有针对性地建立东北、华北、华南、西北和华东等物流平台，各区域物流平台负责协调相应区域内的物流资源。

(4) 相关商业化开发和增值服务。

4) 省级公共物流信息平台

省级公共物流信息平台负责提供以下服务。

(1) 省市政府监管的信息。

(2) 省内各大物流园区和企业用户之间的物流资源和信息，如地方政府的通关信息、口岸信息、企业诚信信息等以及跨省市的联运信息，以这些信息作为基础，真正能为社会提供权威的物流信息的基本平台。

(3) 相关商业化开发和增值服务。

5) 行业公共物流信息平台

行业公共物流信息平台的功能基本上与区域和省级公共物流信息负责提供具有行业特点的物流监管、供求信息以及相关的商业化开发和增值服务。

6) 企业级和园区公共物流信息平台

企业级公共物流信息平台为物流主体，即最终客户(货主)、代理、分拨和仓储物流企业，是现代公共物流信息管理系统的终端。

各个物流园区信息平台、加工区物流信息平台汇集园区内企业集团的物流信息，同省级物流信息公共平台相连，交换信息，提供本园区内企业的仓储、装卸、加工、包装和客户等物流信息。

7) 税务、交通、银行、海关等

税务、银行、海关、公路部门、水路部门和航空部门等各相关企事业单位在政府的监管下为物流信息平台提供电子政务和电子商务所涉及的信息和服务接口，以统一的服务规范来服务统一的物流平台，提高物流平台的整体运行效率。

12.3　公共物流信息平台的建设

公共物流信息平台的建设属于物流基础设施建设的范畴，它投资大、回收期长，但社会效益显著，没有哪个单位有能力或愿意单独完成这样具有公益性质的复杂的系统。因此，政府应筹集适当的引导资金作为股份投入到公共信息平台的建设中，制定相关政策拉动物流市场需求，引导企业积极参与平台建设。公共物流信息平台建设的开拓性及其本身的复杂性，决定了它需要在政府的宏观指导和统一协调下，充分调动各方面的积极性，集中社会有效资源来共同完成。因此，平台建设的参与者应包括政府、企业、物流相关政府职能部门、相关行业协会、高等院校和科研院所。

公共物流信息平台的建设是一项跨地域、跨部门、跨行业的建设工程，目的是要整合现有物流相关信息资源、改善整个物流系统的运作环境、提高物流系统的运作效率，这必将牵涉到众多物流相关信息资源的资产重组和数据接口的开放等问题。因此，必须要有一个权威的领导小组来协调和沟通建设中遇到的困难。另外，公共物流信息平台的建设需要吸收大量资金，需要众多企业的参与。所以，应当在政府的统一规划和协调下，组建企业法人集团来参与公共物流信息平台的建设。对参与公共物流信息平台建设企业的资质进行严格的考察是至关重要的。信息平台建设的专项工程建设项目不要选择具备该领域资质最好的一家企业，相反要选择在该领域引领市场潮流的几家企业共同建设，这有利于推进物流信息标准化建设和减低实施成本。同时，公共物流信息平台应紧紧围绕对平台的需求进行建设，避免投资浪费。

12.3.1　公共物流信息平台建设的需求分析

1. 公共物流信息平台建设的紧迫性

目前，我国物流行业的整体发展水平仍然较低，物流信息化、标准化程度不高。我国的公共物流信息平台还是一片空白，基本上还处于企业级物流信息平台孤岛阶段，这严重制约了我国物流产业的发展，限制了企业国际竞争力的提升。为了提高我国物流信息化的整体发展水平，通过信息技术解决与物流活动(如运输、保管、包装、流通和加工等)有关的信息采集、信息传输和信息共享问题，整合社会资源，降低企业的市场风险、提高企业的经营管理效率，有必要建立区域级、省级甚至全国级的公共物流信息平台，通过在政府宏观调控下的公共物流信息平台，使得制造、物流运输和商业企业以及交通、港口、海关和银行等各行各业协同工作，使物流能够真正畅通无阻地流动起来。因此，公共物流信息平台的建设已经迫在眉睫。

现代物流系统是一个有企业、政府管理部门和物流相关政府职能部门参与的复杂系统，不同的参与者对公共物流信息平台有不同的需求。

2. 公共物流信息平台建设的需求分析

1) 企业的需求

在现代物流系统中，有工业企业、商贸企业和物流企业的广泛参与，企业要求公共物流信息平台能够提供与物流运作相关的各类信息，包括政策法规信息、物流市场供求信息、海关信息、公共物流基础设施资源信息、交通运输网络信息和环境信息等。要求平台能够就上述信息提供方便、快速而丰富的查询功能，也能为企业提供信息发布功能，能够提供在线业务交易支持功能和货物运输支持功能。此外，对于大量的中小企业而言，也要求平台能够提供应用托管服务，实现物流业务信息管理功能，如订购过程管理、物流运输管理、仓储管理、配送管理、进出口报关服务、货物跟踪和客户服务等。

2) 政府管理部门的需求

与物流相关的政府管理部门主要负责物流发展的宏观管理与决策研究，它对信息的需求在于把握和分析物流发展的总体情况，利用信息进行科学的预测、分析和规划，进而制定相关政策，促进物流业发展。因此，政府管理部门要求能够从平台获得区域物流产业的总体运作情况及分布状况、物流基础设施的使用状况等信息，同时，能够通过平台发布政策法规信息，为企业提供国家、行业、省、市等各级政府部门和主管单位相关的政策法规、管理办法和规划等信息，为各类企业提供交通、国土和关贸等公共信息。

3) 物流相关政府职能部门的需求

与物流相关的政府职能部门就是对物流运作提供业务支持的部门，包括海关、工商税务、银行保险、交通部门和航空港口等。政府职能部门要求通过公共物流信息平台获得诸如企业信息、需求总量、供给能力、运营状况等信息，及时预测今后的发展方向，为政府管理部门的宏观决策提供依据；要求利用公共物流信息平台发布行业管理政策，为企业提供信息服务；同时要求通过公共物流信息平台，使各职能部门的业务子系统能够进行互联，实现系统的集成与共享，加强部门间的协调与合作，简化相关审核手续，提高职能管理部门的办公效率。

12.3.2 公共物流信息平台建设的战略目标

物流信息平台着眼于一个整体的物流建设，它为各企业提供一个有效的通用商务平台，充分利用互联网的优势，使各行业可通过通用的信息指导互相沟通，得到低价且高质量的服务，也可加速企业与政府间的信息交换，从而降低成本。

1. 总体目标

(1) 适应物流产业的进步，提供多样化的物流服务。

(2) 整合物流信息资源。

(3) 整合社会物流资源。

(4) 推动电子商务的发展。

(5) 通过信息手段，强化政府对市场的宏观管理与调控能力，支持物流市场的规范化管理。

(6) 为物流业的行业管理、发展与规划提供信息化的决策支持手段。

2. 具体目标

(1) 建立良好的通信基础设施，提供政府相关部门之间、企业之间及政府与企业之间的数据交换基础设施。

(2) 完善行业管理部门相关物流信息系统建设，建立完善的数据采集系统，提供行业管理的信息支撑手段，提高行业管理水平。

(3) 建立政府部门信息共享机制。

(4) 引导相关物流企业的信息建设，接入区域物流信息平台系统。

(5) 进行财务结算支持系统的基本功能建设，支持电子商务发展。

(6) 提供货物跟踪及车辆调度计划信息支持功能。

12.3.3 公共物流信息平台建设的主要原则

公共物流信息平台的建设是一个非常大的系统工程，需要建设相当多的新子系统，并将原来已经建设的各行各业相关的系统统一进来。为了保证整个平台性能最优化、功能最优化、效益最大化，需要对各种因素进行权衡考虑，并遵照一定的原则进行建设。

1. 积极建设与充分整合相结合

建设公共物流信息平台的意义非常重大，这在前面的内容中我们已有论述，因此需要各相关企事业单位投入极大的热情，积极参与到平台的建设中去。作为一个公共物流信息平台，需要的是各相关企事业单位的共同参与。然而我们也知道，目前许多企业已经建立起了自己的物流平台和电子商务平台，各级政府部门也大多建立了自己的电子政务平台，这些平台不仅花费了大量的建设资金，而且更重要的是在这些平台上也已经汇集了大量的基础数据，这其中不仅包括各大物流运作设施信息系统，还包括各相关行业、各类物流企业和政府相关部门等各类信息系统的信息。这些数据都是我们在建设公共物流信息平台所必需的内容，因此必须要将这些数据纳入到新的平台系统中去。

但是，这些平台在建设时基本上还没有一个统一的标准，它们无论是在软硬件平台的结构上，还是在系统构建的模式上，或者是数据内容的定义、采集、处理、组织和存储格式上，都不尽相同，因此这些平台都需要在建设过程中进行整合。如何在公共物流信息平台建设过程中解决这些异构系统和异构格式之间的数据交换和信息共享问题，是公共物流信息平台建设所必须面对的问题之一。

2. 前瞻性与阶段性相结合

技术和需求都是在不断地变化之中，因此建设需要具有适当的前瞻性，充分考虑到未来的技术发展方向和需求变化方向。但也并不是什么技术先进就采用什么技术，也不是说一次就能将未来所需要的所有功能都建设完备，因为技术和需求变化是永无止境的，而我

们不可能无限地等下去。这就要求我们在建设平台时要有一定的阶段性，每个阶段的建设满足一定的功能和性能需求，并具有适度的超前性，然后投入试运行。也就是说，物流信息平台应用系统的功能开发需要总体规划、分步实施，本着基础性功能优先开发的原则，对物流信息化普及具有推动意义，需求迫切的功能应优先在短期内完成。如果试运行时系统能够稳定运行，就可以投入正式使用。在实际应用过程中，如果出现了新的技术和功能需求，可以逐步地加以补充和完善。这样，既可以保证系统能够快速建设、稳定运营起来，又可以保证系统的先进性。

3. 标准化与可扩展性相结合

在系统建设时，各种异构系统和数据如果不能转换为统一的形式，就会给系统和数据互通造成麻烦。因此，要尽量统一系统和数据的形式。

在物流产业发展过程中，第三方物流(甚至是第四方物流)也已经逐步发展起来，系统设计和建设时要充分考虑到这些发展情况，为将来的发展预先留好接口和数据字段，使系统在一定阶段内都能够适应物流发展的需要。

4. 先进性与安全性相结合

为了保证物流信息平台的高效性，需要采用各种各样的新技术。新技术往往有一个弱点，那就是安全性还没有完善。但是物流信息平台承载着各种各样的物流基础数据信息和物流交易信息，这些信息有些具有相当重要的意义。因此，既然物流信息公共平台直接服务于众多物流企业，必须要承载大量生产经济数据，那么就要在采用先进技术的同时也要保证系统运行时的稳定与安全。

12.3.4　公共物流信息平台建设的功能要求

物流信息平台提供的物流信息是整个物流供应链的一个重要环节的信息，即协调、管理货物运输过程所产生的信息流，用来支持保证货物运输高效率地完成，促进社会运力的良性发展。由于物流公共信息平台要面对不同参与者对公共信息的各种需求，因此，公共信息平台在总体上应具有多种功能，通过公共信息平台支撑政府部门间公共信息的需求，满足具有核心业务能力的物流企业信息需求。

物流信息平台不同于企业或行业物流信息系统，它着眼于一个整体物流系统，总体功能是提高全社会的物流效率，降低全社会的物流成本，其功能主要从以下几个方面体现：提高对用户需求和物流服务的响应性；保证货物运输的快速性、可靠性和准时性；提高运行效率，降低库存和管理成本；整合社会微观物流资源，使物流资源配置更合理、更优化；提高相关管理部门工作的协同性、决策的科学性；强化政府对物流市场的宏观管理与调控能力。

1. 物流信息平台功能设计要求

1) 信息系统接口性良好

信息平台关键是要发挥不同企业物流管理信息系统和其他部门管理信息资源集成、中转和支持作用，便于共用物流信息的搜集整理和使用，成为各种业务系统无缝联结的桥梁纽带。

2) 物流信息支撑

物流信息平台要为企业信息系统功能实现提供信息支撑，还要为政府部门间物流行业管理与市场规范化管理方面协同工作机制的建立提供必要信息沟通条件。

3) 整合微观物流资源

目前企业级综合物流信息系统、ERP、LRP 等是分别构建的，相互封闭、互不兼容现象较为普遍，长此以往，不利于大物流格局的形成。因此需要为各企业、各部门的 EDI 系统提供一个通信接口，达到既能利用现有 EDI 系统又能使其跨越行业部门局限；能将各种物流数据信息按一定的规范格式统一、转换后存储、发布和传递，成为一个社会物流信息的枢纽；具备多种系统功能以提供不同的信息服务内容，使物流信息成为物流体系的桥梁纽带，整合社会物流资源，为物流宏观规划决策和制定政策提供科学依据。

4) 物流市场监管

政府有关部门通过政策文件发布、电子公告等方式规范物流市场经营活动，进行物流运行控制，体现宏观物流管理的作用及其特色。

2. 区域物流信息平台关键技术设计

区域物流信息平台的建设必须依托现代高科技网络通信技术和计算机管理技术的支撑。为实现区域物流信息平台的各项设计功能，应采用以下各种信息技术及各种物流信息管理技术。

1) 数据自动采集与存储

对于大量公用信息进行组织处理，确保信息流正确、及时、高效、通畅是构建物流信息平台成败的关键因素。各类信息的组织和存储将应用计算机数据库技术、数据库挖掘技术和海量数据存储与管理等技术。

2) 数据及系统的安全技术

区域物流信息平台是一个开放式信息平台，为防止客户的误操作和黑客的攻击，平台的程序接口将采用密码和加密技术、密匙管理技术、数字签名技术、数字水印技术、防火墙等技术。平台的数据层将采用数据库实时备份技术及双机热备份技术等，以确保系统具有良好的安全性、稳定性和可靠性。

3) 数据通信与交互

区域物流信息平台需要各种通信技术和网络的支持，如分组交换数据网、数字数据网、综合业务数字网和数字移动通信网等。通过这些网络来完成 EDI 通信，应用公共对象请求代理机构(common object request broker architecture，CORBA)技术、XML 技术和 EDFXML 技术可满足区域内物流业的信息共享和信息交互要求，并确保通信网络具有良好的开放性和扩展性。

4) 信息标准化

物流信息标准化是使区域现代物流业走向规模化、全球化的基础。在区域物流信息平

台数据结构设计中，所有信息均服从物流信息分类编码标准体系及 EDI 相关代码标准体系。

12.3.5　公共物流信息平台建设的实施模式

全国和区域性公共物流信息平台建设实施模式包括以下 5 方面的内容。

1. 项目推动

物流平台建设首先需要进行实验性的项目开发工作。但是，目前我国的物流企业还都处于刚刚起步阶段，在建设这样大的全国性或区域性的公共物流信息平台方面，除了没有建设经验之外，主要还是经济实力不足。因此，有必要由国家投入一部分引导资金，通过项目建设方式投入到某个或某几个企业(企业联盟)之中，从而推动全国性物流平台建设的发展。

为有效落实建设方案，确保按照建设要求及进度推动项目进行，应成立项目执行小组具体负责项目进度。政府主管部门负责领导协调，做到以目标为导向，责权分明，任务落实，要定期召开项目组会议，讨论研究项目进展情况，及时纠偏，为物流平台的全面建设积累经验。

2. 专家指导

物流信息平台不是一项简单的技术开发工作，还涉及物流产业流程等许多方面，因此有必要成立一个由政府、电信、电子、银行、海关、国检、船代、货代和港务等相关部门的业务及技术专家组成的专家组，由专家组进行物流信息平台的规划、方案论证、技术及业务指导，并对建设过程进行监督等，这样才能保证平台建设流程的合理性、功能的完备性、技术的先进性和系统的安全性。

3. 规范流程

物流信息平台的建立将涉及政府、各行业主管部门和企业等各个环节对内对外的各种业务流程，这些环节对统一业务处理的流程千差万别，如果全部将这些流程直接利用电子手段固化下来简直是一件不可能的事情，况且如果这样，整个平台也将无法正常运转。因此，有必要对各个环节的业务流程进行规范化。

但是，规范化就需要对传统业务流程进行改造，这就不可避免地影响相关业务主体部门或单位的原有利益。如何平衡各方面的利益，使得物流信息平台建设顺利有效地开展起来，也是我们需要直接面对的问题。

4. 标准制定

物流信息平台涉及各行各业各方面的内容，如果要使各种异构系统间不同格式的数据整合到一个统一的平台之中，就需要建立一个统一的标准体系，制定物流用语、计量标准、技术标准、数据传输标准、数据交换标准、物流作业和服务标准等基础标准，并逐步对标准体系进行修订、扩充和完善。

5. 法律保障

为使公共物流信息平台在技术及业务规范上全面确保运作的科学性、合法性和有效性，需要制定相关的法律法规、管理办法及规范性的文件，为物流信息平台的运作提供保障。

12.3.6 公共物流信息平台建设的几点建议

1) 服从物流整体规划

物流信息平台的建设作为大的物流规划的一部分，需要在物流整体规划战略的指导下进行，要符合物流规划的目标和原则，服务于物流规划，使物流规划的效果能够真正发挥出来。

2) 统一规划

物流信息平台应该统一规划、统一领导，充分利用现有的社会信息化资源，避免重复建设。

3) 政府推动

物流信息平台建设涉及不同的管理部门、各类物流企业及货物的供需双方，要处理好各方面的关系，需要有政府的协调和推动。

4) 加快物流信息标准化建设

如果物流信息数据不是标准、规范、统一的，势必会加大数据交换的难度，降低物流信息平台的利用效率，造成资源浪费和信息失真，因此必须加快我国物流信息标准化的建设。

5) 制定政策法规和配套措施

物流信息平台在运作过程中会发生如单证收费、会员权利和义务、经营管理、备份举证等诸多问题。这就需要制定一整套相应的法规和规章制度来加以规范。

6) 加快物流信息人才的培养

物流信息平台的建设需要专业的物流信息人才，因此必须加快对物流信息人才的培养，如果有需要，也可以从国外引进高质量的物流信息管理人才。

12.4 公共物流信息平台的组织和运营

公共物流信息平台原则上应坚持谁建设谁运营的策略，采用企业化运作模式，并建立相应的运营机制和信息共享机制。公共物流信息平台在建设招标或组建企业法人集团时就应该考虑到运营的问题。它的运营机制可采用机场和高速公路类似的模式——收取机场建设费和高速公路过路费。如果物流市场需求拉动了，企业就有积极性参与平台的建设，正如现在有私营企业投资机场、公路建设一样。由于公共物流信息平台具体运营采用企业化运作模式，而且具有垄断运营的特点，这必然牵涉到信息的共享机制和定价问题。

因此，公共物流信息平台应采取政府引导、行业约束、企业自主的市场化运营模式。公共物流信息平台应面向企业，通过政府相关政策和行业协会制度的制约，引入行业准入机制和会员制管理方式。对于加入平台的企业会员，平台可通过收取会费、用户服务费、租赁费和广告费等方式进行市场运作的自主经营，提供有偿服务。政府主要行使宏观调控职能，负责指导公共物流信息平台共享信息服务价格的制定和市场引导政策的出台等。

12.4.1　公共物流信息平台的组织模式

按照合理的业务流程设计物流数据流程，其中包括物流对象相关数据，诸如商品条形码、品名、型号、数量、规格、出厂时间、出厂地点、包装和运输要求等；物流企业自身运作的相关数据，诸如货品 ID 号、订单编号、提货地点、中转仓库、送货地点、配送时间、运输车牌号、经办人员和物流费用等。数据化的物流活动过程是有机联系的，可以用一个固定的参数如商品条形码或货品 ID 号或专用编码作为数据查询的关键字，通过查询调用货物的所有数据，进行物流预测、编制物流作业计划、安排物流资源。由于物流活动的动态性强，物流活动重心空间转换频繁，这一特点可以结合企业综合物流系统和区域综合物流信息系统联网来定位监控物流活动。诸如货物存储、发运地点、货物在途方位、车辆配送线路等空间方位性很强的物流数据都可以通过这种方式来组织。根据供应链管理求，基于 Internet、Intranet、Extranet 的综合物流信息平台，能够实现这种物流企业之间、企业与客户之间、企业与政府之间的物流信息和物流功能的共享。

12.4.2　公共物流信息平台的运作机制

政府组织、协同开发，实施共建平台机制。政府作为区域物流信息平台的规划和领导者，重点协调并充分利用生产、科研力量进行研究开发，进而能够整合分布在不同部门、产业和企业的信息资源，整合不同的企业信息系统、部门管理职能，通过共建机制来逐步整合物流资源，推动区域集成物流信息智能化管理，分类共享、分层支持，采用企业模式运作。物流信息平台的运行机制主要指平台的建设、运行及信息共享的机理和运作管理方式。信息平台要根据参与者的不同功能、需求及权限等级提供共用信息。共享机制涉及不同主体对信息的需求内容、程度及权力、利益不同，对信息的共享程度范围进行严格的分类管理，对不同的用户，分配不同的访问权限，共享相应层次的信息。构建综合物流信息平台不仅是解决一个信息的存储与发布的基地，也不仅是一个电子化物流市场，更为重要的是通过信息平台的建设为第三方物流发展提供更为强大的信息支撑功能，支持多样化物流服务，根据不同客户供应链管理需求，针对不同对象提供不同的物流服务方式。这里的服务方式包含数据传输方式。数据表现方式等供应链物流信息内容。一般而言，第三方物流的交易单据、发货数据可通过物流基于 Internet/ Intranet/ Extranet 的 EDI 形式等实现，而物流网络配置、区域交通状况、货物跟踪和车辆跟踪等数据均可通过基于 GIS、GPS 等的电子地图等方式实现。

12.4.3 公共物流信息平台的运营模式

公共物流信息平台是一个面向物流行业、各个企业的综合性特大物流电子商务社区，它提出面向企业和用户服务的虚拟电子交易市场和管理咨询的经营理念，它以各行业的供应链交易和咨询管理为中心，涵盖各行业的制造、商贸、服务成员，既为企业提供行业信息，又为各会员企业提供物流服务信息，并实现在线交易等一系列管理流程。在这个平台里，公共物流信息平台设计了一个服务产品丰富、商家云集、买卖频繁、跨区域、跨行业的虚拟电子交易市场。它的主要功能可分为面向企业界和面向非会员企业用户两个相互关联的机制，针对会员企业提供快捷、实时的行业新闻、行业动态、行业科技发展信息及企业生产经营所需要的各方面信息；为会员企业提供形象展示广告、物流服务的详细介绍；为企业在台上发布招商引资信息、项目招标投标等；为会员企业的供需信息进行交易的搜索、撮合和自助式采购。公共物流信息平台提供了一种为物流企业的信息服务平台，同时也为货主企业提供交易服务，并利用虚拟社区等功能和手段最大限度地培养客户群，为商家提供在我们的电子商务社区进行营销的客户群，让商家和顾客之间进行互动，减少流通环节的电子商务社区概念，将最大限度地利用互联网的优势满足商家和顾客的商贸需求。

1. 公共物流信息平台的竞争优势

公共物流信息平台独到之处：企业全面物流服务及相关 BTOB 交易、管理软件应用托管的电子商务社区使公共物流信息平台在未来的竞争中，必然将占据优势地位，使运营电子商务社区有着得天独厚的条件。

首先，公共物流信息平台具有庞大的会员企业用户群。这为实现电子商务社区提供了可能的用户源，也为企业销售产品和宣传自身提供了功能。

其次，公共物流信息平台的经营理念决定了公司在将来的营运模式中会处于有利地位。值得一提的是目前 Internet 的商业模式已经进入第二代，逐渐从内容竞争转变为技术竞争和服务竞争，优秀的电子商务平台往往是通过独特的电子交易市场解决方案，实现个性化的电子商务服务。公共物流信息平台的这一优势无疑为迅速确立在国内电子商务领域的竞争优势奠定了基础。

2. 公共物流信息平台的利润来源

公共物流信息平台预计收费的项目如表 12-1 所示。

表 12-1 预计收费的项目

项目
网络交易服务建设费用
信息平台网络媒体广告费用
在线网上交易的佣金
网内文件传输费用
应用托管的实施费用和租赁费用

续表

会员企业缴纳的会费
会员企业入网建设与实施费用

在发展的初期阶段，公共物流信息平台将侧重于网络交易服务建设费，在达到发展临界点后，应用托管和在线交易的提成将成为稳定的主要利润来源。

网络交易服务建设费，包括商业虚拟主机建设、平台建设、产品目录信息发布及反馈、电子订货和交易流程的个性化设计的全面解决方案。

在线交易的佣金，在超过临界点之后，将成为主要的收益来源，此部分收益其实是来自顾客资料的价值和传统中间商的超值利润。另外，非会员企业用户之间的直接交易和二手交易也有很大的发展空间。

网上广告费，电子商务社区的高知名度和有针对性的消费群体使得此处的网上广告具有比一般站点更高的价值，将成为商家的首选并形成竞争的态势。

为企业提供的各种信息可以增值，当拥有了一定的非会员企业用户信息后，可以整理分析后，提供给有专门需求的企业，获得增值利益。当电子商务社区真正地给非会员企业带来利益时，也可考虑适当地收取信息服务费或使用费。

本章小结

公共物流信息平台是社会性信息中心之一，是实现现代物流信息化的必要途径，是全社会物流活动的“中枢神经”，是电子商务的基础，是提升物流效率和加强政府监管的重要保障。本章主要介绍了公共物流信息平台的概念内涵、公共物流信息平台的基本特征、国内外的发展概况、公共物流信息平台主要框架及功能和公共物流信息平台案例分析几个部分的内容。通过本章的学习，要理解公共物流信息平台的概念，掌握公共物流信息平台的主要框架及功能，深入体会公共物流信息平台的作用，把握其发展趋势。

思考题

1. 公共物流信息平台的概念是什么？
2. 公共物流信息平台的类型怎样划分？
3. 我国物流信息平台建设中存在哪些问题及误区？
4. 公共物流信息平台是如何定位的？
5. 我国公共物流信息平台的建设实施与运营模式有哪些？
6. 以成都市为例，分析公共物流信息平台的构建。

参 考 文 献

[1] 彭志忠，周新平．物流管理——现代物流与供应链管理理论[M]．济南：山东大学出版社，2004.
[2] 周盛世．现代物流学导论[M]．北京：化学工业出版社，2005.
[3] 孙红．物流信息管理[M]．上海：立信会计出版社，2006.
[4] 李胜宾．物流信息技术[M]．广州：广东高等教育出版社，2009.
[5] 孙秋菊．物流信息与仓储管理培训教程[M]．北京：化学工业出版社，2010.
[6] 黄辉，林略．物流学导论[M]．重庆：重庆大学出版社，2008.
[7] 曾传华．物流管理与信息系统[M]．北京：清华大学出版社，2007.
[8] 李向文．物流信息管理概论[M]．北京：清华大学出版社，2010.
[9] 陈德良，肖默．管理信息系统[M]．北京：人民邮电出版社，2009.
[10] 郎德琴，罗慧媛．物流信息技术[M]．北京：化学工业出版社，2009.
[11] 方轮．物流信息技术与应用[M]．广州：华南理工大学出版社，2006.
[12] 傅莉萍．物流信息系统案例与实训[M]．北京：中国铁道出版社，2009.
[13] 蔡淑琴．物流信息系统(第 2 版)[M]．北京：中国物资出版社，2005.
[14] 刘单忠，王昌盛．物流信息技术[M]．上海：上海交通大学出版社，2007.
[15] 刘照军．管理信息系统[M]．北京：北京交通大学出版社，2008.
[16] 乔志强，冯夕文．物流管理概论[M]．北京：经济科学出版社，2007.
[17] 李素彩．物流信息技术[M]．北京：高等教育出版社，2005.
[18] 范庆玉．现代物流管理概论[M]．上海：立信会计出版社，2008.
[19] 王宇，文华．物流学概论[M]．成都：西南财经大学出版社，2009.
[20] 何杰．物流信息技术[M]．南京：东南大学出版社，2009.
[21] 邓少灵．口岸物流信息平台[M]．北京：人民交通出版社，2007.
[22] 方党生，高蕾．管理信息系统案例教程[M]．电子工业出版社，2009.
[23] 卢少平，王林．物流信息技术与应用[M]．武汉：华中科技大学出版社，2009.
[24] 胡云峰．电子商务概论[M]．北京：中国电力出版社，2009.
[25] 袁方，何智勇．电子商务概论[M]．北京：中国人民大学出版社，2009.
[26] 赵莉，吴学霞．电子商务概论[M]．武汉：华中科技大学出版社，2009.
[27] 张理，孙春华．现代物流学概论[M]．北京：中国水利水电出版社，2009.
[28] 周启蕾．物流学概论[M]．北京：清华大学出版社，2009.
[29] 国家质量监督检验检疫总局，国家标准化管理委员会．中华人民共和国国家标准物流术语(GB / T18354—2006) [S]．北京：中国标准出版社，2006.
[30] 阎光伟．物流信息技术[M]．北京：中国经济出版社，2008.
[31] 陈章跃，舒斯亮．物流信息技术[M]．武昌：武汉理工大学出版社，2008.
[32] 孙海．物流信息技术[M]．北京：人民交通出版社，2005.
[33] 欧阳文霞．物流信息技术[M]．北京：人民交通出版社，2002.
[34] 张传玲，王洛国．电子商务技术[M]．北京：中国经济出版社，2008.

[35] 王学东，易明，杨斌．电子商务概论[M]．武昌：武汉理工大学出版社，2005．

[36] 高巍巍．大学计算机基础(第二版)[M]．北京：中国水利水电出版社，2008．

[37] 黄京莲．大学计算机基础案例教程[M]．北京：中国水利水电出版社，2008．

[38] 张宗成．物流信息管理学[M]．广州；中山大学出版社，2006．

[39] 黄杏元，汤勤．地理信息系统概论[M]．北京：高等教育出版社，1990．

[40] 周艳军．供应链管理[M]．上海：上海交通大学出版社，2008．

[41] 董秀科．物流信息系统[M]．北京：冶金工业出版社，2008．

[42] 武森．数据仓库与数据挖掘[M]．北京：冶金工业出版社，2003．

[43] 毛国君，段立娟，王石，石云．数据挖掘原理与算法[M]．北京：清华大学出版社，2007．

[44] 刘渝．物流师基础[M]．北京：中国劳动社会保障出版社，2005．

[45] 孙钟秀．电子信息技术[M]．南京：江苏科学技术出版社，1992．